SAINT GERMAIN

INSTRUCCIÓN DE UN MAESTRO ASCENDIDO

SERAPIS BEY EDITORES, S.A.

PANAMÁ

110
P23   Saint Germain, Maestro
           Instrucción de un Maestro Ascendido/Jorge Arturo Carrizo E., tr.;
                Eric Rueda y Cristian González,il.;
           1ª ed.
           Panamá: Serapis Bey Editores, 1998
           220p.: il., 21cm
           Título Original: Ascended Master Instruction
           ISBN: 9962-801-20-6
           1. METAFÍSICA CRISTIANA I. Título

Traducción: Jorge A. Carrizo

Diseño de la portada: Erick Rueda y Cristian González

Corrección de pruebas: Ana Mercedes Asuaje de Rugeles

© *SERAPIS BEY EDITORES S.A.*
Calle 78E #15, San Francisco de la Caleta
Apartado 0823-1657, Panamá-7, Rep. de Panamá
Teléfono: (507) 226-3035
Fax: (507) 226-1617
E-mail: jacbey@pa.inter.net
Sitio Web: www.serapisbey.com

1ª Edición - Octubre de 1998
9ª Reimpresión - Agosto de 2005

ISBN: 9962-801-20-6
Depósito Legal: Pan. 091-1998

Hecho e impreso en Panamá
Made and printed in Panama

ACLARATORIA

Con el fin y único propósito de disipar cualquier duda que pudieran abrigar algunas personas con respecto a las razones que nos motivan a realizar estas traducciones y publicaciones, detallamos a continuación lo siguiente:

EL SÉPTIMO RAYO, Saint Germain, *p. 3*: "Esta publicación (refiriéndose al *Diario de El Puente)* fue diseñada para ofrecer este servicio de forma tan razonable como fuera posible, a fin de no castigar desmedidamente los recursos de la gente... ESTA PUBLICACIÓN y cualquier otra que proceda de la misma fuente SON PROPIEDAD DE LA GRAN HERMANDAD BLANCA, y son ofrecidas a todo el mundo por doquier a un precio al alcance de su bolsillo..."

EL SÉPTIMO RAYO (Edición Alemana): "Ya que la Enseñanza Maestra Ascendida tiene por objeto ser la enseñanza de la Nueva Edad Dorada, la misma NO puede ser presentada SÓLO a gente de habla inglesa y ser retenida del resto de la raza humana".

THE BRIDGE JOURNAL (*Diario de El Puente*), *Septiembre de 1995, p. 14,* El Morya: "Ustedes tienen que entrar al mundo de los negocios...para, mediante el ejemplo, traer los esfuerzos comerciales del hombre a Nuestro nivel...y hacer que sea algo común encontrar las enseñanzas de *El Puente* en las librerías por doquier, así como en bibliotecas públicas y privadas".

THE BRIDGE JOURNAL (*Diario de El Puente*), *Noviembre de 1958, p. 11*: " La necesidad de la hora es diseminar las palabras de los Maestros Ascendidos. Una manera de hacer esto es mandar nuestros libros como regalos a las bibliotecas públicas, prisiones y bases militares".

LUZ DE LOS MAESTROS ASCENDIDOS, Prefacio: "Este Libro se le da a los Estudiantes del "YO SOY" y a toda la humanidad por orden de los Grandes Seres Cósmicos que dictaron los Discursos contenidos en el mismo..." *página 88*: "Oh, les digo, Mis amados, que no hay nada tan importante como hacer que estos Libros lleguen a tanta humanidad como sea posible.... De manera que les digo, amados Míos, si desean servir, si desean ayudar a conseguir esta Liberación, hagan lo que puedan por ayudar a difundir estos libros y revistas..."

ÍNDICE

INSTRUCCIÓN DE UN MAESTRO ASCENDIDO

TRIBUTO

frecemos el amor y gratitud de nuestros corazones a Mr. Guy W. Ballard y su señora esposa, Mensajeros Acreditados de los Maestros Ascendidos, por su gran fortaleza, obediencia e incansables esfuerzos que despejaron el camino para traerle al mundo esta *Instrucción de un Maestro Ascendido.*

Después de pasar Mr.. Ballard por las experiencias que quedaron registradas en *Misterios Develados* y *La Mágica Presencia* (Volúmenes I y II de la *SERIE SAINT GERMAIN*), regresó a su hogar en Chicago, donde él y la Sra. Ballard comenzaron a dar la instrucción que habían recibido sobre las Leyes de la Vida, a un pequeño grupo de estudiantes.

Una mañana, los Ballard se encontraban con su hijo Donald junto a la puerta del comedor de su casa, cuando sintieron que una tremenda actividad vibratoria cargó el cuarto. Viendo hacia arriba, pudieron ver que un Rayo de Luz descendía hasta la mesa del comedor. Desde el interior de este Rayo, escucharon la Voz del amado Maestro Ascendido Saint Germain, que les decía: *"Nos gustaría dictar una serie de Discursos, siempre que ustedes estuvieran dispuestos a cooperar. Tómense su tiempo para pensarlo y déjenmelo saber."* La Sra. Ballard respondió inmediatamente: "¡Estamos listos para comenzar de inmediato!" *"Muy bien"*, respondió Saint Germain, *"¡comenzaremos la semana próxima !*

Durante los siete meses que siguieron, se dieron estos Poderosos Discursos dos veces a la semana, seguidos de *Las Pláticas del YO SOY* ["I AM" Discourses] que se publicaron en el Volumen III de la Serie Saint Germain. Mr. Ballard, refiriéndose a esta gran instrucción, dijo: "¡Es la cosa más maravillosa que jamás haya llegado a la vida de un ser humano!"

Quisiéramos explicarle al lector que hemos incluido aquí la última Plática del Volumen III, dada por el amado Poderoso

[Elohim] Arcturus el 4 de Julio de 1932, a modo de discurso de apertura de este libro. Al imprimir estos Discursos del Volumen IV en orden cronológico, sentimos que nuestros amados Arcturus y Saint Germain pueden envolver el mundo en *Su Magna Llama Violeta del Poder y Protección de los Elohim... ¡por siempre manifiesta!*

PREFACIO

uestro amado Maestro Ascendido Saint Germain dictó esta serie de veintiocho Discursos a través de un Rayo de Luz y Sonido visible en el hogar de nuestros amados Mr. Guy W. Ballard y señora en Chicago.

Esta *Instrucción de un Maestro Ascendido* ha sido publicada partiendo de los manuscritos originales que dejaron los Ballard. Al mundo sólo se le había dado fragmentos del verdadero entendimiento de la "Presencia YO SOY" hasta que se manifestó esta Conciencia Maestra Ascendida. El amado Maestro Ascendido Saint Germain dice: *"Éste es el conocimiento más importante que la humanidad puede tener, y el individuo sólo podrá lograr la Libertad y la Perfección a través de esta Aplicación consciente."*

Cuandoquiera que en esta serie de libros se utiliza la frase «*"¡Magna Presencia YO SOY", ven adelante!*», se trata siempre de un Llamado a la "Presencia de Dios" para que derrame o libere la Vertida de Perfección que desea la persona que está haciendo el Llamado.

ESTE LIBRO NO SÓLO TIENE EL ENTENDIMIENTO DE LOS MAESTROS ASCENDIDOS DE LA "AMADA MAGNA PRESENCIA YO SOY", SINO QUE TAMBIÉN ESTÁ CARGADO CON LA CONCIENCIA MAESTRA ASCENDIDA DEL AMADO SAINT GERMAIN Y EL RAYO DE LUZ Y AMOR QUE EMANA DE SU CORAZÓN, LOS CUALES CONSTITUYEN SU SENTIMIENTO DE MAESTRO ASCENDIDO Y COMPRENSIÓN DE SU PLENO PODER, SOSTENIDOS POR SIEMPRE.

¡Ojalá que este libro de *Instrucción de un Maestro Ascendido* ancle tan fuertemente la atención de todos aquellos que lo lean sobre la propia divinidad de cada individuo, que la Plena Conciencia Maestra Ascendida de la "Magna Presencia YO SOY" llene la Tierra —y descargue con el Poder de Mil Soles el Dominio Eterno de "La Luz de Dios que nunca falla"!

INSTRUCCIÓN DE UN MAESTRO ASCENDIDO

SU MAJESTAD SAINT GERMAIN
Rey de la Edad Dorada y Avatar Acuarius

DISCURSO I

DISCURSO DEL PODEROSO ARCTURUS EN EL DÍA DE LA INDEPENDENCIA

4 DE JULIO DE 1932

INVOCACIÓN

agna Presencia Sostenedora y Envolvente! Te alabamos y te damos gracias por Tu Vida Sempiterna, Tu Juventud Eterna, Tu Luz Iluminadora.

EL DISCURSO

¡Oh, América, TE AMAMOS! Magna Semilla de la Manifestación Eterna de Dios, te alabamos y te damos gracias porque eres sostenida y gobernada sólo por Dios. El día en que se estableció la independencia en tu corazón, te convertiste en un Centro Esplendoroso de Luz para toda la humanidad. Alabamos y damos gracias porque de tu abrazo saldrá la paz y la prosperidad para la humanidad. *Detrás de ti está el poder que sostendrá y mantendrá el Reino de Dios en la Tierra.* Su Luz habrá de iluminar y fortalecer los corazones de tus hijos en todos los puestos de mando; y de todo emanará el Amor, la Justicia y la Sabiduría. ¡América, te amamos! ¡América, te amamos! ¡América, te amamos! ¡América, te amamos! ¡América, te amamos! Hoy en día, oh América, esos Poderosos Mensajeros de Dios que han pasado antes te contemplan con sus corazones llenos de Amor y Fortaleza, el Amor de la "Magna Presencia YO SOY" derramándose para sanar, bendecir y prosperar a tus habitantes. La sustancia de la tierra se está acelerando a una mayor actividad, y así como los Hijos de Dios caminan la Tierra, asímismo ellos sentirán la *Corriente de Dios* que entra, acelerándolos a un mayor Amor, lealtad y deseo de Tu

1

Liberación. ¡Oh América! Pareciera que estás atada, pero no es así. Tú estás entrando a tu Gran Liberación. Pareciera que estás en las angustias del dolor, pero renacerás en una gran paz, salud, felicidad y prosperidad. Damos alabanzas y gracias porque quien habla es la Sabiduría de Dios —"La Magna Presencia YO SOY".

El Niño Cristo que te envuelve, América, ha crecido en Majestad y Poder. Ya no implora, sino que comanda la obediencia de todo lo externo al servicio de la Presencia Interna. El Poder del Amor Divino te gobierna y consume todo lo que no es de su clase. ¡América! Damos alabanzas y gracias porque tú eres una Gran Joya en el Corazón de Dios, la Lámpara de Iluminación encendida por la "Magna Presencia YO SOY", el Cáliz, la Copa de Cristal que, en su Puro Esplendor, sostiene la Liberación, la Paz, la Salud, la Prosperidad y la Iluminación de todos aquellos que permanezcan en tu abrazo. Que todo el mundo sienta tu Esplendor y sea bendecido por Él. ¡Paz! ¡Paz! ¡Paz! Y en la tierra, buena voluntad al hombre.

ARCTURUS

Notas: Me gustaría sugerirles que en algún momento del día piensen de sí como si fueran una estación de radio que trasmite paz y buena voluntad a todo el género humano. Sepan que en esta Magna Conciencia, el Poder Ilimitado de la "Magna Presencia YO SOY" fluye a cada individuo, y le da aquello que él o ella está preparado para recibir, trayéndole a todos iluminación y decisión. Estén conscientes de que sus propias mentes son unos Centros Divinos tan poderosos, que en cualquier momento ustedes pueden tomar decisiones rápidas y certeras mediante el Poder del Amor Divino. Reconozcan que la mente suya no es más que un vehículo de la Gran Presencia Maestra de la "Magna Presencia YO SOY" que tienen dentro, y que [la mente] tiene que obedecerle a dicha "Presencia" Interna en todo momento. Ordénenle que actúe siempre con decisión, cuidado y rapidez; y que todo sentido humano de vacilación sea consumido de una vez por todas.

El Nuevo Ciclo: El día de hoy es el punto focal de diez mil años, el comienzo de otro gran ciclo de diez mil años en el que los Grandes Seres de Venus —quienes siempre han sido instrumentales en la elevación de la humanidad y de nuestra Tierra— salen adelante hoy y derraman un Poderoso Esplendor sobre la humanidad por toda la Tierra. Esto producirá más rápidamente una mayor estabilización y confianza en el corazón de muchos funcionarios públicos. Hará que experimenten un fuerte deseo resuelto a reestablecer a los Estados Unidos en cuanto a confianza y prosperidad, y de hacer que sientan un amor más profundo que nunca antes por (y lealtad hacia) el progreso de la Nación.

Muchos habrán aprendido que no pueden gobernar a la humanidad con mano implacable, ya que están viendo que la brecha de control sobre otros que habían pretendido lograr se les está devolviendo para que la rediman. Si se les puede impresionar esta lección lo suficiente, se habrá evitado una gran calamidad. En este período de aceleración, en un corto lapso de veinte años se podrán lograr cosas que ordinariamente requerirían de cien años.

DESCRIPCIÓN DEL AMADO SAINT GERMAIN DEL CÓNCLAVE EN EL ROYAL TETON

1º DE ENERO DE 1935

Es con gran Júbilo que brevemente les relataré algo de la Actividad que tuvo lugar anoche en el Royal Teton.

Doscientos catorce de los Maestros Ascendidos estaban presentes, así como también los doce de Venus. El Ojo Todo-Avizor estaba desplegando la actividad más poderosa que le conocemos a la fecha.

Grandes Rayos de Luz se han establecido de manera permanente sobre el Capitolio de nuestra nación y sobre la capital de todos y cada uno de los estados, de manera que una Radiación constante fluya hacia estos puntos focales —y también hacia las ciudades principales de Europa, India, China, Japón, Australia, Nueva Zelanda, Sudamérica, África y México.

También se estableció una actividad similar o Radiación en la Ciudad Dorada y en Shamballa, constituyendo una Triple Actividad para Bendición de la humanidad. *Se está haciendo todo esfuerzo posible por impedir toda actividad destructiva en el mundo.*

La actividad de los tres meses pasados ha sido tremendamente alentadora, y tenemos grandes expectativas para este año. Al estar tan conscientes del libre albedrío de la humanidad, lo único que podemos hacer es confiar en su cooperación armoniosa con la Radiación Consciente que se vierte desde la Triple Actividad antes mencionada.

Se dieron emanaciones de Luz de parte del Maestro Alto de Venus, Jesús y el Gran Director Divino como Yo nunca antes había visto.

Los muchos que han estado plenamente conscientes de Mis esfuerzos sinceros para bendecir a América, ahora se han unido a Mí en pleno Poder para lograr lo más posible que la Ley Cósmica y la ley del individuo permitan. Las Leyes Cósmicas están dando diariamente mayor libertad en esta actividad, cosa que nos alienta mucho.

Anoche había muchos estudiantes presentes, por lo cual "YO SOY" muy agradecido. Son muchos los detalles de esta Actividad que no puedo revelar en esta ocasión, pero les aseguro a todos que fue algo maravilloso, más allá de toda descripción.

La Gran Hueste de Maestros Ascendidos se unen a Mí con Su Amor, Luz, Bendición y Opulencia para los estudiantes, para América y para el mundo, de manera que este año sea único en su felicidad para la humanidad.

En la Plenitud de Mi Amor,

SAINT GERMAIN

DISCURSO II

7 DE JULO DE 1932
SAINT GERMAIN

INVOCACIÓN

h "Magna Presencia YO SOY" desde el Corazón del Gran Sol Central! ¡Presenciamos tu amanecer!

EL DISCURSO

Ejercicio diario: Podrás hacer lo detallado a continuación en cualquier momento durante el período de veinticuatro horas. Párate derecho mirando hacia el este, y di mental o audiblemente (que te guíe tu propio sentimiento en cuanto a si debes hacerlo en voz alta o no) con firmeza: *"¡Magno Dios en mí! ¡Asumo ahora Tu Eterno Amanecer, recibiendo Tu Magno Esplendor y Actividad que ahora se experimentan y manifiestan visiblemente en mí".* El uso de esto pone en movimiento ciertos princpios poderosos.

Advertencia: Si los estudiantes desean realizar esta práctica, deberían primero hacerse un auto-análisis y determinar si es sincera su determinación de tener la Luz y servirle incondicionalmente. Si son sinceros, entonces que se paren en la Luz y avancen. ¡Despierten! Párense en la Luz y sirvan exclusivamente a la Presencia Única de lo Correcto y lo Justo.

Sepan que Dios, la "Magna Presencia YO SOY" en todos y cada uno de ustedes, gobierna y controla todo desenvolvimiento en perfecto Orden Divino. Así como el mar sostiene en su abrazo toda vida creada que ha sido designada a su esfera, así el aire sostiene en su abrazo esas formas creadas de Vida que le pertenecen. Estos son dos eslabones que siempre están activos entre lo humano y lo Divino —o el cuerpo físico y el Cuerpo de Fuego Blanco. Podemos invocar estas formas de Vida a que nos den lo mejor de su elemento.

CULPA POR LA INARMONÍA

El hombre es el único creador de la inarmonía. Los elementos y sus habitantes son de por sí siempre armoniosos, y es sólo cuando uno se sale del propio elemento que se crea la inarmonía; pero la inarmonía, de por sí, no es un elemento.

El elemento humano —o la esfera externa de la humanidad— es el único elemento en la Creación que deliberadamente crea inarmonía y que conscientemente utiliza mal la energía del Dios que la sostiene. Esta es la única esfera en el Universo en la que aquellos que funcionan en ella han asumido el comando y se han declarado independientes de Dios. Por esto me refiero a aquellos que rehusan reconocer la Presencia Activa de Dios en sus vidas.

OBJETO DE CULPA

A ningún principio o actividad se les puede echar la culpa por el mal uso que la humanidad hace de ellos. A lo largo de las edades, la humanidad ha tratado de achacarle a Dios la responsabilidad por sus actividades destructivas. De allí la farsa de fabricar dioses que pudieran enojarse o alegrarse de acuerdo con los caprichos del género humano.

Por Mi propia observación les puedo asegurar que los Grandes Seres —mucho más grandes que YO— a lo largo de æones de investigación, tienen pruebas indiscutibles de que sólo hay Un Dios Único —la Vida, Sabiduría y Energía de toda la creación. Por lo tanto, no puede culparse a la Energía de Dios por la inarmonía creada cuando alguien la utiliza mal. No puede culparse al principio de la banca de que haya banqueros deshonestos. Tampoco puede culparse a la actividad o principio de dar información la prensa de que haya reporteros inescrupulosos o editores deshonestos.

Les aseguro que no está lejos el día en que estos principios de actividad serán utilizados en su más alto grado de poder constructivo. El cine constructivo y educacional también será utilizado como la manera más rápida, fácil y certera de educar a la percepción externa.

Durante demasiado tiempo la humanidad ha usurpado y utilizado mal la Energía del Bien —que es Dios. El aceleramiento interno producido por la Radiación Cósmica a través de los Poderosos Mensajeros de Dios que han surgido en el corazón de todos y cada uno de los hombres, está conduciendo el deseo humano rápidamente hacia lo Divino. Tal cual es el caso en todas las pugnas aparentes entre dos fuerzas, así las condiciones del presente no son más que la repetición de viejas condiciones. Y el resultado de todo esto, por primera vez en la Tierra, será el establecimiento permanente de una condición y actitud correctas en la actividad externa de la humanidad.

Deseo sobremanera que los estudiantes nunca pierdan de vista el hecho de que *ellos y únicamente ellos* son quienes gobiernan la propia Vida y actividad, y de que se les ordena escoger lo que desean manifestar en su Vida —recordando en todo momento que no habrán de detenerse a preocuparse por tal o cual individualización. Están supuestos a fijar su visión —que es la Actividad Interna de Dios— sobre la meta, y sostenerla allí con la determinación firme y gozosa de alcanzarla.

EL VERDADERO CONSEJERO

No darle consejos a otros: Sabiendo esto, nadie debería tratar de aconsejar a otro. *EL DIOS EN CADA UNO ES EL ÚNICO QUE SABE LO QUE MÁS LE CONVIENE A CADA INDIVIDUO.*

Todo aquel que experimente una actividad discordante debería dirigirse a un lugar donde pueda estar en completo silencio y que no se le interrumpa. Luego, haciendo lo mejor que pueda, debe entrar al Gran Silencio y, aquietándose, decir: «*¡Magna Presencia YO SOY*"! *Exijo que se me haga conocer la actitud correcta y actividad que yo debo asumir para ajustar y solucionar este problema!*» Si la respuesta no viene de inmediato, debe volver a entrar todos los días al Silencio y continuar exigiendo que se le dé la Respuesta Divina. Debe exigir también que se le muestre, a través de la Visión Interna, todos los detalles que deben ejecutarse. Entonces, de repente, posiblemente cuando menos lo espere, entrará a su conciencia externa la solución totalmente incuestionable al problema o situación que le estaba aquejando.

Darse a la fuga: En vista de que es imposible que el individuo pueda escapar de alguna situación o problema, esto le aclarará toda la cuestión, y le revelará si está siendo sometido bajo alguna influencia hipnótica o si está llevando a término una obligación justa.

EL BIEN OCULTO

De permitir Yo que mi Amor por mis estudiantes se desbordara y pretendiera aconsejarlos, podría estar interfiriendo con una oportunidad de inmenso valor para ellos. El que Yo sepa algo no me autoriza a quitarle una valiosa oportunidad a un estudiante. Nadie debería sentirse angustiado o perder toda esperanza a causa de las condiciones externas, cuando algunos breves momentos de contemplación pueden revelar el hecho de que sólo hay Un Poder, Una Energía o Actividad que usar o que está siendo usada —¡la cual es Dios! Cuando se depende de esta Suprema "Presencia" y se exige de Ella la solución correcta a cualquier problema o situación, éstos se solucionarán o ajustarán con la más maravillosa Actividad Divina. La Solución

Divina trascenderá con creces todo aquello que la mente externa pueda concebir, aún si contara en sí con el poder del logro.

Al saber que la mente externa o conciencia es un poderoso vehículo a través del cual puede dirigirse conscientemente la tremenda Energía de Dios, entonces sabemos que en todo momento tenemos a nuestro alrededor la más poderosa Presencia de Protección y Dirección, así como también el Supremo Solucionador y Ajustador de toda condición que la oportunidad nos pueda obsequiar. El individuo se ahorraría mucha angustia si, ante el primer indicio de cualquier discordia que trate de entrometerse, saltara —como quien dice— dentro del Corazón de esta Magna "Presencia" y dijera: *"Aparentemente lo externo ha cometido un error. Invoco Tu Ley del Perdón. Procura que esta cuestión sea ajustada rápida y completamente."*

Asume una empuñadura firme sobre la "Presencia" Interna para que se imponga sobre toda inarmonía, y para que haga desaparecer permanentemente toda condición equivocada. *LA ACCIÓN MÁS ALTA Y RÁPIDA CONSISTE SIEMPRE EN INVOCAR LA GRAN PRESENCIA "INTERNA".* La Energía de Dios siempre actúa de acuerdo a la conciencia que de Ella tenemos. La oportunidad es un maestro muy deficiente; eres tú quien siempre ha de gobernarla. Utiliza la oportunidad, mas nunca dejes que ella te utilice a ti.

ASISTENCIA DE LOS MAESTROS

Los Grandes Seres pueden asistirte en todo momento y lo hacen —estés consciente de ello o no. Una de las más grandes Actividades que los Seres Ascendidos llevan a cabo en beneficio de los estudiantes, consiste en dar Valor, Fortaleza y Seguridad hasta que llega el momento en que el contacto que Ellos hacen con su propia "Presencia" Interna es lo suficientemente fuerte como para que Ésta descargue plena y claramente Su Magna Sabiduría y Actividad sobre el ser externo.

El resultado de esta Radiación es que los estudiantes desarrollan una fortaleza de carácter permanente, y los exime de las interminables repeticiones y recreaciones de la imperfección. En el pasado, a lo largo de las centurias, la Invocación a la "Magna Presencia YO SOY" dentro del individuo ha sido cuando más intermitente. El trabajo que ahora le toca realizar a cada uno es hacer contacto con el Dios interno y sostenerlo.

La cuestión no consiste en aflojar tan pronto como se resuelve el problema y pensar que ya no se requiere hacer más esfuerzo, sino en seguir invocando a esta Magna "Presencia" Interna, reconocerla y aceptar que Ella se adelanta para cerciorarse de que estos tontos problemas humanos son consumidos al primer indicio. De esta manera, el Ser Divino te mantiene libre de toda condición perturbadora o constrictiva.

UNA PODEROSA AMISTAD

La experiencia no es más que una oportunidad, y uno de los amigos más poderosos con que cuenta el ser externo, ya que le proporciona una ocasión para hacer salir el Carácter Divino de la Vida —el cual no conoce imperfección alguna. Permíteme repetir lo siguiente: *"¡Magna Presencia YO SOY! Revélame Tu verdadera solución a esta situación en la que parezco estar involucrado. Ven con Tu Sabiduría y Fortaleza, y soluciona esto en Orden Divino sin más dilación. Reconozco que Tú no requieres de tiempo, lugar ni espacio, sino que Tu Todopoderosa Actividad es AHORA! Yo acepto este hecho."*

EXPLICACIÓN DEL KARMA CÓSMICO

Me gustaría presentarle a los estudiantes otra cuestión de gran importancia y carácter vital, relacionada con la creación humana. El individuo puede invocar la Ley del Perdón y decirle a la "Presencia YO SOY", *"disipa y consume esta creación equivocada"*. Esto la devuelve a la Ley Cósmica para su ajuste, donde se le corrige fuera de la actividad kármica individual.

Es grande la cantidad de personas a quienes esta idea de la Verdad les daría un inmenso alivio y gran liberación en muy corto tiempo. No puedo hacer el suficiente énfasis sobre cómo el individuo, al ser el único creador de la inarmonía, puede —mediante la aplicación consciente de la Ley del Perdón— eliminar para siempre de su actividad individual muchas cosas que le causarían gran angustia.

Son muy pocos los que han entendido correctamente la vieja idea del karma —"ojo por ojo, y diente por diente". La mayoría piensa que el karma tiene que ser balanceado individuo por individuo. En algunos casos esto es imperativo; pero es mucho lo que no tiene que ser balanceado de esta manera, siempre y cuando se entienda la idea correcta al respecto.

Uno de los infortunios cuando se adelantó la idea de karma fue el error citado anteriormente. Causó que individuos se ataran conscientemente el uno al otro por cuestiones de ajuste. Tomando en consideración que cada individuo tiene libre albedrío, se puede ver cómo este balanceo de individuo-a-individuo puede convertirse en algo interminable. Si un individuo no tiene ganas de cooperar con el ajuste de una condición, ¿cómo podrá entonces concluirse la actividad? Tiene que haber una manera más sensata de propiciarlo... ¡y sí que la hay! Si los estudiantes reflexionan a cabalidad sobre el material presentado anteriormente, derivarán un gran alivio y paz al comprender que todos cuentan con esta Sabia "Presencia" a la cual pueden invocar en toda situación.

BENDICIÓN

Damos gracias y alabanzas por el hecho de que muy pronto Tus Mensajeros ocuparán todos los cargos oficiales en esta Tierra, y que el Reino de Dios está ahora manifiesto en el planeta.

DISCURSO III

11 DE JULIO DE 1932
SAINT GERMAIN

INVOCACIÓN

Oh Magno Dios, el Más Poderoso de los Poderosos! ¡Presenciamos Tu Amanecer! Nosotros tus hijos presenciamos el amanecer del Alma, y recibimos Tu Poder Todo-Sostenedor, Tu Valor, Tu Sabiduría y Tu Presencia Iluminadora. ¡Oh Magna Energía! Aceptamos Tu Presencia, esa "Presencia" Todopoderosa y Activa que anima nuestra mente y nuestra forma, ¡Tu Magna Inteligencia! Aceptamos Tu Actividad Todopoderosa dirigiendo todo movimiento de la forma externa, reteniéndola cerca mediante Tu Magno Abrazo.

EL DISCURSO
CERTEZA SEGURA DE DIOS

En toda actividad de la Vida tiene que haber algo a lo cual pueda anclarse la conciencia o que pueda estabilizarla. En la mente externa, están los principios y fórmulas que puede utilizar para llegar a una conclusión definitiva. Por ejemplo, si nos adherimos a los principios de las matemáticas, llegamos a ciertos resultados. Cuando se dilucida una fórmula, se producen ciertos resultados —no hay dudas al respecto. Es tanto más importante, por ende, hacer que la atención del individuo se centre sobre la "Presencia" Interna con la misma certeza. Tienes que saber que el Principio de la Vida en ti y a tu alrededor es superior con creces a las cosas externas que has experimentado durante largos siglos, y a las cuales te has aferrado sin saberlo.

¿Puedo recordarles lo que les di el 7 de Julio pasado? Hagan lo siguiente en cualquier momento del día en que estén despiertos: Pónganse de pie mirando al este, y digan verbal o mentalmente —pero háganlo con firmeza: *"¡Magno Dios en mí! ¡Asumo ahora Tu Eterno Amanecer, recibiendo Tu Magno Esplendor y Actividad que ahora se experimentan y manifiestan visiblemente en mí."* Sigue lo que te dicten tus sentimientos en cuanto a hacerlo verbal o mentalmente en cada ocasión. Encontrarán que esto producirá ciertos resultados, de cuya naturaleza no les puedo hablar a fin de que puedan ustedes recibir la totalidad del beneficio. Si los estudiantes se deciden a utilizar esta actividad, deberían primero auto-analizarse y determinar si son sinceros en su postura ante la Luz. Si son sinceros, pues entonces ¡que se paren en la Luz y avancen! El Principio de Dios —que es la conciencia activa en ustedes— envuelve siempre la forma externa. Este es el Principio más poderoso que el ser externo puede comprender.

Al hacer esto, podrán ustedes tener los mismos resultados certeros y definitivos, con la misma gran seguridad de éxito que derivan del uso de otros principios o fórmulas en las matemáticas o la química. La "Presencia" Maestra en ti *ES* el Químico más poderoso, y el más grande de todos los Principios o Fórmulas.

OPORTUNIDAD RECLAMADA

Todas las sombras o problemas aparentes no son más que una parte de Dios que reclama la oportunidad de reconocer a esa Gran y Magna "Presencia", el Invencible Solucionador de todos los problemas. *Los problemas sólo existen para apremiar un reconocimiento de Dios como el Supremo Controlador* y Actividad en todas las cosas.

Esta Magna "Presencia" es la certeza segura, anclada en el corazón de todo individuo que se encuentra en el Sendero de Luz, de que él podrá ascender definitiva y absolutamente. Por lo tanto, se puede ver que la experiencia externa —la cual de otra manera luce desconcertante o perturbadora— no es más que el Reclamo del Gran Ser al ser externo de volverse y *encarar el Amanecer Eterno del Glorioso Esplendor de Dios*, el cual envuelve a todos y cada uno de Sus Hijos y toda Su Creación. Al reflexionar sobre este hecho, toda alma diligente sentirá cómo el Esplendor de esta Magna Verdad le fortalece y sostiene con una Presencia jubilosa en toda experiencia por la que pueda atravesar.

Al presentar esta Magna Verdad Sostenedora desde diversos ángulos, se hace con la conciencia certera de que un ángulo u otro conformará con los requerimientos de los estudiantes en los diversos grados, permitiéndole a cada uno comprender su Principio de Vida, la "Magna Presencia YO SOY" —el Dios interno— con una seguridad certera y definitiva. Cada uno reconocerá su propio Principio Divino trabajando en sí y para sí, y se sentirá plenamente seguro de su habilidad para aplicarlo en la propia vida y problemas.

ACLARATORIA VÁLIDA

Me gustaría aclarar que cuando decimos "el Principio de Dios interno", no pretendo ni jamás se ha pretendido dar a entender que el Gran Principio de Dios mora dentro de la forma externa; sino que Su Maravillosa *Radiación* se puede sentir y a menudo se siente dentro de la forma externa. El Cordón Dorado de Luz que ancla al Magno Ser Maestro dentro del Corazón y cerebro de la forma externa, es el Poderoso Flujo o Corriente de Vida mediante el cual se sostiene lo externo y se la da su actividad. De dicha Corriente puede extraerse y es posible utilizarla con una seguridad definitiva en cuanto a los resultados deseados; y Su Magna Energía puede utilizarse ilimitadamente.

SILENCIO ESTUDIANTIL

Cuando los estudiantes puedan sentir la seguridad de esto, su Liberación estará a la mano; y en este punto permítanme afirmar la importancia para los estudiantes del Comando, *«Oír, osar, hacer y callar»*. Esto en particular concierne a la Instrucción. Si los estudiantes diligentes se ponen a discutir la Instrucción con otros estudiantes que puedan o no tener el mismo punto de vista, esto muchas veces los hará titubear, privándolos del gran reconocimiento y aceptación que de otra manera podrían utilizar.

Todo estudiante que está siendo instruido debería reflexionar sobre la Instrucción que recibe y rehusarse a considerarla con nadie, excepto con su respectivo instructor. Esto muchas veces los ayudará a evitar una gran confusión. Sólo después de que los estudiantes se hayan anclado firmemente en la Verdad estarán en capacidad de entrar a considerar con otros los diversos ángulos de la Verdad sin experimentar confusión alguna. Por esta razón, son muchos los estudiantes en los Retiros de los Maestros Ascendidos que, como regla general, realizan un notable progreso. Los estudiantes en el mundo externo pueden tener los mismos resultados invariables si generan la fortaleza dentro de sí y resisten la tentación de discutir las Verdades que más sagradas le son a ellos y a otros. En vista de que nadie puede crecer por otro, entonces es obvio que cuando un estudiante está siendo instruido, *LO ÚNICO QUE CONSIGUE CON TODA DISCUSIÓN EXTERNA NO ES MÁS QUE DESPERDICIAR ENERGÍA.*

La contemplación de la Instrucción de la Verdad que se le ha dado capacitará al individuo para recibir desde adentro la prueba que las palabras están tratando de comunicar. A fin de asegurarse un anclaje seguro, el estudiante tiene que apelar en todo momento a la Magna "Presencia" Maestra —Dios que le rodea y envuelve— en cuanto a la solución correcta de todo problema que se le presente. Salvo en aquellos momentos en que se le esté impartiendo instrucción verbal, el estudiante debería acudir a la Magna "Presencia" en su interior y sostener firmemente su atención sobre Ella hasta que aparezca la respuesta a cualquier pregunta que él tenga. Cuando el estudiante sincero acude con diligente determinación a la "Presencia" Maestra que le rodea, tendrá a su servicio las más poderosas Fuerzas del Universo; y esto hará que dichas Fuerzas se apuren a asistirle cuando lo requiera. Los estudiantes diligentes que hacen esto dejarán de ser afectados por las condiciones externas.

HADAS Y SÍLFIDES

Todos los habitantes de los Elementos están sujetos a las cualidades que se les dan, producto de la concepción que la raza tiene de las hadas y los ángeles. Tanto las hadas como las sílfides son habitantes del aire, pero ejercen actividades distintas. Muy a menudo la conciencia externa de los seres humanos saca conclusiones precipitadamente. Si los ángeles o Seres Ascendidos se manifestaran para ejecutar una acción física visible o tangible, tendrían necesariamente que proyectar una forma. Tratándose de Protección o Inspiración, Ellos podrían aparecer como una Llama o una Esfera de Luz. El ser externo siempre exige pruebas, por lo que causa que la "Presencia" proyecte algo que se puede ver.

MOTIVO Y JUEZ

El estudiante debería entender que toda condición que él confronta en lo externo le regresa las cualidades que él le asigna —de allí la necesidad de ver, reconocer y sentir únicamente a *Dios en Acción* en toda situación. La Gran Ley, cuando se centra en cierto punto de Actividad, siempre encuentra la manera de lograr algo que se requiere para un propósito dado. El motivo es siempre el juez detrás de toda actividad externa.

En esos casos en que a los estudiantes se le ha enseñado que la gratificación sexual es una necesidad, al abandonar el cuerpo se encuentran con Aquellos que tienen el conocimiento correcto, y quienes corrigen dicha idea y ofrecen la ayuda necesaria. La conciencia humana o externa es terriblemente testaruda.

SOBRE LA CREMACIÓN

La cremación no sólo desintegra el cuerpo físico, sino que también consume el elemento destructivo del cuerpo emocional o astral, y afloja el deseo en el individuo que va a recibir la instrucción. Lo emocional o astral es parcialmente físico porque la estructura atómica en su totalidad está incluida en el ámbito físico. La Estructura Electrónica se encuentra allende el ámbito físico. Muchas veces la liberación de lo físico deja a la conciencia con una mayor claridad para recibir la Luz. Es cierto que aquellos que antagonizan a la Verdad aquí no necesariamente mantienen la misma actitud después de desencarnar.

Los estudiantes deben estar absolutamente seguros de que no hay odio, chisme, crítica o condenación de lo externo que pueda hacerles daño realmente. Si, al concientizarse de tales cosas, reconocen que lo único que hay es *Dios en Acción*, entonces trasmutarán la condición y dicha fuerza será utilizada para su propio beneficio.

Igual ocurre con la fuerza descargada por el odio y las explosiones de la Primera Guerra Mundial (1914-1918). Está siendo constantemente recalificada y reorientada a fin de ser utilizada para bien. Cuando se libera una fuerza, ésta no es ni buena ni mala; es simplemente energía que puede ser dirigida. *La fuerza siempre es calificada por la conciencia o individuo que la utiliza.*

Cuando en el punto en que estamos hoy en día se da una explicación de las Enseñanzas del Maestro Jesús, resulta curioso el tremendo Poder y Fuerza contenidos en las afirmaciones que Él hacía —mostrando cuán Poderosas Condensaciones eran.

El comparar los principios externos con los Internos a menudo capacitará a los estudiantes para entender y aplicar los Principios Internos con una seguridad superior a la que sienten al aplicar los externos.

«"YO SOY" el Plan Divino de Luz actuando en lo físico.»

DISCURSO IV

14 DE JULIO DE 1932
SAINT GERMAIN

INVOCACIÓN

Oh Dios, de Ti, que eres la Fuente Central de toda actividad, demandamos el Juicio ahora, de manera que aquellos de tus Hijos que estén acudiendo a Ti puedan encontrar que Tu Esplendor los envuelve y gobierna su mentes, cuerpos, hogares y toda actividad. Demandamos que Tu Juicio tenga lugar ahora, y que todo corazón que acuda a Ti pueda encontrarse envuelto en Tu Inconquistable Esplendor. Irradia tal Poder que nada pueda tocar el mundo de estos individuos, salvo Tu Actividad Perfecta, ya que reconocemos que de la plenitud de Tu Presencia emanan todas las manifestaciones perfectas, la Presencia visible de todas la cosas. Así lo decretamos.

EL DISCURSO

Hoy día tenemos la oportunidad de probar la atmósfera de Dios [se trataba de un día muy caluroso]. Concentren la atención sobre la región de la glándula pineal, sabiendo que la atención enfocada allí hará que tenga lugar la actividad equilibrante de todos los centros, atrayendo y proyectando todo el poder hacia el centro de la cabeza. Desde este centro el poder del verbo *[speech]* —que no es más que una representación del pensamiento— se reflejará de vuelta sobre el centro vocal.

RESPIRACIÓN RÍTMICA Y PUNTOS DE ANCLAJE

Durante este período de contemplación —o de dirección

consciente de la atención al Centro Más Alto— estén conscientes de la respiración pareja, equilibrada y rítmica. Con esto no quiero decir que hay que darle una atención especial; sencillamente, que respiren a conciencia algunas veces, y luego sencillamente estén conscientes de que están respirando rítmicamente. Inhalen contando hasta ocho; retengan contando hasta ocho; exhalen contando hasta ocho; y permanezcan sin aire hasta contar ocho. Luego, repitan de nuevo este ciclo. Después de hacer esto varias veces, se aproximarán bastante al ritmo apropiado. La actividad de esta conciencia responde a la demanda.

El gran Principio Divino está por encima de la forma y la envuelve a causa del anclaje de Dios en el corazón. Los Siete Centros son los puntos de anclaje de la individualización de Dios en la forma física. La glándula pineal es el punto de anclaje e irradiación del Gran Sol Central. Cuando nos demos cuenta de esto, habremos llegado al punto en que dejaremos de considerar los centros inferiores.

SOLICITUD DE RESPUESTA CORRECTA

Sigan pidiéndole a su propio Dios interior que les revele la actividad correcta que habrán de ejercer en todo momento. Cada cual habrá de depender de las indicaciones o instrucción que reciba de su propio Dios interior. Toda la instrucción no es más que una verbalización o palabras que les llevan a poner la atención sobre ciertas cosas; y LOS ESTUDIANTES DEBERÁN APRENDER DE LAS PALABRAS *PER SE*, NO DE LA PRESENCIA QUE LAS PRONUNCIA. La Radiación se verterá a través de las palabras en sí; las palabras no son más que vehículos de transmisión de la "Presencia". El sentimiento y el pensamiento se tornarán tan precisos como la palabra hablada en la medida en que ustedes dependan cada vez más de la Presencia de Dios.

Es necesario utilizar la Llama Consumidora al menos una vez al día. Esto se requiere especialmente de los estudiantes, ya que algunos de ellos, sin saberlo, se abren a las cuestiones discordantes debido a la presión de la masa.

Al utilizar los Rayos, traten de sentir intensamente la Magna Presencia de Dios operando en el color que puedan estar usando.

MUY IMPORTANTE—AMOR DIVINO

Mantengan la atención sobre el hecho de que el Amor es el Poder Controlador en todas las condiciones, sabiendo siempre que se trata de Amor Divino. Esto califica todo el amor humano que pueda haber allí, y lo eleva en armonía al nivel del Amor Divino. *Sepan siempre que Dios es el Poder Sostenedor en toda petición que se haga.* Deben estar conscientes de este hecho cuandoquiera que utilicen la Ley. Recuerda que en todo uso consciente de la Ley, *¡eres tú quien en todo momento determina las cualidades que deseas manifestar y sostener!* No existen dos individuos que experimenten exactamente los mismos efectos. Uno podrá tener una irritación de mente, otro, de cuerpo; uno podrá experimentar ansiedad, otro, indisposiciones de salud.

La conciencia constante de que *«Dios es mi Perfecta Salud y Opulencia —y es Auto-Sostenida»*, los llevará a la plena manifestación visible de tales condiciones. Sepan que, *«Dios en mí es el Guardián de mi casa-del-tesoro; luego, yo sé que Dios produce para mi uso visible y en gran abundancia dinero tan rápido como yo requiero utilizarlo; y que éste nunca se atrasa y todas mis obligaciones aparentes son cubiertas a tiempo.»* La gozosa indiferencia de la juventud es realmente un dejar ir; y con el Amor imperando, constituye el Poder más potente para manifestar.

INDICACIONES PARA EL HOGAR

Dirigiéndose a la Sra. Ballard: NUNCA DEPONGAS TUS BARROTES DE PROTECCIÓN ANTE NADIE. Sería sensato que todos utilizaran la conciencia de que la Actividad de Dios está en este hogar y a su alrededor, y de que aquí actúa únicamente Dios. Al pensar en los vecinos, sepan que Dios gobierna todas las actividades de ellos relacionadas con este hogar. Tomen algo desde el principio, y con intensidad inviertan la acción negativa en pensamiento y sentimiento con respecto a ella. La aparente aceptación más profunda de la condición negativa vis-a-vis la positiva en la conciencia humana radica en un tirón gravitacional mental, y se debe a la densidad de la sustancia física del cuerpo.

Un decreto fuerte y expedito es: *«No, ¡fuera de aquí! Dios Todopoderoso está al mando».* Esto es verdad hasta llegar a cierto punto de Iluminación: si bien la "Presencia" Interna está siempre lista a actuar de inmediato, la conciencia de invitación en la mente externa del estudiante parece ser imperativa. La "Presencia" Interna no se inmiscuye sin ser invitada a hacerlo.

La naturaleza de la conciencia externa es oscilar de un extremo al otro. El Equilibro Eterno es "el Camino del Medio"; y el deseo de moverse en dicha actividad te atrae a ella y te sostiene allí. El deseo de hollar "el Camino del Medio" te atrae a él y te sostiene allí. Cuanto más profundo sea el reconocimiento y la permanencia en la "Presencia de Dios", tanto más rápidamente actuará el Poder Divino.

ACTIVIDAD ELECTRÓNICA

Doquiera que haya fuerza, hay siempre algún punto de Actividad Electrónica, y desde una perspectiva superior se puede notar muy claramente. La fuerza liberada por la Guerra Mundial todavía permanece en la atmósfera de la Tierra, y está siendo y será re-dirigida y utilizada constructivamente.

Los electrones en nuestra atmósfera son emanaciones del Gran Sol Central. El Cuerpo de Fuego Blanco de la "Magna Presencia YO SOY" y Su Elemento natural de por sí califica la Actividad Electrónica. El electrón es un elemento Universal que es el Espíritu de Dios. Por lo tanto, cada elemento que aplica o utiliza el electrón lo califica según la propia esfera o actividad del elemento en cuestión.

En la condensación que tuvo lugar en una era anterior —una en Atlántida y otra en las ciudades sumergidas del Amazonas—, se dieron dos Actividades: la Consumidora y, por otra parte, la Dadora-de-Vida. Toda actividad consumidora no es más que un re-ordenamiento del equilibrio de la actividad atómica. La Actividad electrónica está siempre y permanentemente equilibrada consigo misma. Toda discordia no es más que la pérdida de equilibro de un elemento o átomo en particular. La discordia sólo tiene posibilidades de darse cuando el electrón se reviste de una cualidad en particular. La primera actividad de la estructura atómica es el requerimiento de algo para calificarla —o la necesidad de una cualidad. De otra manera, ésta también permanecería perfecta por siempre, y ninguna otra cualidad se le podría imponer.

Pregunta: "¿Por qué el aire en movimiento parece estar más fresco que el aire quieto?"

Saint Germain: Porque la acción vibratoria se eleva.

Uno puede ponerse el Manto de Invisibilidad en un instante, pero los estudiantes deberían dejárselo puesto permanentemente, visualizando a conciencia que tienen el Manto puesto. Estamos calificando conscientemente esta Energía o Actividad Electrónica en todo momento.

El instinto es una forma inferior de intuición. Sólo hay una Presencia y Poder que actúa por todas partes, de manera que en realidad lo único que hay es diferentes grados de conciencia y actividad. Las palabras se quedan cortas a la hora de comunicar el significado de un sentimiento.

ESPADA DE CORRIENTES

Recientemente se han colocado en Norte América corrientes Divinas que tienen la forma de una cruz; o, dicho de otra manera, con la forma de una espada, ya que en este caso la Cruz de Cristo es la Espada de las Corrientes. La aldaba está ubicada justo al sur de la frontera con Canadá; la empuñadura se adentra en Canadá, mientras que la punta se proyecta hacia el sur, llegando casi hasta la parte inferior de la Florida. Chicago está ubicado en la parte fuerte de la hoja, justo debajo de la aldaba. Estas corrientes han sido colocadas por toda la Tierra por Mensajeros Poderosos de Dios.

Llegará el momento en que esta Espada se cruzará con otra, y la Paz y Prosperidad se darán en América. El punto en que las dos Espadas se encontrarán estará ubicado casi sobre Chicago. Estas Corrientes están colocadas sobre y dentro de la misma Tierra. Penetran aproximadamente treinticinco metros bajo la superficie del planeta, y se elevan a una altura de cien metros. Por esta razón, la estructura superficial de la Tierra cambiará, y justamente el terreno sobre el cual caminan los seres humanos se convertirá en la Espada de Cristo.

FORMACIÓN DE LA PLATA

En la formación natural de la plata, una parte de ésta es densa y otra resulta escarchada (no densa). Igual ocurre con la Tierra: a medida que se vaya liberando la Fuerza Crística, la Tierra en sí se irá haciendo cada vez menos densa. La atmósfera de la Tierra se equilibrará entre frío y calor —o semitropical—, y la humedad se distribuirá uniformemente. Con la nueva Actividad Crística que se está dando, vienen ciertas Dispensaciones; ahora bien, no se conoce todavía el alcance de las mismas. Hay momentos y puntos de actividad en que se han dado Dispensaciones que han hecho avanzar cientos de años a la civilización.

AFIRMACIONES VARIAS

«"YO SOY" el Hijo de Dios y puedo hacer todo lo que Dios quiere que yo haga, y lo hago ahora.»

«Cubro cada átomo de mi mundo este día con Amor Infinito y Sabiduría.»

«Mi hogar es el Corazón de la Acción del Amor Divino.»

«Mi mente es el Corazón de la Acción del Amor Divino.»

«Mi mundo es el Corazón de la Acción del Amor Divino.»

«"YO SOY" el Plan Divino de Luz en perfecta operación física ahora y por siempre.»

Sean tan fieles como puedan a la sanación de perturbaciones físicas, pero mantengan su Visión Interna enfocada sobre la sanación de las heridas de odio.

Dios dentro de ti está vivo. No permitas que pensamientos-forma de tus percepciones sensoriales o temores lo acallen. Recuerda siempre que Dios y Su Manifestación son Uno.

Todo crece al utilizársele. Todas las cosas se mueven en ciclos. Cuando suena la campanada de la Hora Cósmica, la totalidad de la Fuerza combinada de la Hueste Ascendida puede utilizarse para lograr un propósito en particular. Entre tales períodos, son muchas las cosas en las que los Maestros no pueden interferir; de otra manera, la humanidad no estaría donde se encuentra en la actualidad. Cuando los individuos acuden a Nosotros, podemos darles una asistencia ilimitada de acuerdo a la prontitud de su solicitud; pero en la Acción Cíclica Cósmica, Nosotros no podemos interferir.

La noche antes de cualquier actividad importante o antes de clase, no dejen de internarse en el Corazón Secreto del Gran Amor de Dios. La humanidad y los estudiantes no preparan la vía con la anticipación suficiente. Cuando uno se despierta por la noche, a veces regresa al cuerpo para anclar en la conciencia externa algo que se necesita allí, o que será invocado cuando surja una necesidad futura.

CONCIENCIA OLVIDADA

Cuando llegamos a cierto punto de adelanto en la actividad prevaleciente, a veces hacemos contacto con la Sabiduría alcanzada en anteriores experiencias olvidadas; y de haber la necesidad, invocamos dicha Sabiduría a la manifestación y la utilizamos. En la mayoría de los casos, esto se hace sin que la conciencia externa esté al tanto de ello. Si necesitamos algún conocimiento en el cual hemos sido expertos en una anterior experiencia olvidada, es con creces más fácil recabar dicho conocimiento que adentrarse en la Fuente Central y sacarlo de lo increado. No es que la Gran Ley sea mezquina, pero sí es conservadora. Ella no permite que se le utilice innecesariamente.

EL ARCHIVO DIVINO

Dentro del Archivo *[record]* Divino de todo individuo están registradas todas las experiencias constructivas. Por lo tanto, cuando la necesidad requiere de una Sabiduría en particular que allí está archivada, es natural que sea ése el primer lugar al cual se acude. Por ejemplo, si tuvieras en tu haber un libro de fórmulas de actividad, no acudirías a otro individuo que tiene el mismo libro, sino que consultarías el tuyo y te economizarías el tiempo y la energía. De no haber los seres humanos olvidado la Sabiduría y Fuerza que están almacenadas en sus conciencias, con mayor rapidez podrían hacer uso de aquello que ya tienen a la mano.

En todo el Universo no se desperdicia la más mínima energía, excepto en la actividad externa de la humanidad. No es que se pueda agotar el Universo de alguna manera. Más bien, es ésta una manera de enseñarle a los estudiantes el uso conservador de tan magna Energía. A medida que los estudiantes profundicen cada vez más en esta Gran Sabiduría, esto se les irá haciendo cada vez más aparente.

OLOR A AZUFRE

Un Proceso Cósmico se está dando en la actualidad, y Nosotros dirigimos cierta fuerza mientras que ustedes están fuera del cuerpo, para prestar asistencia a dicha Actividad Cósmica. La fuerza descargada por la Actividad Cósmica a través de las actividades volcánicas es una fuerza que se puede dirigir conscientemente. Aquellos que están en capacidad para dirigir esta actividad en particular y, al mismo tiempo, retener sus cuerpos físicos, son instruidos muchas veces en el uso de esta fuerza cuando se encuentran fuera del cuerpo mientras duermen —especialmente cuando se necesita un foco de la misma. El sentido externo de olor es la memoria consciente de la Actividad que ha tenido lugar en los Niveles Internos. Se pueden percibir olores de madera, azufre, carbón o incienso. Si la memoria que se tiene es de azufre o madera, constituye una prueba de que se requería específicamente la actividad directa de la Más Alta Fuerza en la Tierra.

ELEVANDO LA ACCIÓN VIBRATORIA

No permitan que los sentidos externos se formen el hábito ni adquieran ustedes la conciencia de nada excepto de que todas las sensaciones elevadoras vienen de manera perfecta, armoniosa y natural. Después de hacerle un tratamiento a una persona, libérenla dentro de la Sabiduría y Actividad de Dios, a sabiendas de que es Él quien dirige el control de la mente externa. Cuando las personas no están conscientes *[aware]* de cómo elevar el cuerpo, es a veces mucho mejor dejarlos salir del templo en ruinas y quedar en libertad de proseguir.

Para utilización de los grupos en el servicio universal: «El Magno Poder del Amor divino y la Justicia está ahora operando Todopoderosamente en la mente y actividad externa de todos y cada uno de los Hijos de Dios en Chicago, New York, América, India y China. América una vez más alcanzará el Magno Foco o Poder Espiritual que una vez tuvo.» Esta instrucción viene desde la Luz Ascendida, y Ellos prefieren que no se le dé consideración a ningún individuo en particular.

Que cada uno medite en su interior, y luego decida sobre el Maestro Ascendido en particular al cual desea dirigir su atención, manteniéndolo en secreto dentro de su propio corazón. El Más Alto de todos los Logros es siempre acudir al Dios interior; y si necesitas ayuda —del tipo que sea—, invoca a uno de los Maestros Ascendidos.

DISCURSO V

18 DE JULIO DE 1932
SAINT GERMAIN

INVOCACIÓN

Oh Magna e Infinita "Presencia" — Dios individualizado en la esfera de la Tierra— Te damos gracias y alabanzas!

EL DISCURSO
LA ASCENSIÓN

Les traigo hoy saludos de parte de la Hueste Ascendida, y del Maestro de Maestros que les envía Amor y Abundancia. Bajo esta Esplendorosa Presencia, consideremos el significado y actividad de la palabra "ascensión". Procuremos disipar las múltiples representaciones erradas de la interpretación ortodoxa. Cuando un individuo se hace consciente *[aware]* de la región de la cabeza donde está ubicado el Anclaje del Gran Sol Central, y, mediante un esfuerzo consciente, dirige su atención allí, ha ascendido al Monte del Verdadero Entendimiento. A menudo se hacen referencias simbólicas a esto, al utilizar la frase "escalar la Montaña de la Cabeza" —lo cual generalmente es verdad en el plano físico, si bien únicamente simboliza el fijar la conciencia en el más alto de los Siete Centros que constituyen los vórtices de Actividad del Gran Sol Central en el hombre y en el Universo.

SATANÁS, EL MAL Y LA SERPIENTE

La crasa equivocación en cuanto a lo que Satanás y el mal realmente significan es aterradora. Son muchos los nombres que se le han adjudicado a esta llamada majestuosa presencia del mal, pero les aseguro que dicha "majestuosa presencia" no es más que un mito. De hecho las palabras "diablo" *[devil]* o "sheol"[*] se derivaron de la palabra "Satanás"; y la raíz de esta palabra, su verdadero significado subyacente, es "apartarse de aquello que es inarmonioso." El lado humano —como quien dice— de la humanidad que nunca está presto a encarar la Verdad de su propio ser, tuvo que producir alguna maquinación a la cual echarle la culpa de su propia creación. La palabra "Satanás" surgió como una explicación singular, diciéndole a los seres humanos que era mejor que se apartaran de sus propias creaciones inarmoniosas; y este "apartarse" les capacitaría para encontrar a Dios siempre activo en medio de ellos.

Luego, una vez más volvió a ocurrir que el hombre llegó a desear aún otra cosa que culpar por sus propias creaciones, por lo que introdujo al jardín la serpiente indefensa. La serpiente no representa otra cosa que la utilización incorrecta de la energía solar del Gran Sol Central contenida en el interior del hombre. Esta energía solar es un poder muy dinámico, y está siempre activa.

Repitamos de nuevo que la humanidad, al tener libre albedrío, está en la obligación de escoger cómo habrá de dirigir esta energía. Si no la dirige conscientemente para realizar algún propósito bueno y constructivo, dicha energía actuará de alguna otra manera —a menudo a través de la sugestión del ambiente o individuos, porque la energía siempre está sujeta a sugestiones. La gran masa de la humanidad que se ha afiliado a la idea ortodoxa —como la denominamos— ha procurado endosarle a Dios, un Ser en los cielos, sus problemas o creaciones. No obstante, el hombre es lo suficientemente tonto como para pensar que puede continuar creando inarmonías y no experimentar sus efectos discordantes.

Así, vemos cómo la humanidad ha mantenido sobre su propia cabeza esta nube de ignorancia a lo largo de las centurias. Le hubiera sido posible a los seres humanos reconocer su liberación como Hijos de Dios, y hacerse conscientes del hecho de que tienen libre albedrío. Se hubieran dado cuenta entonces de que ellos eran los únicos creadores tanto del bien como del llamado mal. Hubieran aprendido que cuentan con el poder para disipar toda creación equivocada o inarmónica que ignorante o voluntariamente trajeron a la manifestación.

Una de las razones para concebir la idea de un diablo es que en todo período o ciclo de encarnación humana siempre han existido individuos que eran muy dinámicos en el uso de esta energía; la estaban dirigiendo mal y producían este llamado "mal". Además, dichas

---

[*] Traducción: "báratro", "infierno".

personas creaban unos pensamientos-forma cargados con tal poder que inteligencias desencarnadas malignas e ignorantes se apoderaron de ellos o —como quien dice— entraron a dichos pensamientos-forma. Éstos seguían siendo energizados por sus creadores que todavía estaban encarnados, dándole a estas entidades malignas e ignorantes un tremendo poder y actividad. Antes de venir Jesús, estas entidades estaban en capacidad de aparecer visiblemente, a menudo en formas muy grotescas. Fue así como surgió la idea de un diablo, que —les aseguro— nunca existió ni existirá fuera de las propias creaciones discordantes del hombre.

LOS SANTOS

Un santo podrá ser o no un Ser Ascendido. Cuando se le confiere la santidad a alguien, cientos de miles de mentes se enfocan sobre esta idea o forma de un Santo, ya que no existe la idea de un Santo sin la correspondiente forma mental. Es así como se crea un pensamiento-forma de tremendo poder. A veces, el alma de este Santo, mediante la dirección de una gran Inteligencia, se aprovecha de esta tremenda creación y entra a la forma, produciendo milagros de gran bien. Afortunadamente, la predominante y equilibrante fuerza mental en una creación de esta índole es siempre para bien. En consecuencia, el Santo, al ser bueno, evita que la energía contenida en el pensamiento-forma sea utilizada para un propósito equivocado. Se supone que ciertos atributos y poderes están dentro del dominio de este pensamiento-forma. El individuo suministra la tremenda energía que se genera para hacer cosas específicas.

Sin embargo, cuando el individuo cae en la cuenta de que la Energía dentro de sí es omnipresente y que está a la espera de ser dirigida conscientemente, no nos cabe duda de que podrá hacer cosas mucho más poderosas que cualquier pensamiento-forma. He aquí un misterio que no ha sido explicado: A menudo allí donde es menester alcanzar un gran propósito, uno de los Grandes Maestros se hará cargo de este pensamiento-forma y producirá un gran bien duradero. De esta manera, podrán ustedes ver que la energía o fuerza que pueda haberse utilizado mal, a menudo es utilizada por Inteligencias sabias para lograr un gran bien. Es el privilegio de todos y cada uno de los Hijos de Dios hacer exactamente esto. Todo estudiante que sinceramente esté acudiendo a la Luz de Dios, y que haya cometido un desliz al haber —como quien dice— generado su ser externo una gran fuerza mediante la pasión o la ira, dicho individuo tiene el poder de recalificar esta energía que él mismo ha descargado y hacerla trabajar para un bien duradero. De lo contrario, dicha energía seguirá en su curso arremolinante, creando discordia a su paso.

DIOS EN EMBRIÓN

Así, les digo con toda la sinceridad de Mi corazón que todos y cada uno de los Hijos de Dios es un Dios en embrión, y puede aprender a dirigir conscientemente esta magna energía para realizar maravillas mucho más grandes que las que haya hecho cualquier santo. La idea del diablo ha dado lugar a una terrible ignorancia y superstición. La superstición ha cargado el ser externo con tal miedo que ha paralizado —como quien dice— los propios canales que habrían de conducirle a la Liberación. En el Universo no hay diablo alguno, salvo en los propios pensamientos inarmoniosos de la humanidad —trátese del individuo o de la masa.

JESÚS Y LAS FUERZAS DE LA OSCURIDAD

Después del tiempo de la Aparición y Ascensión del amado Jesús, surgió gente que se opuso diametralmente a la Maravillosa Luz que Él había enseñado e irradiado. A esta gente se le conocía como fuerzas de la oscuridad. Dichas personas habían profundizado lo suficiente en el entendimiento de las Leyes Internas del propio ser como para determinar que contaban con cierto poder de pensamiento, y que contaban con una energía tremenda que podían dirigir para bien o para mal, como se les antojara. Esta gente se dio a conocer en aquel tiempo como magos negros, y como tales se les ha conocido a lo largo de los siglos. En una ocasión —el "cuándo" me lo reservo— llegó a haber una escuela de estos magos negros que se propuso entrampar (y lo logró) a esos estudiantes de la Luz que habían fracaso en sus intentos por ir más allá de cierto punto de Iluminación. Fueron muchas las veces que atrajeron a los estudiantes a la plena actividad de su entendimiento. Por otra parte, hubo muchos en quienes la Presencia de la Luz fue lo suficientemente fuerte como para repeler la influencia de estos magos negros. Después de librarse una contienda, a tales estudiantes se les permitió continuar por su camino.

Fue la observación de que esta actividad se estaba dando lo que atrajo la atención de los Grandes Maestros Ascendidos de Luz a esta escuela, la cual fue desbandada y dispersada. Desde aquel entonces no se ha vuelto a permitir que se forme un foco de esta índole con más de dos o tres individuos en un sitio en particular. Antes de que esto pasara, los magos negros crearon poderosos pensamientos-forma que ellos operaban a la distancia que fuera. Fue así como se produjeron grandes estragos y angustia durante sendos períodos finales de Atlántida y

Egipto; y, de hecho, tales individuos constituyeron las causas subyacentes de todos los períodos de gran destrucción. ¿Por qué? Pues, porque aparte de su propio poder para generar fuerzas destructivas, utilizaban la fuerza destructiva generada por la humanidad, causando así la destrucción de toda una raza o continente.

MOTIVO PARA SENTIRSE MUY ANIMADO

Desde el advenimiento o aparición de Jesús sobre la Tierra, a estos magos negros no se les ha permitido conformar tales puntos o focos poderosos en los que pudieran reunirse gran cantidad de ellos. Les cambió la suerte, y entre sus filas estaban aquellos que los Maestros Ascendidos vieron que querían salir de la oscuridad y convertirse en Luz. Tales individuos fueron liberados —uno por uno— de las garras de las fuerzas de la oscuridad. Se convirtieron en grandes exponentes de la Luz porque estaban familiarizados hasta con las más sutiles actividades de la dirección equivocada de esta magna Energía de Dios. Es así como esta trasmutación se sigue dando aún hoy día. Por esta razón nos sentimos animados en cuanto a que se puede disipar algo de la fuerza destructiva que, a veces, parece estar muy cerca de triunfar, y evitar muchas actividades cataclísmicas.

La tremenda efusión de la Actividad Crística en los corazones y mentes de los seres humanos que ha tenido lugar desde 1884, ha permitido que se hagan muchas cosas maravillosas que hubiera sido imposible hacer antes. De allí que todos aquellos que sean lo suficientemente afortunados como para recibir estas Ideas, deberían tener el valor suficiente para perseverar con un corazón valiente, sabiendo que en esta época toda nube tiene su Revestimiento Dorado, y detrás de ésta —*el Cáliz de Cristal, la Pura Luz de Cristo, ¡Dios en Acción!*

UNA PROMESA MARAVILLOSA

No importa cuán amenazantes puedan parecer las nubes de tormenta, todos aquellos que se paren firmes e inflexibles ante la Luz —ante la Magna Presencia Crística Individualizada— encontrarán que sus corazones valientes serán recompensados. Experimentarán el Revestimiento Dorado de dichas nubes; y ante ellos aparecerá el Cáliz de Cristal, lleno hasta rebosar con el Poderoso Amor, Paz, Luz, Sabiduría y Abundancia de Dios sempiterno. Esta promesa, se los aseguro, no es algo imaginario, y un día será realizada para todos aquellos que se paren firmes y leales ante la Magna "Presencia" Maestra, su propio Ser Divino Interior.

La verdadera ascensión del individuo comienza mucho antes de la elevación del cuerpo. Tal cual se representa a menudo, la Iniciación —

esto es, los Siete Pasos de la Ascensión— son los Siete Pasos que se dan cuando se escala de un centro a otro dentro de la forma humana. Cuando la persona se ha hecho consciente *[aware]* de este hecho, y ha alcanzado el punto de entendimiento en el que su atención se fija sobre los Más Altos Centros en la cabeza, y cuando vive de acuerdo con esto, dicho individuo habrá experimentado la más terrible de las contiendas en la elevación de la forma externa a la Divina. De este punto en adelante, a tal individuo se le brinda mucha Asistencia adicional —sin que él esté consciente de ello en su mente externa. El hacerse consciente de lograr una Meta, a sabiendas de que no sólo es posible sino que su logro es certero, le permite al individuo contemplar las pruebas del ser externo con gran ánimo, valor y fortaleza, sabiendo que no son más que partículas de polvo que se agitan ante la visión externa.

QUITARLE PODER A LOS PROBLEMAS

La razón de que los problemas se desenfrenen —como quien dice— es que el individuo carga el problema o situación con miedo. Esto le da cierta actividad poderosa. En realidad, se debería procurar llevar a cabo justamente la actividad opuesta, quitándole todo poder. El miedo es un sentimiento, y el sentimiento siempre es una energía vitalizadora. Hay dos tipos diferentes de sentimientos que vitalizan tremendamente, y estos son el miedo y el odio. En vez de darle poder a un problema —y, por ende, vitalizarlo—, se debería quitarle toda energía sostenedora y dejarlo indefenso.

El hecho de la cuestión es que todos estos llamados "problemas" son creaciones de la mente externa o de leyes establecidas por la humanidad a través del ser externo. Mediante estas leyes humanas, las personas se atormentan entre sí o tratan de obligar a un individuo a hacer por otro lo que él o ella aparentemente no están en capacidad de hacer, porque están imperando leyes externas y artificiales en vez de las Divinas. Si cada individuo se volviera con toda sinceridad y pidiera que el Amor y Sabiduría de Dios lo dirigiera en todo momento, y viviera de acuerdo con ello, en menos de un año —posiblemente seis meses— no habría ni un sólo problema que la humanidad tuviera que encarar.

Cuando quieres que algo se realice, bueno es afirmarlo; pero también es bueno escribirlo y decir, *«¡Dios mío, Magna Presencia "YO SOY! ¡Procura que esto se realice!»* Si en algún momento crees haber cometido un error, asume siempre esta posición y afirma que sólo el bien puede resultar de ello. Sabe siempre que Dios dirige todas tus decisiones con Sabiduría, y que de hecho tú decides rápida y correctamente la Cosa Perfecta que hacer, y luego la haces.

LA GRAN PRESENCIA DE SURYA

El amado Surya, quien es el mismo que Lord Maitreya, es una Gran Inteligencia venida del Gran Sol Central Espiritual; y pronto reiniciará Su actividad en la Tierra una vez más. Surya es un foco independiente —como lo son Ciclópea y los Señores de la Llama de Venus. Su actividad es independiente porque la asistencia que Él ofrece es de Su propia voluntad, y es por completo independiente de la Jerarquía que está a cargo del desarrollo de este Planeta. Él vigila y le presta asistencia a todos aquellos que están próximos al punto de la Ascensión. En la Reunión de Año Nuevo que ustedes celebrarán, una vez más tendrán la oportunidad de establecer contacto con este Gran Ser y con el inicio de la actividad de ustedes con Él como una vez fue.

La "Logia de Sirio" es, en realidad, una Iniciación Cósmica.

Es ahora aparente que el 4 de Julio de 1933 tendrán lugar unos cambios muy marcados, ya que es de una especial importancia para este gobierno. Las Esferas de Fuego enviadas desde el Royal Teton a ciertas ciudades en la Tierra el 1 de Julio de 1932, fueron lanzadas a lugares especiales en ausencia de los canales físicos suficientes para realizar ciertos trabajos en el gobierno. Éstas fueron enviadas a New York, Chicago, Alejandría, Hong Kong y Buenos Aires. Esferas más pequeñas fueron enviadas a las capitales de todos los Estados de la Unión.[*]

Traten de mantener una paz profunda en el hogar, lo cual hará posible que una Instrucción Superior pueda darse. En un período anterior en China, se instaló en la raza china una actitud calmada, equilibrada y callada. Muchas veces esta actitud resulta de una gran Adoración a la "Presencia" Suprema. Esta característica ha perdurado en China hasta el día de hoy; pero desde que la raza hizo contacto con la gente de habla inglesa, ha perdido gran parte de esta cualidad. Las ruedas del progreso nunca se detienen por naciones, seres humanos o condiciones, porque la propia Actividad de Dios es un movimiento de avance bajo la dirección de los *Poderosos Mensajeros de Dios*, muchos de los cuales son totalmente desconocidos en la Tierra.

El amado Dios Tabor: El Dios "Tabor" que se menciona en los manuscritos es uno de estos Grandes Seres que estuvieron activamente presentes durante el reinado del Rey David; y el "Monte Tabor" que se menciona en dicho período era la morada de este Gran Ser.

PILAR DE FUEGO

El Rayo de Fuerza que viene del Gran Sol Central, el cual ustedes vieron y están visualizando, es un *Pilar de Fuego* y es hueco. Ha

---

[*] Estados Unidos.

conformado un anclaje permanente en la Tierra, de manera que a través de Él se da una constante emanación de una Magna Corriente de Energía Purificadora. Mediante esta explicación podrán ustedes ver y entender cuán importantes son sus esfuerzos. Asegúrense de mantenerlos a buen ritmo. Son ustedes quienes determinan qué habrán de hacer, por lo que pídanle a su propia "Magna Presencia YO SOY" que les conceda el tiempo para hacerlo y mantenerlo. ¡Este Trabajo tiene que hacerse!

Si algo ocurre dentro de la conciencia que produzca el más leve temor o perturbación, se debería recordar inmediatamente la propia "Magna Presencia YO SOY" —el Maestro interno— y pedirle que disipe todo temor, su causa y su efecto de inmediato, y que procure que nunca más vuelva a tocar su propio ser o mundo. ¿Por qué habrían los estudiantes de la Luz ser acosados por elementos o condiciones perturbadoras? Los estudiantes de la Luz que sirven a la Luz deberían reclamar de la Luz, ¡la liberación de toda condición perturbadora!

DISCURSO VI

21 DE JULIO DE 1932
SAINT GERMAIN

INVOCACIÓN

Oh Magno Ascendido Jesucristo, Presencia Individualizada en todos y cada uno! Te alabamos y te damos gracias por Tu portentosa actividad en cada momento del día—por cuanto eres Tú la Conciencia que eleva a la humanidad de la escoria de la mente humana. Damos gracias y alabanzas porque la Magna Hueste Ascendida se manifieste, tanto visible como invisiblemente.

Traemos saludos de Amor, Júbilo, Salud y Prosperidad de parte de la Hueste Ascendida a todos y cada uno de ustedes, de manera que Su Esplendor se pueda difundir por toda la humanidad.

EL DISCURSO

Una de las cosas importantes que la humanidad debe recordar —especialmente los estudiantes— es hacerse permanentemente inexorables a toda sugestión externa. En la atmósfera prevalece la sugestión de cosas que perturban; y cuando los estudiantes se tornan más sensibles, es menester que establezcan una vigilancia permanente contra toda sugestión o insinuación de lo externo, doquiera que [los estudiantes] se encuentren.

Una Afirmación útil: «*Yo, mi Ser Crístico, la "Magna Presencia YO SOY", le prohibo a todo átomo de mi mente externa y cuerpo que acepten algo que sea inferior a la Todicidad*[*] *de Dios. Yo, mi Ser Crístico,*

---

* Nota del Traductor: El término que se utiliza en el original en inglés es *Allness*, que, a mi juicio, se refiere a la "cualidad de todo", no a la "cualidad de total" (que resultaría de la utilización aquí del término *Totalidad*). De allí que le presento al lector este término acuñado para tal propósito por las razones expuestas.

31

la *"Magna Presencia YO SOY"*, *te ordeno que recibas y registres permanentemente la Actividad Eterna de mi plena Iluminación y Liberación en todos los planos.»*

Cuando uno se excita, la puerta se abre. La actitud correcta es la de declarar o afirmar constantemente que únicamente la Presencia de Dios actúa en y alrededor de uno. Una poderosa Afirmación protectora es: *«El Magno Jesucristo Ascendido en mí, que es la Perfección de Dios en acción, es mi Protección, mi Defensa y mi Liberación de todo aquello que sea indeseable.»* Cuandoquiera que uno se coloca fuera de la Armonía de Dios, se establece un *movimiento interno* que podrá fluir durante horas o días después sin que el individuo esté consciente de lo que se inició como resultado de ello.

El hombre tiene que entender que el único causante de todo en la propia vida y mundo es uno mismo. Nada abre la puerta más fácil y rápidamente que el resentimiento y la irritación. Muy a menudo se malinterpretan las expresiones utilizadas, poniendo así en movimiento corrientes cruzadas que son totalmente innecesarias. Cuandoquiera que desees entendimiento, utiliza siempre, *«En mí solo está la Mente Perfecta de Dios».* No hay excusa para incurrir en palabras o discusiones acaloradas al tratar de lograr la comprensión. La obediencia es una de las cosas esenciales en la Vida. Si no le obedecemos a lo pequeño, tampoco podemos obedecerle a lo grande. El amor es la cosa más maravillosa en el Mundo, ¡y es el Poder del Universo!

CONDICIONES ATMOSFÉRICAS INUSUALES

Esto no se ha explicado antes: Siempre que se manifiestan actividades volcánicas —como ha sido el caso y seguirá siéndolo durante todo el verano—, se descargan fuerzas interiores de la Tierra; y el sedimento que es proyectado por cientos y miles de kilómetros, muchas veces produce un cambio completo en las condiciones atmosféricas. A menudo causa que el calor sea más intenso, o produce el efecto opuesto de enfriar, dependiendo de la sustancia que se libera. Así como una condición cataclísmica puede cambiar el curso de la Corriente del Golfo —y, por ende, el clima—, de la misma manera estas fuerzas descargadas en el aire causan que cambien las condiciones atmosféricas o climáticas.

ESTÍMULO

A modo de estímulo para ustedes y los estudiantes, quisiera decir con gran júbilo en Mi corazón que los estudiantes están progresando bella y maravillosamente; y el que dicho progreso maravilloso no se evidencie todavía en lo externo de ninguna manera debería producir desaliento, ya que les aseguro que el desarrollo de cada uno es notable.

Dirigiéndose a la Sra. Ballard: Tu poder para evocar el Rayo del Amor es realmente bello. Es una de las cosas que más se necesita en el mundo hoy día, y es uno de los canales más importantes a través del cual actúa la Justicia. La Naturaleza del Amor Divino es dulcemente positiva; pero doquiera que hay una condición que lo requiera, se le puede calificar con una mayor positividad o hacerlo dinámicamente positivo —por ejemplo, para disolver toda oposición a un logro superior.

La semana próxima estaré personalmente con ustedes en ambas clases para realizar un trabajo en particular que es necesario hacer. Cha Ara y [Lady] Nada tienen de manera natural una gran Radiación Sanadora, y a través del trabajo de Ellos dicha radiación ha crecido hasta alcanzar una gran intensidad. Ellos han establecido contacto con aquello que requiere de una gran cantidad de Poder Sanador.

Importante para el hogar: Asuman una postura definitiva en cuanto a que nada entra al hogar de ustedes salvo la Magna Presencia Crística, la cual está establecida allí permanentemente de manera que todos los que entren están obligados por Amor Divino a actuar en perfecta cooperación con todo en el hogar. Sepan que todos aquellos que traspasen la puerta suya son envueltos en el Magno Abrazo de Dios, y sostenidos en dicho abrazo por siempre. Permítanle convertirse en una conciencia permanente, y verán como esta actividad posibilita el que se haga un trabajo definitivo en todo individuo que entre.

Un dinámico Decreto despedazante:«¡"*Magna Presencia YO SOY*", *despedaza y consume esto AHORA! Procura que no vuelva a tocar mi vida o mundo nunca más!*» A veces un rápido decreto dinámico es mucho más efectivo que un tratamiento más largo. Recuerden esto: decirle a la "Amada Magna Presencia YO SOY", «*despedaza y consume esto,*» es despedazar el foco de la discordia; y entonces es mucho más fácil consumirlo.

La "Magna Presencia YO SOY" mora en el Cuerpo de Fuego Blanco, el cual es una condensación de la Luz.

Siempre son ustedes quienes tienen que conformar la imagen e imprimirla en el interior, y la "Presencia" interna la traerá a la manifestación. En breve, cuando ustedes conformen imágenes, éstas se proyectarán rápidamente. Sientan que cuando hacen algo, es Dios haciéndolo; y, por consiguiente, tiene que manifestarse.

DISCURSO VII

25 DE JULIO DE 1932
SAINT GERMAIN

INVOCACIÓN

Oh Magna Infinita, Gobernante e Inconquistable "Presencia", Magno Dios del Universo individualizado en la humanidad, reconocemos y aceptamos Tu Magna "Presencia", Tu pleno Poder y Actividad en nuestras mentes y cuerpos.

Le ordenamos al ser externo que se someta a la unión con Tu Magna Presencia. Le ordenamos a todas las actividades externas que guarden silencio y obedezcan Tú Poderoso Mandato. Damos alabanzas y gracias porque Tu eres la Única Inteligencia que actúa, y porque al derramarse Tu Magna Energía a través de estos seres externos, los hace auto-sostenerse. Damos alabanzas y gracias por ser Tú la Mágica "Presencia" que hace que los milagros se manifiesten y se sostengan todos los días. Damos alabanzas y gracias porque esto siempre es así, eternamente.

EL DISCURSO

Mi Amor y el de la Hueste Ascendida inundan el ser de todos ustedes con Júbilo, Paz, Confianza y Operación Perfecta en todas las cosas. Estoy sumamente agradecido por su amorosa cooperación.

Los misterios aparentes de la Vida son muy sencillos y de fácil aplicación una vez que se establece la Verdadera Fundamentación en la conciencia. Les aseguro que nadie puede ir muy lejos en el Sendero si no tiene un anclaje definitivo en la conciencia. No puede haber ninguna incertidumbre.

EL GUARDIÁN DEL UMBRAL

La Verdad sencilla y total de la situación es que el guardián del umbral representa una acumulación de la energía mal utilizada de la Fuerza Solar —la cual es la Energía de Dios. Por ello, no hay nada que temer en el mundo, más bien es una razón para regocijarse de que al fin la Verdad se acerca, para disipar todo ese temor y conceptos errados sobre algo que, en realidad, es muy sencillo. Una vez más, la llamada bestia de descripción bíblica, igualmente entendida y descrita de otra manera, no es más que la mala orientación de esta Energía Solar, la cual ha sido dirigida hacia abajo en vez de hacia arriba.

Esto les explicará la grandísima importancia del control del pensamiento, ya que doquiera que se pone la atención, allí la energía tiene que ir. Por lo tanto, si le das cabida al pensamiento o conciencia de ira, resentimiento, celos o si permites la disipación de la energía poniéndote a pensar en sexo, no estarás haciendo otra cosa que dirigir hacia abajo esa Magna Corriente.

LIBRE ALBEDRÍO

El Poder del Libre Albedrío es el gran privilegio que la humanidad tiene de mantener la atención de la conciencia fija sobre la Divina "Presencia" o Principio de Actividad que en todo momento compele el flujo ascendente de la Magna Energía Solar. De esta manera, pueden ustedes notar cuán sencillo es el proceso y, al mismo tiempo, la necesidad de conscientemente mantener esa Energía fluyendo hacia arriba. Por lo tanto, en el momento en que entra a la mente cualquier pensamiento que no está en armonía con dicha idea, asume la misma actitud que tendrías con un niño desobediente que es demasiado joven para entender las Leyes, y decir: «*¡"YO SOY" el Maestro de mis propios pensamientos! ¡"YO SOY" un Maestro y dirijo la Energía a donde deseo que vaya!*» Todo aquel que haga esto se encontrará teniendo en un lapso muy breve un fácil comando y regulación de esta Energía.

Para el hogar: No importa cuál pueda ser la provocación, ciérrale la puerta a todo resentimiento, crítica, condenación o cualquier cosa que no esté en armonía con dicha Ley.

Recuerda esto por siempre: NUNCA TIENES QUE HABÉRTELAS CON PERSONAS. LA VERDAD ES QUE *SIEMPRE TE ENCUENTRAS HABIÉNDOTELAS CON UNA FUERZA*, la cual tendrás que controlar antes seguir avanzando. Sin este control, no podrás avanzar más allá de cierto punto, porque en un momento de descuido podrías perder fuerzas que habrían de menoscabar tu progreso adicional en esta encarnación.

Todos deberían auto-entrenarse para permanecer siempre dentro del propio Círculo Mágico de la Llama de Amor Divino, el cual cada uno tiene que construir conscientemente a su alrededor. Hablen entre sí dentro de este Círculo, ya que no importa donde puedan estar, el Círculo Mágico está allí. Cuando alguien fija su atención sobre esa Magna Presencia de Dios, está conformando un Círculo Mágico en el que parecen realizarse poderosos milagros. Este Círculo Mágico está en expansión y ampliación perenne, según sea la intensidad y sinceridad con que la atención se sostiene sobre la Magna "Presencia".

Les puedo asegurar que al principio esto requiere de un estado de vigilancia sincero y diligente; pero si te resbalas de vez en cuando, no dejes que eso te preocupe en lo más mínimo. Regresa inmediatamente con una sinceridad e intensidad aún mayor. El error de muchos estudiantes es que si bajan la guardia de vez en cuando, se desaniman, lo cual es un comportamiento infantil e insensato. Es de gran valor para la propia auto-disciplina recordar siempre que cada vez que algo ocurre que nos genera el deseo de devolver el golpe ya sea físicamente, de palabra o pensamiento —o que hace que devolvamos el golpe—, asumir la actitud siguiente: *«Esto no es más que una fuerza que hay que manejar, y estas personalidades no son más que una oportunidad para que yo aprenda cómo controlar dicha energía.»* Esto te quita la resistencia que da inicio a la actividad discordante que trata de entrometerse. En la medida en que mantengas la actitud vigilante consciente, te sorprenderás por la manera en que el Círculo Mágico a tu alrededor se expandirá hasta que todo aquel que entre en contacto contigo te amará y adorará. Tal es el Poder Mágico del Amor y la Armonía.

Algunas de estas cosas podrán parecer sencillas, pero unificarlas constituye la Gran Ley Una. Cuando comiences a pensar en el Círculo Mágico, comenzarás a verlo y sentirlo a tu alrededor; y cuanto más hagas esto, tanto más rápidamente se conformará y expandirá.

VIEJOS HÁBITOS NEGATIVOS

Resulta extraño que, producto de viejos hábitos, la gente permite que la atención se centre sobre condiciones negativas, y cuando menos piensan, se encuentran en problemas. En tales condiciones, la demanda consciente debería ser: *«¡Mira, actividad externa! ¡Guarda silencio ante el Dios en mí!»* La única actividad que debe ocuparte es el control y calificación de la energía en la actividad externa.

Cuando haces algo por la protección de otra persona, tiene que haber alguna elevación permanente dirigida a dicho individuo; de lo contrario, no se te permitirá hacerlo. Sin esto, no sería más que una inversión inútil de energía, y entonces no tendríamos el derecho de usar la energía ni siquiera para protección. El retorno de la energía a nuestra propia Llama Magnificente de Dios Todopoderoso es mucho más rápido que la dirección hacia abajo de la misma, y la proporción es de aproximadamente diez a uno.

SERES INTELIGENTES DE LOS CUATRO ELEMENTOS

Poco se dan cuenta los mortales de cómo se utilizan los Seres inteligentes de los cuatro Elementos para su beneficio. No hay duda de que gran parte de la gente y muchos estudiantes se inclinan a negar la existencia de dichos Seres. Todo lo visible a los sentidos externos no es más que una imagen pasajera de la creación externa. Detrás de la creación externa y dentro de esta Gran Energía Divina está la Poderosa Realidad, la cual es siempre visible a los Sentidos Internos. Si los estudiantes pudieran decirle a esta Magna "Presencia", «*¡Dios mío, permíteme ver con Tus Ojos —mi Visión Interna!*», y seguirlo de, «*Doy gracias porque veo ahora y por siempre*», esto le permitiría muchas veces al individuo entrar rápidamente a la Visión Interna, dependiendo de su propia sintonización o afinación interna. En esta Instrucción no se ha dado ni se dará nada que no produzca resultados absolutamente definitivos, de aplicársele con una conciencia firme y resuelta.

SER COMO UN NIÑO

Cuando el estudiante llega a un punto en que puede ser utilizado, se dice que, «*si no os volvéis y os hacéis como niños, no entraréis en el reino de los cielos.*»* A veces *Nosotros* nos sentimos tan alegres como niñitos cuando vemos estirándose hacia la Luz a un ser humano que puede ser afinado y utilizado. Cuando los individuos tienden la mano hacia la Luz con gran añoranza e intensidad de deseo, no es ni una gota en un vaso en comparación con el deseo de los Maestros Ascendidos de que los estudiantes estén en condiciones de recibir lo que ellos puedan utilizar. Ustedes no sospechan la necesidad que tenemos de estudiantes que estén sintonizados o afinados. Es grande esa necesidad de estudiantes que puedan ser utilizados conscientemente por los Grandes Seres.

AMADO PODEROSO OROMASIS

Oromasis, el Príncipe de los Seres Ígneos, juega un papel tremendo en la vida del individuo cuando él o ella llega a un punto de este entendimiento. Él es un Príncipe de las Salamandras que se ha inmortalizado. Quedarán sobrecogidos cuando se enteren de lo que

---

* Mateo 18:3.

realmente ocurre. Para comenzar, tiene que haber una conexión entre el Elemento Fuego y los mortales, porque el Elemento Fuego no se inmortaliza excepto a través del contacto con lo mortal.

CREACIÓN MENTAL

En los Planos Superiores o Espirituales de Actividad, toda creación tiene lugar mediante el pensamiento. El pensamiento atrae a sí la Sustancia Universal, produciendo la forma deseada de acuerdo a la cualidad del deseo o pensamiento. La Hueste Ascendida, al proyectar a la forma la Sustancia Invisible, la califica con la Cualidad que Ellos desean utilizar. Si se trata de asemejar la cualidad de una joya, Ellos podrán producirla en una mesa: esta mesa puede ser como una joya o tener una combinación de los elementos de una o todas las joyas. Sin embargo, Ellos no proyectan cosas para un mostrador de baratillos. La cualidad de las mesas estaría en armonía con lo que la gente está acostumbrada. Una vez que se le da impulso a la atención, ésta atrae de lo externo aquello que más se aproxima a la realidad.

La actividad sexual: La actividad sexual externa es una interpretación pervertida de una Perfección y Pureza originales.

Muy importante para la contemplación: Cuando te aquietas y entras profundamente en el Silencio, di: «*Gran Ser, háblame.*» La mente no puede concebir nada que no sea posible lograrse.

BENDICIÓN

¡Magna Radiante y Envolvente "Presencia" de este Centro de Esplendor Divino! Atrae alrededor de este hogar y todas sus actividades Tu Círculo Mágico. Derrama Tu Amor Radiante, Luz y Actividad, atrayendo a su uso la Abundancia de Tu Opulencia; y da Paz, Júbilo, Armonía y Perfección mediante Su Uso y Ministraciones. Sosténnos a todos dentro del propio Círculo Mágico de cada uno al tiempo que transitamos por el mundo externo, emanando Tu Magno, Sempiterno y Auto-Sostenido Valor, Fortaleza y Conciencia de Tu Presencia Directora. Permite que cada uno sienta en sí un Poderoso Magneto que atrae la abundancia de la Opulencia para todo aquello que pueda necesitar o desear; y saber que la Vertida está fluyendo en su más grande Abundancia.

DISCURSO VIII

28 DE JULIO DE 1932
SAINT GERMAIN

INVOCACIÓN

Oh Magno, Infinito y Esplendoroso Ser, ante cuya "Magna Presencia YO SOY" hacemos la venia! ¡Oh Magno Soberano del Universo! Nos inclinamos ante Tu Victorioso Poder! ¡Aceptamos plenamente Tu Radiante Presencia! Te invocamos para que Tu Presencia nos anteceda por todas partes, dominando todas las condiciones que contactemos y convirtiéndonos en canales a través de los cuales fluya Tu Magna Presencia.

Traemos Amor, Saludos y Bendiciones a América.

EL DISCURSO

La bondad es siempre el poder conquistador, y trabaja tanto con los seres humanos como con los animales. De la plenitud de la paciencia y la aplicación de la Presencia del Amor Divino en todos los asuntos emana la recompensa segura y certera. No hay actividad en que la conciencia o atención no esté sostenida sobre la "Magna Presencia YO SOY", en que el elemento de Amor Divino no esté activo; pero esta Actividad natural puede intensificarse en gran medida si a la misma se le añade la conciencia que tengas de la Cualidad del Amor Divino. Son pocos los seres no-ascendidos que se dan cuenta de este punto sutil.

Algunos dirán, *«¿Cómo puede ser que nosotros los mortales podemos intensificar la Actividad de Dios?»*, a lo cual yo respondo lo siguiente: Dios, la "Magna Presencia YO SOY" actúa a través del libre albedrío del individuo de acuerdo con la aceptación de él o ella; y el individuo, al ser parte de Dios y ser de la misma Cualidad, tiene el derecho y poder de aumentar e intensificar *cualquiera* de las Actividades Naturales de Dios sobre las que se enfoque la conciencia. Si los estudiantes sinceros meditaran sobre esta actividad en particular, recibirían ciertamente un gran beneficio.

Cuando la conciencia del estudiante se sostiene firme y resueltamente sobre el centro más alto —que humanamente se denomina la glándula pineal y el cuerpo pituitario—, él reconoce e invita a las Corrientes o Rayos de Luz y Amor que emanan del Cuerpo Electrónico de su propia "Magna Presencia YO SOY", e igualmente reconoce e invita la asistencia de las poderosas individualizaciones avanzadas —o Maestros Ascendidos— desde dicha Esfera de Actividad.

Esto podrá estremecer a algunos, pero como lo he insinuado antes, las personalidades le rezan a Dios pensando que la respuesta que reciben viene directamente de Dios mismo. Pero quiero asegurarles que existen unos Mensajeros que son los Guardianes de la humanidad, quienes son los dispensadores de las Corrientes Esplendorosas y quienes le dan respuestas a todas las peticiones que valgan la pena. Los Mensajeros que vienen del "Sol detrás del Sol" —el cual es el Corazón del Poder Crístico como lo conocemos en la actualidad— son los Poderosos Mensajeros que arremeten al llevarle este Esplendor a la humanidad, en este ciclo radiante que ahora ha comenzado.

En las tiendas por departamento y escuelas suyas, hay cabezas de departamentos y maestros. Esto representa un simbolismo burdo de la Actividad Superior, ya que en todas las actividades en que la Luz se proyecta, los menos avanzados *siempre* son instruidos por los superiores. Aún la Hueste Ascendida como ustedes la conocen cuenta con Seres más avanzados que son Sus Instructores. Esto sigue así a*d infinitum*, y es importante que los estudiantes lo entiendan.

Les aseguro que a lo largo de las centurias Yo nunca he cambiado en cuanto a la manera de dar los Principios Fundamentales. Hacerlo sería generar una corriente cruzada, lo cual acarrearía un desastre en vez del bien que Yo –a Mi humilde Manera– he sido capaz de producir.

NO A LA CONDENACIÓN

Lo más vital en la actividad humana es la necesidad de rehusarse categóricamente a emitir juicio sobre las actividades de otro ser humano. El condenar, criticar o sentir curiosidad por los asuntos de otro —excepto para desearles el bien y que todo esté bien— no le es permisible al verdadero estudiante o a todo aquél que sinceramente desee alcanzar el más alto logro.

Los estudiantes y los individuos deben recordar siempre que no hay nada o nadie que pueda decirles que no en todo aquello que se les antoje hacer o que persistan en seguir haciendo, ya que todo el mundo tiene el derecho a (y libre uso de) esta Magna Energía de Dios, que es el Principio de Vida que los anima. Ellos podrán utilizar esta energía como les plazca, hasta que sus experiencias les hagan dar media vuelta y volverse hacia la Luz por voluntad propia.

En este punto o conclusión, estarán ellos en capacidad de recibir una gran asistencia de parte de Aquellos que están más avanzados, lo cual a menudo los fortalece y capacita para aferrarse a la Luz. De otra manera, cabe la posibilidad de que no puedan hacerlo por cuenta propia. Así, pueden ver ustedes cuán importante es que los estudiantes entiendan y acepten plenamente la Presencia y Ayuda de los Mensajeros de la Luz de Dios.

ESPIRITISMO

A fin de que los estudiantes no vayan a malentenderlo, me gustaría asegurarles aquí que esto no tiene nada que ver con el llamado "espiritismo", tal cual se entiende externamente en la actualidad. El Ser Ascendido que ha alcanzado las ilimitadas alturas del Entendimiento mediante Su propio esfuerzo consciente, está tanto más adelante que el individuo promedio que por su falta de entendimiento se ha despojado del cuerpo físico, en la misma proporción que la Luz está adelante de la oscuridad.

Uno de los grandes obstáculos en el sendero de muchos estudiantes diligentes es la inclinación a acudir a médiums, en vez de acudir a la "Magna Presencia YO SOY", el Omnisapiente Dios sobre, dentro y alrededor de ellos. El acudir a médiums no se le permite a los estudiantes sinceros porque, una vez más, esto significa que está dividiendo su propia lealtad, ya que el Magno Dios dentro de nosotros —*el Dios Único*— ordena: «*No tendrás dioses ajenos delante de mí*»[*] Todo aquello sobre lo que pongas tu atención es tu Dios, ya que hacia allá fluirá tu energía, ¡y tu energía es tu Vida!

Dirigiéndose a Donald Ballard: Tu amor es como un manto de fragancia para Mí. El amor de cada uno de ustedes tiene una fragancia distinta. La presencia envolvente hoy es maravillosa.

EL RAYO DEL AMOR

El Amor Divino es la Más Poderosa Presencia y Poder en el

---

[*] Éxodo 20:3.

Universo; y cuando se aprende a verterlo dentro de toda condición inferior a Sí mismo, se llegará a saber que se está enfocando el núcleo de tan Magno Rayo dentro de Su invencible actividad externa. Este Rayo del que estoy hablando es el que tiene Su propia Cualidad natural de Impenetrabilidad.

Para auto-hacerte absolutamente invencible: Cuandoquiera que te venga una idea de perturbación, no importa cuál pueda ser la causa, es de tu incumbencia como estudiante de la Luz asumir la siguiente postura inconmovible: «*¡Lo único que actúa en esa persona, lugar o condición es Dios!*» De esta manera estarás dando poder donde realmente corresponde, y, así, permitirás que fluya el pleno Poder Interno de la Corriente de Amor Divino. El practicar esto constantemente con júbilo y reconocimiento certero de tu propio Poder Interno de la "Magna Presencia YO SOY" ¡te hará absolutamente invencible!

A menudo los estudiantes, refiriéndose a sus aplicaciones de la Ley, dicen: "Vaya, no trabajó." Yo les digo que es completamente imposible que *no* trabaje, a menos que de alguna manera ustedes le hayan dado poder a la apariencia externa.

Lo desafortunado con los estudiantes, a veces, radica en el no reconocer las pequeñas manifestaciones de la Gran "Presencia". En vista de que en todo momento nos estamos desplazando desde lo más pequeño a lo más grande, ¿cómo podemos recibir lo mayor si no le damos reconocimiento a lo menor? Les aseguro que la totalidad de la Actividad de Dios se mueve hacia adelante de manera perfectamente lógica. Cuanto más reconocimiento le demos a las manifestaciones pequeñas, tanto más rápidamente recibiremos las mayores. Por ejemplo, en el mundo externo de la educación, si el niño no ha aprendido las letras y sus combinaciones, ¿cómo puede esperarse que forme palabras?

Hay una cualidad dentro de la personalidad que a veces le hace desear pasar por encima de las cosas pequeñas como si no tuvieran valor y —utilizando una frase moderna— "meterle mano a lo mayor". Sin embargo, no hay la más mínima diferencia en la Actividad de la Poderosa Ley, sea grande o pequeña en Su logro, siempre y cuando el estudiante esté lo suficientemente consciente *[aware]* de la "Magna Presencia YO SOY" que está en acción.

Todo estudiante que requiera —o que piense que requiere— alguna manifestación de la "Presencia" que le de fe para alcanzar lo mayor, derivará un gran beneficio al meditar sobre este humilde esfuerzo para despejar el camino. *¡En el momento en que surge la demanda por algo, eso quiere decir que la cuestión está próxima!*

ELEVANDO EL CUERPO

Primero elevamos el cuerpo en conciencia. Cuando nos hacemos conscientes de que *nos es posible elevar el cuerpo* y asumimos la postura determinada para hacerlo, en ese momento la Ley de nuestro ser se pone en movimiento para producir el logro perfecto.

Les aseguro que la Poderosa Ley, cuando se le da la oportunidad mediante la propia volición externa, no pierde tiempo en utilizar esa oportunidad, a menos que en algún momento ustedes cambien de opinión y dejen de reconocerlo como un logro certero. Si mantienen esta determinación, se encontrarán en algún momento futuro con que la fuerza puesta en movimiento por dicho propósito nunca dejó de trabajar sobre el mismo ni siquiera por un momento.

Si no utilizamos el conocimiento que Dios ya ha dado, ¿cómo podemos esperar recibir más? Uno no da esta Instrucción e Información sólo para oírse hablar, sino que *es la Ley Maestra Ascendida e Información puesta a disposición de los estudiantes;* y si ellos acudieran a sus propios Seres Maestros —a la propia "Magna Presencia YO SOY"— por orientación, se les haría utilizar la aplicación correcta en el momento correcto para la cuestión correcta que se requiere.

Déjenme decirles esto: doquiera que se da mucha Información y Aplicación en un lapso concreto, allí se da mucho de manera que los estudiantes puedan seleccionar aquello que necesitan en un momento específico para un propósito específico. *SI YO LES PERMITIERA A USTEDES VERME, LA INSTRUCCIÓN ANULARÍA SU PROPIO COMETIDO. NUNCA ANTES EN LA HISTORIA DEL MUNDO HA HABIDO UNA ÉPOCA EN LA QUE TANTA INSTRUCCIÓN E INFORMACIÓN SE HA DADO, YA QUE EL CRISTO CÓSMICO QUE ENTRA ESTÁ AHORA AL MANDO.* Nunca antes se les ha dado a los estudiantes tanta Aplicación y Asistencia; ya que la Vertida Cósmica es omnipresente, ayudando a los estudiantes que le ponen atención.

EL AMADO SURYA

Surya es tanto un Lugar como una Individualidad. Es el nombre de una de las Actividades Individualizadas del Gran Sol Central. Es imposible no recibir lo que viene de la "Magna Presencia YO SOY" como una idea, cuando ustedes realmente saben que es Dios quien está enviando o dando esa idea.

Afirmen con frecuencia: *«Es imposible que algo pase en alguna parte o momento de mi Vida que no sea la Perfecta Actividad de Dios.»*

Nota: *CUANDO USTEDES LE DAN PODER A LA ASTROLOGÍA, ESTÁN PONIENDO DINAMITA EN SU PROPIO CAMINO.*

BENDICIÓN

¡"Magna Presencia YO SOY" desde el Gran Sol Central! Te alabamos y te damos gracias por Tu Magna Vertida Victoriosa este día, por Tu Eterna Victoria de Amor Divino que, en Su Gloriosa Majestad, esgrime el Dominio —ahora— por toda la humanidad y la Tierra. Te glorificamos por siempre, "Magna Presencia YO SOY"!

[Reimpreso de "La Voz del YO SOY" de Septiembre, 1936]

DISCURSO IX

1 DE AGOSTO DE 1932
SAINT GERMAIN

INVOCACIÓN

A Ti que eres el más Infinito y Radiante de los Seres; a Ti que posees toda la Paz, el Poder y la Sabiduría; te alabamos y te damos gracias por Tu Santa Presencia con nosotros.

EL DISCURSO
EL QUERUBÍN

Tenemos hoy aquí una encantadora manifestación de la Gran Presencia. Un Querubín de uno de los Siete Elohim ha sido enviado a dispensar Su Esplendor, el cual envuelve este recinto en un Rayo de Luz Dorada con radiación Rosa. Esta Presencia permanece anclada como a veinte metros encima de la casa; y de Ella se extiende el Rayo Dorado envuelto en Su Vestidura de Amor.

El Querubín es similar a los Ángeles Devas, pero se aproxima más al tamaño de los seres humanos. A veces los Querubines se parecen mucho a la forma bien redondeada de una pequeña señora. Ellos siempre emiten Amor como la cualidad o actividad predominante. Los Ángeles Devas a menudo trasmiten el elemento de Poder a causa de la obra que tienen que llevar a cabo. Los Querubines constituyen un foco tan poderoso del Rayo del Amor que están en capacidad de lograr lo que se propongan. Emiten una radiación impresionante a gran distancia.

MENSAJE DEL QUERUBÍN

«Mis amados, escogidos de la Luz, añadimos Nuestro Amor con este Envolvente Esplendor para fortalecer, sanar, bendecir y prosperar a todos y

cada uno de ustedes, y para purgar toda partícula de pensamiento egoísta, de manera que la Plena Presencia del Cristo pueda tener Su Dominio de Total Paz, Amor y Armonía dentro del cuerpo, para que pueda darse la salud perfecta.»

Esta Presencia da Su Amor y Saludos a todos y cada uno, de manera que todos puedan sentir Su Presencia de aquí en adelante, envolviéndose y desenvolviéndose en cada uno. En este Rayo está contenido un Rayo Especial para cada uno de ustedes, el cual de ahora en adelante permanecerá anclado en el corazón hasta realizar Su Misión. La Presencia del Querubín desea que les diga que ustedes pueden pensar en Él en términos de "La Presencia del Corazón Dorado".

LAS CORRIENTES MEDULARES

Vamos a ocuparnos hoy de una explicación que, hasta donde Yo sé, no se ha dado a la fecha. Las Corrientes de las Fuerzas Positiva y Negativa, una a cada lado de la médula espinal, —siempre activas en su misión de distribución— son como dos cuerdas de arpa: la Negativa es una cuerda de bajo *[bass]*, y la Positiva, de la región aguda *[treble]*. Dentro de este nervio a cada lado de la médula espinal, se encuentra aquello que se parece a una cuerda de arpa. Cuando se entra al Sendero Consciente, estas Cuerdas Divinas —como quien dice— comienzan a ser afinadas; y cuando alcanzan cierta tirantez, comienzan a responderle a las Grandes Presencias Avanzadas que tocan sobre ellas, sin que el ser humano esté consciente de ello.

Cuando el individuo siente a veces una tensión, se debe a que alguna vibración discordante ha tocado una de estas Cuerdas. Se ha perfeccionado un diminuto instrumento, el cual, cuando se le coloca en la base del cerebro, actúa como una clavija del arpa, afinando estas Cuerdas a la actividad correcta. En la actualidad se está considerando traer a la manifestación dicho instrumento. De manifestarse, aquellos individuos a los que se les asigne tendrán que ser preparados para el uso intenso de los Rayos Cósmicos. Esto explica la Presencia especial que está con nosotros hoy.

Advertencia: Quiero pedir a todos y cada uno de ustedes que se pongan firmes, sacando de la propia mente todo aquello que sea de naturaleza discordante, especialmente durante el mes de Agosto, y posiblemente Septiembre. Todos aquellos que logren hacer esto recibirán un gran beneficio. Todo aquel que logre gobernar sus pensamientos, dejando por fuera toda discordia, se abrirá a la Magna Corriente que le afinará la Cuerda del Arpa del Alma cuya descripción acaba de darse. A través de éstas se podrán recibir audiciones claras y definidas de parte de la "Presencia" Interna, así como también una clara visión más allá del Velo.

Sencillamente permanezcan en paz, relajados y en descanso en cuanto a dichas Cuerdas; no sientan ningún tipo de *stress*, ninguna ansiedad. Esto les dará la Joya del Discernimiento Interno, la cual les permitirá gobernar por completo la actividad externa. Esto quiere decir que les permitirá distinguir entre el pensamiento humano y el Divino, y gobernar lo externo de manera que cualquier pensamiento de celos, resentimiento o auto-lástima no podrá entrar. Estas tres condiciones le resultan de lo más sofocante a la Actividad Superior.

VISUALIZAR LAS CUERDAS DE ARPA DEL ALMA

Me gustaría sugerirles —(el individuo debe seguir sus propios sentimientos)— que aquellos que puedan hacerlo, visualicen estas dos Cuerdas de Arpa del Alma conectadas a la base de la espina dorsal en un extremo, y en el otro, conectadas a la glándula pineal en el cerebro: la que está en el lado derecho con una encantadora tonalidad Rosa, y la que está a la izquierda, un Azul intenso. La Cuerda Rosa transmite un Poderoso Amor Divino a través de la Corriente Positiva; y la Cuerda Azul, la Corriente Negativa, sostiene la forma externa en un Equilibrio Divino. Puedo asegurarles que esta descripción que se ha dado es muy real —tan real como el arpa que tienen frente a ustedes cuando se sientan a tocar. El conocimiento de esto y Su uso —que es y será dado— les permitirá sostener conscientemente un equilibro sereno y sostenido en la contemplación externa de la "Presencia" Interna.

En Nuestra [la de los Grandes Seres] Actividad en un momento dado de acción, tal cual fuera ilustrado de manera tan acertada al cierre de *La Mágica Presencia,* a menudo Nos encontramos con que la Gran Sabiduría de Esferas aún más altas que la Nuestra viene a completar una acción que Nosotros podríamos vacilar en implementar. En aquella instancia y en la de hoy, se confirma la Presencia y Actividad de una Gran Sabiduría que no permitirá que lo externo interrumpa el progreso. Ha llegado el momento de una acción definitiva y poderosa.

El himno *Onward, Christian Soldiers!** proyecta una actividad que en realidad es "Adelante, Hijos de la Luz." Espero que esta Presencia los inspire con la melodía de los "Hijos de la Luz", ya que ésta en realidad es la marcha de avance de la Hueste Eterna hacia la Victoria de la Justicia y Armonía Eterna, manifiesta en la expresión externa de la humanidad.

---

* Nota del Traductor: Tr. "Adelante, Soldados Cristianos".

La Presencia que se ha establecido viene en respuesta a la Invocación a Surya. La incumbencia de esta Presencia consistirá en vigilar y asistir en el gobierno y control de estas dos Corrientes de Afinamiento.

SANACIÓN

El amado Ciclópea está a cargo del Rayo de la Sanación para la Tierra. El Rayo de la Sanación —que es una combinación de los Rayos Dorado y Violeta— es un Rayo independiente en todo momento. El Dorado es Amor Divino, y el Violeta es el Poder Espiritual y la Actividad Consumidora que disuelve toda la acumulación humana.

Para la Paz, el Dorado predomina. Para el Poder Espiritual como la Actividad Consumidora, predominará el Violeta. El Rayo Violeta es un Poder sereno y silencioso, y constituye una Presencia Elevadora en todo momento. El Rayo Azul es Poder incalificado. *Estén siempre seguros—tengan cuidado* de no enviar nunca su propio poder consciente ligado a este Rayo, o de contaminarlo con un sentimiento de ira o irritación cuando lo utilizan.

Los medios descritos constituyen la manera mediante la cual los Maestros Ascendidos a menudo brindan una gran asistencia a los estudiantes, cuando estos ponen de lado —o sacan de sus conciencias— todos los pensamientos o sentimientos egoístas. Cuando el individuo llega a aferrar firmemente la acción completa de esto en la mente externa, se convierte en un poderoso medio de Sanación.

Ustedes contarán prontamente con el uso de tales instrumentos; y si los utilizan para sanar, no importa lo que pueda parecer que hay allí, sostengan los dos colores firmes y en positivo. *No hay sanación alguna que llevar a cabo excepto en la forma externa, pero asegúrense de mantener activa la "Presencia" Interna, sanando las heridas de odio.* Pídanle a la "Magna Presencia YO SOY" del otro individuo que le ilumine el corazón y la mente, y luego que sane el cuerpo. Todas las sanaciones no son más que traer de vuelta un equilibrio natural de las dos Fuerzas. Inmediatamente podrán ustedes darse cuenta del Magno Poder que tienen a mano para utilizarlo.

Nota: la Celebración de la Piedra de Cristal: Después de ver la Celebración de la Piedra de Cristal, la escena era un fragmento de una experiencia pasada; y si pudiera dramatizarse en imágenes, esto resultaría de inmensa ayuda para la humanidad. A pesar de todas las apariencias, esa maravillosa fase de expresión —el cine, que puede ser hecho de manera tan maravillosa— será utilizado para trasmitir Poderosas Verdades Internas de la Actividad de la Magna Hueste

Ascendida. La escena era de un período olvidado, del cual los únicos registros que quedan están en el Royal Teton.

Una poderosa preparación interna ha tenido lugar en algún momento, en alguna parte, para esta experiencia externa. La Actividad Interna es la verdadera Actividad, la única Actividad natural y verdadera. Lo externo es muy burdo y distorsionado en comparación con lo Interno.

LA SITUACIÓN EN WASHINGTON, D.C.

La única actitud correcta que todo estudiante debe asumir ante la manifestación aparente de lo externo durante este período supuestamente caótico es la siguiente: No importa qué parezca estar ocurriendo, proyecten en medio de la condición que pueda estarse dando la Conciencia de que sólo hay Una Causa que tiene poder —y no es otra que la Sabiduría, Poder y Presencia de Dios Todopoderoso en plena acción allí. A veces la actividad externa tiene que llegar a cierto clímax de expresión para fundir —como quien dice— la generación humana de acciones equivocadas. Tenemos que saber de manera categórica y con certeza que detrás de toda actividad externa están Dios y Sus Mensajeros vigilando y a la espera del momento para disparar, y vertiendo dentro de la condición esa Presencia que consume el mal y eleva lo correcto a su Actividad Perfecta.

De esta manera, a lo largo de las edades, Dios y Sus nobles Mensajeros han observado la inhumanidad impuesta sobre la humanidad, elevándolos un poquito en cada oportunidad, hasta que sonó la Señal Cósmica que pronosticaba la Acometida de la Magna Presencia Activa de Cristo, *Dios en Acción*, la cual le quitará los colmillos venenosos a la pobre serpiente de la humanidad —de manera que voluntariamente sus fuerzas sean por siempre orientadas hacia arriba. La serpiente entonces se convertirá en la Paloma, ya que la serpiente fue inicialmente concebida en la mente del hombre externo por la orientación equivocada de esa maravillosa Energía de Dios. Fue, así, desviada hacia abajo de su correcta ruta celestial —la cual es por siempre hacia arriba.

En ningún momento sientan ninguna perturbación por las cosas que se dan en el mundo exterior, ya que todo tiene la tendencia hacia arriba, hacia su Perfección Eterna. ¡Ay! de aquellos funcionarios públicos que no actúen de acuerdo con esos fuertes Exhortos Internos que están recibiendo clara y definidamente, ya que muchos los están recibiendo sin lugar a dudas. El Presidente Hoover sintió que habían archivos importantes que necesitaban ser protegidos; y sabía que cuando una multitud comienza a vibrar como una turbamulta, hace cosas que nunca hubiera hecho para comenzar. Él estaba en lo correcto, ya que la violencia se hubiera desenfrenado. Si a los veteranos se les hubiera animado un poco más en su intento, hubieran quemado y destruido cosas que necesitaban ser preservadas. [Esto se refiere a la marcha de los veteranos en Washington, D.C. en Julio de 1932. Era una época de gran depresión económica.] Durante la época de la Revolución Francesa, Robespierre no tenía ni idea al principio de que las cosas tomarían el curso que tomaron.

La actitud del verdadero estudiante es: «*¡Lo único que actúa en esta situación es Dios, y de entre todo esto Él hará resaltar lo Correcto y la Justicia!*»

Cuando la gente no escucha, tendrá que seguir por donde va hasta que le metan un "cuadrangular" * para entonces prestar atención. ¡Despierten...y asuman el partido de la Presencia Una de Derecho y Justicia! La disposición a encarar la creación humana y su error, y a raíz de ello dar media vuelta, requiere de una gran fortaleza.

Vital: El pensamiento se ocupa de revolver, azuzar y generar el sentimiento; luego se hace muy difícil controlarlo. A todo pensamiento perturbador, habrás de decirle: «*Rehuso dejarte actuar —¡te me vas ahora mismo!*» Todo estudiante debería encararse a sí mismo, ver qué necesita corregirse, y luego proceder a corregirlo. Sólo hay una causa en la Vida de todo individuo, y ésta es su propia creación consciente. Todos los estudiantes tienen que meterse esa idea en la cabeza, encararla, y luego conquistarse a sí mismos. En vez de reconocer a Dios como la única Causa, la masa de la humanidad genera —a través de la manifestación externa— conceptos erróneos y causas que con toda seguridad le producirán angustia.

La idea del dragón fue concebida inicialmente en la antigua civilización china. En aquella época, en vez de crear un pensamiento-forma a semejanza del hombre, el uso equivocado de la Fuerza Solar creó un pensamiento-forma a imagen y semejanza de la serpiente, porque durante generaciones se les había enseñado y habían conocido el Poder Creativo como un poder serpentino —el cual causó que la creación mental asumiera dicha forma. Esa tradición ha acompañado a los chinos hasta el presente, como podrán ustedes observarlo en su ceremonia de Año Nuevo. Se enmascaran como el dragón para espantar a los espíritus malignos. Esto no es más que un concepto distorsionado de la Gran Sabiduría que ellos una vez utilizaran.

---

* Nota del Traductor: Este es un término del béisbol que entraña el que el bateador batee la bola más allá de los límites establecidos del estadio. Constituye la máxima anotación o jugada de bateo individual de dicho deporte.

Los arreglos para los días en que se imparten estos Discursos han sido planeados minuciosamente. Al tiempo que se imparte la Instrucción, se hace posible llevar la Radiación de una lección a otra. Esto es mejor para la clase y se le da a los estudiantes la Radiación que les corresponde.

PARA LOS ESTUDIANTES JÓVENES

Ha llegado el momento en que se hará un esfuerzo especial por llevarles a los que tengan de doce años en adelante un entendimiento de la Luz. Hay muchas Grandes Almas que han encarnado desde el período de la guerra; y una vez que se haga el contacto, ellos instantáneamente sentirán la Respuesta Interna. Quienquiera que sienta dicha Respuesta recibirá grandes beneficios del contacto externo con la Verdad.

Importante hacer diariamente: Es recomendable utilizar el siguiente comando en todo momento: «*Yo, Cristo, la 'Magna Presencia YO SOY' ordeno que no haya interferencia con la Verdad que se le está trasmitiendo a toda persona, ya que la Verdad constituye siempre Su propia Defensa.*» Esto hará que se proyecte alrededor de los estudiantes jóvenes una Presencia que no aceptará insinuaciones o sugerencias que puedan sacarlos de la Verdad y de la "Presencia" —de la cual ellos sintieron la Respuesta Interna.

El sólo declarar algo a menudo hace posible que se haga. A los estudiantes se les hace difícil concebir que cierto decreto positivo a menudo abre la puerta de par en par al engrandecimiento de la demanda —como quien dice. Le resultará muy fácil al estudiante controlar sus pensamientos antes de que adquieran momentum. Digan: "*¡Mira, deténte ahora! ¡Fuera de aquí!*" Lo que el ser externo necesita es una confianza inexorable, ya que al no estar acostumbrado a las manifestaciones instantáneas, siente que las cosas están lejos —como quien dice.

La apariencia adulta de Donald: Si Donald me ama y ocasionalmente contempla Mi foto, fácilmente podrá el asumir un parecido. Nada tiene un Poder sorprendente mediante el uso del Rayo del Amor.

Nuestro nuevo hogar: El establecimiento de un Hogar Maestro Ascendido es enteramente de la incumbencia de esa Inteligencia que se manifiesta a intervalos. La mejor manera es sencillamente regocijarse con la idea y dejar que la Gran Sabiduría la produzca. Muchas veces es absolutamente esencial que la idea sea trasmitida a lo externo, ya que a través de ello, se pueden hacer ciertas preparaciones que ahorran gran cantidad de energía.

BENDICIÓN

¡Oh Gloriosa y Esplendorosa "Presencia"! Tú, eres la Sabiduría, el Poder y el Amor, el Influjo de la Luz que envuelve a todos y cada uno de los hombres! ¡Magno Dios de Luz! ¡Eres Tú la Magna, Eterna y Radiante "Presencia" Gobernadora de estos Tus Hijos por siempre!

DISCURSO X

4 DE AGOSTO DE 1932
SAINT GERMAIN

INVOCACIÓN

Magna Infinita y Majestuosa "Presencia! Te alabamos y te damos gracias por el despliegue de Tus Poderosos Mensajeros. Hoy día en que has enviado a Tus Poderosos Mensajeros a bendecir a América, estamos conscientes de Tu Magna Actividad—Tu Poderoso Dios, el Uno, el Supremo— que desenvuelve la Verdad mediante Tu Maravillosa Individualización que en cada hora, en cada día que pasa, atrae cada vez más la Perfección de la Verdad en la actividad externa.

En el corazón de todos y cada uno se está dando la Perfección Cósmica. A todos aquellos que acuden a la Verdad, fluye Tu vertida como un río poderoso.

EL DISCURSO

Por primera vez en cinco mil años se está enviando una Vertida de esta índole a los Estados Unidos. Hay siete Centros Solares en Estados Unidos, dentro de los cuales siete Grandes Seres están vertiendo hoy día un Magno Esplendor. Cuatro de estos sitios son New York, Chicago, Denver y Seattle. Los siete Grandes Seres en este momento han recibido el Permiso Cósmico para intensificar la Magna Presencia Crística, la cual está avanzando sostenidamente y penetrando la conciencia de la humanidad.

A las dos de esta mañana, siete Senderos de Luz se podían haber visto en el cielo. Esto presagia muchas bendiciones para los Estados Unidos, de hecho para toda Norte América. Estos Grandes Seres —cuya atención ha sido atraída a este sincero Canal que se ha convertido en la punta de la cuña a través de la cual Ellos han podido entrar y proyectar Su Luz a los puntos oscuros de la civilización humana— envían ahora un maravilloso mensaje para ustedes: la promesa de que ustedes tendrán un uso grande y poderoso de los Rayos de Luz

EL QUERUBÍN Y SU MENSAJE

El amado Querubín está entronizado, sosteniendo sobre ustedes Su Esplendor Consciente hoy. El amoroso mensaje para ustedes es el siguiente: *«No le tengan temor a nada que pueda hacer algún mortal; manden a callar a lo externo en el Nombre de esa "Presencia" Ascendida, y todo lo externo tiene que doblar la rodilla ante esa Magna "Presencia" y estar en paz.»* Vuelven a resonar las Palabras a través de los éteres: *«Todavía les falta conocer, sentir, ver y experimentar lo que significa la Lealtad a la Luz y a la Hueste Ascendida.»*

No importa lo que algún mortal pueda parecer manifestar; aférrense siempre al hecho de que el Magno Dios Omnipresente y Sus Mensajeros Escogidos rigen la Tierra y sus habitantes, a pesar de toda apariencia que pueda indicar lo contrario. El Dios de Luz, Amor, Sabiduría y Poder está anclado dentro de la vida y mundo de todos ustedes, y es la Conquistadora, Silenciadora, Suministradora e Invencible Presencia y Poder. Sepan esto y estén en paz.

Dirigiéndose a la Sra. Ballard: Una vez más, quiero expresarte Mi agradecimiento por la atención que les has dado al Himno Nacional, ya que esto me permite hacer por los Estados Unidos, la Joya de Mi Corazón, lo que no había tenido la oportunidad desde que se firmó la Declaración de Independencia. Otros han tenido sendas ocasiones para regocijarse; hoy me toca a Mí. En vista de que Nosotros nunca dejamos de dar alabanzas y gracias hasta a la más pequeña de las manifestaciones de esa Magna "Presencia" Invencible, de esa manera, en proporción a ese Magno Poder de una manifestación, Nosotros, con una conciencia intensificada, damos gracias y alabanzas. Así, podrán ver que no somos diferentes a ustedes, ya que no importa cuán alto se pueda estar, siempre nos ntramos listos para poner el propio ser de lado y dar gracias y alabanzas por la oportunidad de consumir y disolver cualquier cosa que pudiera impedir ese Magno Progreso.

Mantengan en todo momento ante los estudiantes el hecho de que la auto-lástima es una de las cosas más sofocantes que impide el progreso individual; no obstante, se le controla fácilmente una vez que se le entiende. Todo estudiante de la Luz debería, al menos una vez al día, hacer un inventario de su conciencia y determinar dónde puedan encontrarse elementos que necesitan ser eliminados, y luego proceder a hacerlo. Hay que realizar esto mediante el uso del Fuego Consumidor. De esta manera, el estudiante mantendrá la conciencia despejada, y abierto el sendero a la Magna Inspiración, disminuyendo en gran medida la molestia y perturbación que puedan causarle los pensamientos indeseables.

LOS TRES PENACHOS DEL ALMA

De la Gran Gloria de la conquista del ser exterior, emerge el alma coronada con los Tres Penachos del Poder Sostenedor. Estos Penachos, puedo asegurarles, son reales y tangibles. Este buen Hermano [v.g. Guy Ballard] es el único que los ha descrito fuera de la Hueste Ascendida, tal cual podrán ustedes confirmarlo en el manuscrito [*Misterios Develados*], en la segunda visita al Royal Teton. Los Tres Penachos de Luz que emanan del Orbe de Luz nunca dejan a aquellos que han alcanzado cierto nivel de Logro, y todos aquellos que utilicen la Visión Interna los pueden ver. Al principio, es una Luz suave y difusa, pero crece en fortaleza a medida que se sostiene la conciencia sobre este Altísimo Centro dentro del individuo. Aumenta sostenidamente hasta que conforma tres pequeños Penachos no más grandes que uno de tus dedos. Continúan creciendo hasta alcanzar un metro. En cuanto a forma, son casi idénticos a las plumas de avestruz más bellas que se puedan imaginar. En una instancia de la historia de Inglaterra, se conocía el simbolismo de los Tres Penachos del Príncipe de Gales, y también en Francia; pero ahora yace olvidado.

Una notable manifestación del Magno Poder Interno ha tenido lugar recientemente. Hasta ahora —de hecho, durante muchas centurias— era menester revestir las expresiones verbales, o mejor dicho, las Expresiones Divinas tenían que ser revestidas de manera que únicamente los dignos estuvieran en capacidad de interpretar Su Significado Interno. Muchas de estas Grandes Expresiones Externas serán develadas para que los seres humanos puedan verlas, y darles así la oportunidad de utilizar esta Sabiduría —si tan sólo se deciden a hacerlo. Si dentro del avance del alma del individuo no está presente aquello que reconoce la develación de esta Expresión Divina, entonces él o ella la pasará por alto; pero si hay uno o muchos que reconozcan la Verdad, entonces a tales individuos se les dará una gran asistencia.

CÓMO LOS ESTUDIANTES PUEDEN CONTRIBUIR A LA ACTIVIDAD NACIONAL

Ustedes podrán darme una gran asistencia en la actividad nacional si, doquiera que se enteren de algún reportaje negativo, se propongan instantáneamente asumir la postura consciente de que allí sólo está Dios y Su Perfección, sostenida por Sus Poderosos Mensajeros. Sería excelente que los estudiantes hicieran esto especialmente, lo que contribuirá a trasmutar y cambiar la expresión de la prensa. Cuandoquiera que vean una expresión negativa en los medios de comunicación, ordénenle a todos esos medios que sean Mensajeros Divinos del Derecho y la Verdad, porque antes de que pase mucho tiempo, dejarán de ser escudos o títeres en manos de los políticos.

Se colocará un Poderoso Mensajero en el control o regencia de los medios de comunicación; y cuando los cambios comiencen a darse de manera tangible, se sorprenderán los periodistas con su propia audacia para expresar la Verdad, donde antes sólo expresaban falsedades. Así, verán ustedes que el Poderoso Comando de Dios de ninguna manera se ha quedado corto, sino que ahora desafía a la humanidad: *«Pónganme a prueba y determinen si derramo una Bendición, no sea que no haya espacio para recibirla.»* A menudo den la orden: *«¡Hágase la Luz!»*

Muy importante: Me gustaría sugerirles que lean ese Mensaje cada dos días, a fin de mantener sus promesas ante ustedes. Una especie de exaltación del alma se produce mediante el reconocimiento de dicho Mensaje.

FORTALEZA PROBADA

En el pasado, a los estudiantes no se les daba ningún tipo de estímulo antes de llegar a cierto punto. Hoy en día los estudiantes son muy afortunados. En el pasado, la fortaleza del estudiante tenía que ser probada. Hoy en día se le prueba de una manera igual de fuerte, sin que el estudiante esté consciente de ello. Él está pasando por sus Iniciaciones en el mundo exterior. Está siendo hecho a prueba de balas, ya que ahora está construyendo su propia armadura, algo permanente y eterno.

Una vez más, siento que tengo que repetir lo verdaderamente afortunado que el estudiante es hoy en día al tener la asistencia del Magno Cristo Cósmico. Me parece que cuando el estudiante realmente aprenda esto, tendrá todo bajo su poder para auto-armonizarse, ya que sabrá que cuenta con la asistencia de esta Magna Presencia Cósmica.

A fin de que no se vaya a malinterpretar lo que digo, la razón por la cual hablo de los Estados Unidos en particular hoy es porque, como hemos dicho anteriormente, los Estados Unidos constituye el regreso a casa de la raza blanca. Naturalmente, para tal regreso a casa, hay que preparar un gran Festín de Luz. En realidad, no es posible comunicar en palabras exactamente lo que entraña un reconocimiento y aceptación individual de una Presencia o Actividad.

Al estudiante promedio le resulta muy difícil darse cuenta de que él puede ser un canal ilimitado para la Vertida de estos Grandes Mensajeros. Al concientizarse el individuo de que puede llegar a ser un canal de esta índole, debería apartar todo pensamiento inarmonioso interno, o todos aquellos que se le acerquen desde afuera, de la misma manera que se comportaría ante una víbora. Cuando el ser externo ve que ha perdido su posición y que está cayendo en el olvido, fragua toda clase de pretextos para tratar de que se le vuelva a reconocer; pero cuando la determinación firme está allí para pensar, sentir y experimentar únicamente las Bellezas del Cristo, entonces no se deja apertura alguna para que lo externo se entrometa y cause perturbaciones.

Es una gran Ley la de que cuando un amigo voluntariamente desea ayudar a sostener a otra persona en la Luz, él podrá hacer algo que quizás ni siquiera al Maestro se le permitirá hacer. Así ven, pues, que el Poder Impulsador de ustedes ha sido indudablemente sabio. Un Maestro se verá incapacitado de ir más allá de ciertos límites con Sus estudiantes; de allí que Él desea que ustedes reciban esta inusual explicación. Por tanto, *TODO VERDADERO ESTUDIANTE SIEMPRE SE ABSTENDRÁ DE TODA CRÍTICA, PRESCINDIENDO DE CUÁLES PUEDAN SER LAS APARIENCIAS.* La gente está muy propensa a emitir juicio sobre otros, fijándose únicamente en las apariencias y dejando que la crítica se desenfrene, sin importar cuál pueda ser la Verdad.

El Punto de Luz interno es el cerebro del Electrón. Resulta muy extraño que los estudiantes no se hayan dado cuenta de que el Espíritu de la Mentalidad actúa en el cuerpo físico. Si en la materia no hubiera vida, sustancia, verdad o inteligencia, ¿cómo se podría actuar sobre ella, como se ha podido ver muchas veces? Para que la Inteligencia pueda actuar, tiene que haber Inteligencia sobre la cual actuar.

MEMORIA DIVINA

Dirigéndose a la Sra. Ballard: Será una celebración gloriosa cuando alcances el pleno logro de saber dónde has estado, para dónde vas, y qué has recibido.

Una expresión notable que me encantaba utilizar y que a menudo contemplo hoy es: *«La cuestión de conocer a Dios es simplemente la restauración de la memoria olvidada.»* Hemos conocido a Dios antes porque fuimos creados por Dios. Cuando iniciamos el descenso a la actividad densa, contábamos con una total memoria consciente. Cuando la energía fue dirigida hacia abajo, se corrió el velo; y la maravillosa y gloriosa Belleza de ese asombroso Templo de Dios cayó en el olvido. Ahora bien, esa memoria olvidada está siendo devuelta de manera constante y segura a la actividad externa consciente. No deja de sorprender el hecho de que sean tan pocos los que hayan comprendido la idea de que cualquier persona, con un esfuerzo persistente, puede ordenar que *dicha Memoria Divina en su totalidad sea restaurada* —y se haría. Pocos han tenido la paciencia suficiente para continuar el tiempo necesario a fin de lograr el incentivo para seguir adelante. Den la orden de que la Memoria Divina en su totalidad sea restaurada —y Ésta se manifestará en breve.

USO DE LAS MANOS AL HABLAR

Donald preguntó: ¿Por qué mamá habla con sus manos?

Respuesta: Son pocos los que pueden ver qué ocurre cuando una persona utiliza movimientos intensos de las manos al dar una clase o explicación. Se libera cierta cantidad de energía, pero no se desperdicia. Muchas veces, allí donde se da una información especifica, la energía liberada de esta manera ayuda a la persona a quien se le está dando la explicación, a que la reciba.

Si observan con cuidado, hay instancias en que no se utilizan las manos, y por otra parte, hay momentos en que se utilizan con movimientos casi violentos. Si Billy Sunday y otros de igual vigor, hubieran sabido lo que podrían haber logrado de haber golpeado la mesa con la mano abierta en vez de con el puño, hubieran contribuido en gran medida a sus conversiones. La mano es una salida de energía; consecuentemente, todos aquellos que por conocimiento anterior poseen una gran fuerza, generalmente son poderosos a la hora de levantar y manipular grandes pesos. La energía siempre va a donde se le dirige.

LAS VÍRGENES VESTALES EN LOS TEMPLOS ANTIGUOS

Hubo una época en que a las Vírgenes Vestales se les dotaba con un poder tremendo para traer a la manifestación la Magna Presencia —la actividad del Rayo como la Llama. Por esta razón en el principio las sacerdotisas podían hacer lo que los sacerdotes no se atrevían ni siquiera a tratar, en cuanto a atraer el Poderoso Foco de este Fuego Invisible. A menudo, el Rey del Elemento Fuego, Oromasis, intensificaba esto en gran medida. Claro está que en aquel tiempo no se daban explicaciones de tales cosas. A veces el sacerdote veía esta

Presencia y Asistencia, pero raramente se le asesoraba en cuanto a quién o qué era la Presencia.

QUERUBINES Y SERAFINES

Los Querubines siempre han sido Mensajeros Directos Especiales de Dios, y siempre han asistido a los Siete Grandes Señores de la Llama de Venus, y también a los Elohim. Los Serafines están un paso más arriba. Raramente (si acaso) se les utiliza en la misma capacidad que los Querubines. Algunas veces los Querubines se manifiestan como un Sol o una Llama de múltiples colores. Muy ocasionalmente se manifiestan en la forma humana como la conocemos.

BENDICIÓN

Esplendorosa "Presencia", al tiempo que nos rodea la radiación de tu más amable sonrisa, y el Abrazo de Tu Gran Ser, ofrecemos alabanzas y gracias por haber sido Tú enviada a bendecir, sanar e iluminar —y de que le ordenes a los Moradores en el interior de la Tierra que revelen Sus Secretos a estos Tus Mensajeros.

DISCURSO XI

8 DE AGOSTO DE 1932
SAINT GERMAIN

INVOCACIÓN

agna e Infinita "Presencia", Tú eres el Poder Todo-Sostenedor en el Mundo Cósmico y en la vida de todo individuo. Tú eres la única "Presencia" y Energía. Oh Magna Luz, revístenos con Tu Magno Esplendor, de manera que podamos brillar como el Gran Sol para sanar, bendecir e iluminar a todos aquellos a quienes contactemos, y manifestemos Tu Magno Poder Sostenedor. Acalla y somete al ser externo y actividad que diseminaría sus sombras en la Presencia de la Luz.

Asumimos nuestra postura con la firme determinación de caminar, vivir y ser Tu Magna "Presencia" y Luz. No le damos tregua alguna al ser humano o externo que podría interferir. Reconocemos, reclamamos y aceptamos únicamente Tu Magna y Esplendorosa "Presencia," Tu Magna Sabiduría Sostenedora y Fortaleza para que nos conduzca hacia adelante en Tu Sendero de Vida —siempre hacia arriba y adelante, por siempre sostenido por Tu Magna "Presencia" hasta que finalmente logremos Tu Don del Dominio sobre el ser externo y entremos al Templo de la Luz.

EL DISCURSO

Instrucción: Lamento que ustedes no hayan comprendido la importancia de estar acostados para cuando llegue la medianoche, de manera que cierto Trabajo pueda darse en esas horas. Es importante que el cuerpo esté descansando para la medianoche. Cierto Trabajo tiene lugar entonces; Trabajo tremendo éste que ha sido planificado y que no puede darse sin la más plena cooperación —y estoy seguro de que ustedes están dispuestos a brindarla.

Obediencia: En toda Actividad de la Vida, el más alto logro sin la obediencia puede caer hasta lo más bajo. En el principio, cuando lo Divino descendió a la actual densidad, fue el resultado de la falta de obediencia. No les será posible continuar con este Trabajo, a menos que puedan sentir esta obediencia gozosa y voluntaria. Nos complace darles Asistencia. Yo les daré Auxilio y Fortaleza para ayudarlos a obedecer. Es sólo por Amor a ustedes que Nosotros deseamos que se adhieran a esta condición para el Trabajo. No podemos obligarlos utilizando Nuestra Fuerza en lo más mínimo.

Usen esto todos los días: *«Hoy me mantendré con la guardia en alto, y no me interesaré en la actividad externa para que no me impida recibir el Gran Esplendor de la "Presencia." Dios mío, gobiérname y sostenme en el control maestro de las condiciones externas.»*

DETERMINACIÓN Y VOLUNTAD DIVINA

Una de las mayores y más poderosas Verdades sencillas consiste en saber que una determinación inexorable por cualquier logro específico es la Puerta Abierta a través de la cual fluye la Fortaleza Interna hacia su logro. En nuestra actual era de actividad, creo que está muy bien que los estudiantes entiendan que lo que siempre los Instructores han denominado "voluntad", no es más que la determinación de aferrarse a la Luz y a la "Presencia" Siempre-Sostenedora.

A menudo he podido observar que, al igual que muchas otras expresiones de uso común, la palabra "voluntad" no es comprendida. Sólo hay una Voluntad que se puede utilizar, y es la Voluntad Divina. Si asumimos una determinación firme e inexorable de no aceptar nada que no sea la Magna Presencia de Dios y de la Actividad de la Luz, estaremos atrayendo a una acción poderosa la Voluntad Divina. No obstante, creo que esto se entendería más fácilmente si se utiliza el término "determinación," ya que éste no puede malinterpretarse. Estoy seguro de que esto ayudará en gran medida a los estudiantes que entran a esta Radiación. Sólo hay una Energía que puede utilizarse, y es el Principio Vital en el individuo, el cual es la Energía de Dios.

Por favor, entiendan: Cuando mediante la atención y la determinación los individuos se propongan utilizar esta energía de manera constructiva, habrán entrado entonces a la plenitud de la actividad externa que liberará la Actividad Interna para que haga el trabajo. Ocurre a menudo que los estudiantes —sin estar consciente de ello— caen en la actitud mental de que en lo externo tienen que hacer ciertas cosas, cuando *LA VERDADERA ACTIVIDAD NO ES OTRA QUE LA DE MANTENER LA ATENCIÓN CENTRADA SOBRE ESE MAGNO PODER DIVINO INTERNO QUE ES LA ÚNICA "PRESENCIA" QUE PUEDE LOGRAR RESULTADOS PERMANENTES.*

LA VICTORIA CERTERA

El uso consciente de los decretos, apoyados por la determinación consciente, es un Poder Invencible con el cual no se puede interferir cuando se mantiene la determinación de manera inconmovible. Todo el mundo sabe qué quiere decir "determinación", lo cual no deja vacilación o cuestionamiento alguno en la mente. Pero para la mayoría de las personas, la palabra "voluntad" deja un sentimiento peculiar de vacío en la conciencia a causa de la incertidumbre de justamente qué entraña en la actividad y uso del individuo. Quiero que esto quede bien claro y definido, ya que es éste un obstáculo que hace tropezar a muchos.

DIFERENCIA ENTRE VOLUNTAD HUMANA Y DIVINA

Son pocos —aún entre los estudiantes— los que pueden distinguir entre lo que se denomina voluntad humana y la Voluntad Divina. Por ende, consideramos que es mucho mejor utilizar el término "Voluntad Divina" cuando nos referimos a la Actividad Interna, y "determinación" cuando nos referimos a la actividad externa. Esta explicación impedirá que se acumule confusión en la mente. Al saber que la determinación externa para hacer o lograr algo abre la Puerta Interna para que el Poder Interno se abalance a su realización, se elimina instantáneamente toda incertidumbre de que pueda hacerse o no. Esto es muy importante para el estudiante que desea un progreso continuo y definitivo.

En los Retiros, a todos los estudiantes se les asigna un trabajo privado, particularmente en lo tocante a su propia actividad individual. Hasta ahora, no se ha dado un entendimiento claro de manera que los estudiantes puedan utilizarlo y aplicarlo, excepto en los Retiros.

Cuando ustedes se desenvuelven en el mundo externo, siempre puede haber este mismo Amor constante y Oración por su Luz y Protección. Cuando ustedes han estado en contacto con la vibración externa, esto requiere de una fuerza muy positiva para repeler ese contacto externo y liberarlos de ese elemento perturbador. Puede que en la actividad externa no se note nada, pero a veces el mero contacto con la perturbación del mundo externo le permite entrar precipitadamente si no se está vigilante.

No debe interrumpirse este Trabajo para gratificar el ser externo o actividad. Doquiera que ustedes vayan, sepan y siempre utilicen, *«¡Dios mío! ¡Rodéame y protégeme de toda vibración externa!»* Este es uno de los más contados privilegios por el cual se me ha permitido advertir a los estudiantes. Debido a la vida hogareña que ustedes llevan desde hace tiempo, se me concede hacerles esta advertencia. De continuar ininterrumpidamente este Trabajo, se dará una tremenda Luz, Abundancia y Liberación, y se lograrán cosas maravillosas. La razón por la cual hablo de esto es porque la obediencia es la más importante de todas las cosas. Nada destruye tanto la atención como la rebelión interna, ya que no sólo se rebela ante lo externo sino ante lo Interno también.

Para escribir: Si estás acostumbrado a escribir, antes de comenzar resuelve a mantener cierto punto como un foco. Si te mueves, esto cambia las corrientes y nunca vuelves a lograr exactamente las mismas condiciones. Ha llegado el momento en que los estudiantes tienen que anclarse en algo perfecto y definitivo, y aferrarse a ello. Este Hermano hace años asumió la posición determinada de conocer la Verdad y aferrarse a Ella. Todos los estudiantes deberían asumir la misma postura en cuanto a conocer la Verdad de manera absoluta. Por tanto, ellos no asumirán una condición de la cual tengan que deshacerse más tarde.

Presciencia: «Dios en mí, dame presciencia y protege todas las actividades futuras, de manera que todo lo relacionado con ellas sea mantenido en armonía.» "Presciencia"[(*)] *[foresight]* quiere decir que estamos perdiendo la Protección Interna contra cualquier perturbación que se acerca.

Memoria Divina: La "Memoria Divina" cubre todo discurso, pensamiento y acción. "Memoria" es aquello que ha resultado de anteriores discursos, pensamientos y acciones.

ACTIVIDAD GUARDIANA DE LOS QUERUBINES

Controlen los sentimientos en todo momento, ya que éstos construyen aquello con lo cual ni siquiera un Maestro Ascendido

---

[*] Nota del Traductor: El Diccionario de la Real Academia Española de la Lengua (XXI versión) define "Presciencia" como *«conocimiento de las cosas futuras.»*

puede interferir. Cierta concentración frecuente de los estudiantes sobre los Querubines sería bueno ahora.

Cuando hagan referencia a la Jerarquía de los Querubines, digan que son Mensajeros Directos de Dios. Es algo muy poco común que un Querubín pueda dar Radiación directamente, como se está haciendo aquí. Somos sostenidos por nuestro propio Magno Ser Divino Interno y por la Hueste Ascendida o Guardianes. El Querubín es un dínamo o arremetida del Poder del Amor Divino. Son los Guardianes de la Fuerza que ha sido enfocada, y de los Focos que vendrán. Otros seres trabajan bajo Ellos. A veces se da el caso de que dos o tres desciendan, dependiendo de los requerimientos de los canales humanos a través de los cuales Ellos habrán de operar.

Siente en todo momento tu propio Ser Divino sosteniéndote en Sus Brazos, y sabe que todo se ha desvanecido y que eres libre.

Los Querubines montan guardia alrededor de Shamballa, así como también lo hacen los propios Grandes Seres. Los Querubines protegen el Arca de la Alianza. Tal es el caso siempre cuando la Manifestación de un Poder Superior penetra una fuerza mixta. Cuandoquiera que un Ser viene de esta manera, ya se podrán ustedes imaginar la importancia del Foco que allí se establece. Si el Gran Dios considera apropiado colocar un Querubín como Protector de este Foco, ustedes deben enterarse de su gran importancia. Así, ven ustedes cuánto puede esto crecer en esta civilización. Al leer acerca de las ciudades sumergidas del Amazonas en *Misterios Develados*, verán ustedes como se da un foco de este tipo.

NADA QUE DECIR

No hay nada en el universo que pueda decirle algo a un individuo que escoge orientar su visión hacia abajo. Muy pocos estudiantes comprenden esta idea a cabalidad. Por voluntad propia hay que estar gozosamente dispuesto a prestar Servicio a la Luz, si es que se habrá de recibir asistencia. Los estudiantes que ven que se han equivocado y, mediante el Dios interno, tienen el poder para consumirlo, ciertamente podrán asumir las riendas y lo harán —y, así, se liberarán de los grilletes de centurias.

El hecho es que Dios puede consumir aquello que ha sido generado por la personalidad. Cualquier cosa que haya sido generada humanamente puede ser disuelta y consumida, ya que la Energía de Dios fue utilizada para crear y, cuando se le recalifica, tiene el Poder para consumir y re-crear. Cuando un individuo dice sin mucho entusiasmo, *«consumido está»,* no es éste necesariamente el caso, a menos que se hubiera descargado el suficiente Poder o Energía para hacerlo. Cuando se pronuncia una Orden Real y se hace en serio, el sentimiento interno siempre le imprime fuerza, y dicha fuerza constituye su Poder de Logro.

INSTRUCCIÓN SOBRE "MISTERIOS DEVELADOS"

El Cetro en la mano de la figura femenina en el gobelino simboliza el enfoque del Poder Cósmico Eterno para el Centro en el Royal Teton. El Globo representaba el hecho de que la actividad futura del Retiro y la Tierra era conocida. La razón de por qué opino que ustedes tienen el sentimiento de que deberían espaciarse considerablemente en dicho gobelino, es porque estaría bien espaciarse en los detalles de la descripción que revela que Ellos fueron los Fundadores del Retiro.

Pregunta: "*¿A dónde vas hoy?*"

Saint Germain: Al Retiro de Arabia. No hay instancia en la que nos reunimos aquí que no se envíe un Rayo directamente a Washington para un Trabajo conscientemente dirigido. En Washington no contamos con un Foco como éste, pero allá sí tenemos Mensajeros.

Ángel Deva y Querubín: A través de un foco dirigido conscientemente, el Ángel Deva y el Querubín pueden verter Sus Corrientes de Fuerza a través del propio torrente saliente del individuo.

Dormir y el Gran, Gran Silencio: "Dormir" es entrar al Gran Silencio. A medida que el ser externo se inactiva, se descarga la Acción Interna.

AFIRMACIONES

Usen esto constantemente: «*¡Yo me muevo dentro del núcleo del Rayo que viene del Gran Sol Central Espiritual, y "YO SOY" siempre dentro de Su Invencible Protección!*»

Díganle a su Poderoso Maestro interno: «*Revélame algo que ponga mis finanzas —las cuales me pertenecen por Derecho Divino— en mis manos rápidamente; y sosténme en ello, a través de la sobrecogedora y sempiterna Luz y Amor!*» Digan igualmente: «*¡Abre tus Canales para mi Magno Suministro! ¡Ponlo en mis manos ahora, y continúalo permanentemente!*»

«*¡Dios mío! ¡Abre ahora todos los canales para mi suministro de dinero, y Yo no acepto nada más!*» Tu único negocio es con el Maestro interno. Dile: «*¡Dispensa esto en Tu Manera Perfecta a través de mí con Sabiduría y Amor.*»

El Maestro interno contesta: «*Yo, Cristo, el "Amado Poderoso*

YO SOY", al ser declarado y al tú no acudir a más nadie, te muestro las riquezas ocultas en los Lugares Secretos.»

Rinde toda tu atención a la "Presencia YO SOY" dentro de ti. Cualquiera de ustedes puede asumir ahora la Conciencia de una nueva actividad y lograrla de manera tan segura como que ahora están vivos.

Digan a menudo con alegría: *«Yo tomo el partido de Dios, la Suprema, Reinante y Conquistadora "Presencia YO SOY"; y al ser dicha "Presencia YO SOY", no me falta nada bueno!"* Digan igualmente: *«¡Dios mío! Dame algo de dinero ahora, hoy!»* Esto puede ser tan imposible como que el Universo cese de existir.

Sepan que: *«¡Este hogar está sellado en el Corazón de la Luz Cósmica y Amor, y todo deseo correcto es creado al instante!»*

Recuerden siempre: *«¡En el momento en que ustedes libran una batalla contra algo, esto les devuelve la lucha!»* Siempre estén en guardia cuandoquiera que se hable o lea acerca del elemento destructivo.

Vive cada momento del día en la Conciencia de la Todopoderosa Presencia de Dios dentro de ti. Dite a ti mismo:

«Yo tengo la Magna Presencia de Dios en mí, y no le doy reconocimiento ni poder a más nada!» No hay asunto que se le pueda enfrentar a esa Invencible Presencia de Dios Todopoderoso, y todas las cosas tienen que inclinarle la cabeza y obedecer.

Lo primero que hay que hacer por la mañana es asumir la postura determinada de que, *"¡Hoy sólo me puede contactar mentalmente la Hueste Ascendida de la Luz!"*

Nunca dejen de utilizar: *«¡Las personalidades no existen! ¡Lo único que hay es Dios en Acción por doquier! ¡ "YO SOY" la única "Presencia" que actúa!»*

Dile a tu Dios interno: *«Mi Gran Ser de Amor, recibo instantáneamente la totalidad de todo aquello que yo requiero!»*

BENDICIÓN

¡Magna Presencia! ¡Te damos alabanzas y gracias por Tu Maravilloso Esplendor y Poder Sostenedor! Todo aquello que no es el Cristo es consumido; y todo ahora avanza revestido con la Actividad Sostenedora de tu Magna Presencia, manteniéndolo todo en Tu Gran Silencio y vertiendo Tu Más Grande Actividad.

DISCURSO XII

11 DE AGOSTO DE 1932
SAINT GERMAIN

INVOCACIÓN

agna y Majestuosa "Presencia de Dios"!, cuyo aparente Misterio de la Vida envuelve a toda la Creación, haciendo de esa "apariencia" una Realidad Gozosa para Tus Hijos de la Tierra. Envuélvelos en tu Maravilloso Esplendor, iluminando el Sendero de cada uno, de manera que nunca tropiecen. ¡Infinita es Tu Paciencia! ¡Duradero es Tu Amor! ¡Grande es Tu Paz! —Tu Maravillosa "Presencia", activa en todo el género humano. Magna Presencia llamada "Naturaleza" que responde al Dios dentro de tu Creación, vierte tu pródiga Abundancia sobre estos Tus Hijos. Hijos de los cuatro Elementos, ¡los invoco! ¡Vengan y minístrenles a los Hijos de la Luz! ¡Ojalá que cada uno mantenga ardiendo el Esplendor del Amor, de manera que todas las condiciones externas puedan ser desplazadas para dar paso al influjo de tan Magna "Presencia"!

EL DISCURSO

Oh, cuán gloriosas son las Alturas que se pueden alcanzar cuando no hay pensamiento o sentimiento de rebelión, juicio o resentimiento mútuo. Una vez más, vuelvo a felicitarlos por las maravillosas condiciones que han suministrado. El Dios en cada uno de ustedes es un Maestro, especialmente de la mentalidad. La mentalidad, si se le entiende correctamente, es la Acción de Dios. Allí donde Dios está no puede haber más nada. Digan a menudo: *«Lo único que hay aquí es Dios, y yo no veo ni siento más nada.»* El hijo es el padre del hombre. La hija es la madre de la mujer. ¿Suena esto paradójico? Les aseguro que no lo es, ya que, como regla general, la sugestión que envuelve al niño desde los cinco años de edad hasta los doce o catorce es aquello que conforma el carácter del hombre o la mujer a menos que, a través del conocimiento consciente de la práctica de la Presencia de Dios, descarguen y consuman todas las sugestiones infractoras, y avancen en la verdadera "Presencia" Interna.

Lo realmente desafortunado —y con esto me refiero al retraso en el progreso, ya que sólo se da lo que se necesita, es decir, lo que no se necesita, no se da— es la falta de conocimiento a la hora de ponerle coto a las sugestiones que tratan de entrometerse en nuestra Liberación Dada-por-Dios. Ahora puede entenderse el dicho sabio de que a veces nuestros amigos son nuestros peores enemigos, ya que *todo aquel — excluyendo un Maestro (me refiero a un verdadero Maestro de la Luz)— que tenga una opinión acerca de otro individuo, se está entrometiendo en la liberación de dicho individuo, y esto sencillamente ¡no debe hacerse!* Hay que mantener tenazmente la vigilancia contra toda rebelión del pensamiento cuando se presenta la enseñanza o cuando se pretende generar un bien, ya que nadie que no sea un Ser Ascendido puede juzgar la intención detrás de un discurso o acción.

LAS DOS ALAS DEL ALMA

Los de opinión ortodoxa dicen o conceden que los Ángeles tienen alas. Quiero explicarles el por qué de esto. La *DETERMINACIÓN* y el *PODER* son las dos *Alas del Alma*, no necesariamente visibles ni siquiera a la Visión Interna; pero allí están igualmente. Y cuando se reconoce la determinación como la voluntad con su poder acompañante, el alma podrá elevarse a la altura de Maestría que sea; y en dicho reconocimiento se atrae lo externo dentro de Sí mismo de que sólo hay *Uno* —Dios en Acción. La Supremacía de la Magna "Presencia" Maestra Interna tiene que ser reconocida por los estudiantes como algo real y verdadero, y los estudiantes tienen que reconocer igualmente que cuentan con la habilidad y poder para poner en práctica esa Magna "Presencia" en todas las acciones de la Vida. Cuanto más practiquen los estudiantes la Presencia de Dios dentro de sí, tanto más fácil será su encuentro, y tanto más desearán practicarla. Sin embargo, tal cual lo he mencionado tantas veces antes, lo externo —al principio del avance— encontrará todas las excusas imaginables para tratar de que se ponga la atención sobre cosas externas o sobre el cuerpo que, producto de su ignorancia, la reclama como propia.

PRÁCTICA DE LA PRESENCIA DE DIOS

La única forma segura de liberarse de las condiciones corporales radica en dejar de pensar constantemente en el cuerpo. Si a veces parece surgir algo que necesita ser corregido en el cuerpo, pon la mente en Dios y sostenla allí hasta que la condición que parecía requerir de un agente terapéutico desaparezca de repente. Por esta razón surge de vez en cuando un estudiante que concibe la idea de que no hay nada que sanar —porque todos aquellos que practiquen esto en el instante que parece darse una apariencia de algo discordante en el cuerpo, y que pongan la mente en Dios, sabrán que dicha "Presencia" es el agente terapéutico más poderoso que existe en el Universo.

Mediante el uso de esta aplicación, muchos serán liberados instantáneamente de cualquier condición corporal que parezca tender a capturar la atención. De hecho, esto es tomar conscientemente el problema y llevarlo al Gran Silencio, donde no hay nada que sanar porque allí todo es Perfección. Esto se aplica tanto en el mundo de los negocios como en la sanación del cuerpo. De hecho, todo aquello que parezca expresar imperfección puede ser manejado de la misma manera.

NO PUEDE LOGRARSE LA LIBERACIÓN PERMANENTE DE CONDICIÓN CORPORAL ALGUNA EN TANTO QUE SE PERMITA A LA MENTE O ATENCIÓN SER ATRAÍDA A LA CONDICIÓN DE LA CUAL UNO PRETENDE LIBERARSE. Mucha gente aplica lo mismo a las negaciones, porque cuanto más nieguen algo, tanto más se atarán a ello, ya que al negarlo están permitiendo que la atención repose justamente sobre la cuestión de la que desean liberarse.

A fin de realmente practicar la Presencia de Dios, tenemos que saber que sólo hay Una Inteligencia que puede actuar, Un Poder que utilizar, y Un Amor con el cual llevar a cabo. Con esto ustedes saben que tienen dentro de sí la Victoriosa Actividad Conquistadora en todo momento. Así, doquiera que haya que hacerle frente a algo —sin importar qué—, en el momento en que parezca presentarse una apariencia, digan lo siguiente utilizando sus respectivas Alas de Determinación y Poder: *«Dios mío, soluciona este problema, ¡y hazlo de una vez! ¡Te doy todo el poder donde éste corresponde! ¡Te reconozco como la única Actividad! Por lo tanto, esta apariencia no es real, ¡y se disuelve instantáneamente ante Tu Magna Presencia!»*

MÉTODO SUMINISTRADO

Si los estudiantes utilizaran esto continuamente, pronto se encontrarían con que no tienen problemas. Según las condiciones lo permitan, ustedes notarán que esto que se les ha dado no es más que una minúscula parte de lo que se les puede dar de su uso —en la medida en que ustedes se hagan más conscientes *[aware]* de lo que están obteniendo, no sólo en qué hacer sino en *cómo* hacerlo. Es igual que un maestro en una escuela externa que le da un problema a un chico. También le muestra el método mediante el cual solucionar el problema; de lo contrario, resultaría un maestro muy ineficiente.

El estudiante siempre encontrará que doquiera que haya la sinceridad y diligencia suficientes, así como un constante llamado pidiendo Luz y Entendimiento, siempre aparecerá la manera de impartir el Conocimiento que le llevará a la Liberación. La Verdadera Actividad, cuando hemos llegado a este actual estado de comprensión, es no darle la más mínima tregua a las apariencias externas.

VIEJOS HÁBITOS

Al llegar a este punto, los estudiantes deberían analizar lo externo constantemente —no de manera crítica, sino para estar conscientes de lo que necesita ser cambiado. Los estudiantes sinceros deben despedazar tenazmente todos los viejos hábitos personales, sin importar de cuál pueda tratarse —ya que justamente es esto lo que ata.

Muchos estudiantes no le dan la más mínima consideración a esto. El viejo hábito personal es la serpiente en el jardín —como quien dice. Lo que quiero analizar es lo siguiente: saber qué es lo que hay que despedazar, especialmente aquellas cuestiones que antes considerábamos eran hábitos necesarios. Son muchas las cosas pequeñas en la vida de una persona que son limitaciones, y que pueden ser disueltas. Tenemos que resquebrajar los viejos hábitos así como el hielo se parte en la primavera, ya que ellos forman incrustaciones que impiden el desarrollo apropiado.

Cuando los viejos hábitos están establecidos, se desencadena una rebelión en lo externo cuando viene el cambio; y esto siempre perturba los sentimientos. Este es uno de los grilletes del alma que más se desconoce. No hay una persona en mil que tenga la más leve idea de la cantidad de estos viejos hábitos personales hasta que gira en redondo y los ve; sólo entonces podrá el individuo ver cómo estas incrustaciones lo tienen atado.

La llamada serpiente —que no es más que rebelión y resentimiento— no encontrará nada con qué alimentarse al desbaratar estos hábitos. Por lo tanto, se irá a otras tierras más fértiles a cazar; o, en otras palabras, desaparecerá por completo de tu jardín. Al despedazarse los viejos hábitos, desaparecerá toda resistencia a la Verdad. La actitud correcta es la de aceptar gozosamente la Verdad, sin importar cuánto pueda ésta lacerar lo externo. Por tal razón tenemos que mantener siempre la guardia en alto en la puerta que da a nuestro mundo externo.

LA VERDADERA ACTIVIDAD DEL AMOR

Cuando un individuo siente que no puede emanar Amor Divino, se debe a que dicha persona no entiende la Verdadera Actividad del Amor. En lo que concierne a dos individuos —uno de los cuales parece estar en desgracia mientras que el otro, como quien dice, está en guardia—, una persona no dirige la atención ni trata de amar la cuestión discordante; pero lo que sí tiene que amar es al Ser Glorioso que está aprisionado dentro del susodicho individuo, por cuenta de Su Perfección y porque la discordia del ser externo lo ha atado. La Actitud Crística consistiría en enviar mucho Amor a la Presencia aprisionada, que es Dios —la Luz dentro del individuo. Cualquier persona puede hacerlo con gran devoción.

Al saber esto, hagan con determinación y poder la petición consciente de que Dios despedace y disuelva la barrera, y libere esta Esplendorosa Presencia para que vuelva a asumir Su Dominio y cree la perfección en Su mundo externo. El individuo que en este caso está en guardia, tiene el Derecho Divino de realizar esta petición consciente; y si no ceja en su empeño, se despejará el camino y se solucionará el problema de la manera correcta. Esto le dará tal paz y alivio al que está en guardia y que comprende esta idea, que casi le resultará increíble. El error que mucha gente comete es tratar de solucionar una condición con la mente externa.

ENTRONIZANDO LA PROPIA DIVINIDAD

Lo más importante y grande que cualquier persona necesita hacer —y especialmente los estudiantes sinceros— es entronizar conscientemente su propia Divinidad en Su Templo, dándole todo el poder, devoción, alabanza y reconocimiento, de manera que la atención externa pueda anclarse firmemente y de una vez por todas donde le corresponde. Así, lo externo, que ha sido el usurpador, será atraído al Gran Río de Luz hasta que llegue a olvidarse de su mera existencia.

Al acercarse el otoño, asuman la siguiente postura consciente: *«¡Dios mío, "Magna Presencia YO SOY"! Procura que toda parte de mi cuerpo sea gobernada armoniosamente, y que yo no sea afectado por las condiciones atmosféricas! ¡Dios es el Centro de mi ser y gobierna mi cuerpo en Perfecta Armonía en todo momento! Yo no acepto sugerencias de los que me rodean, ya sea de las palabras habladas o de las apariencias! ¡Yo me muevo en libertad, por siempre Libre en mi Magna "Presencia de Dios!"»*

Muy importante: El reconocimiento consciente de la Actividad Electrónica dentro del propio cuerpo como los electrones que estallan, es una verdadera actividad que se está dando. Al visualizar la Realidad Interna, ésta se hace realidad en el ser externo. El uso de la Llama Azul estimula la actividad electrónica dentro del cuerpo físico y enciende las Llamas Dorada, Rosa y Violeta en Su campo de fuerza, lo cual pone en acción estas Actividades, al tiempo que irradia la fuerza de los electrones. La verdadera naturaleza y color del electrón es, en verdad, de un intenso Azul Zafiro; algunos lo verán Violeta.

CALIFICACIÓN DE LOS RAYOS

Es importante entender en este momento que se puede hacer que todo Rayo contentivo de su propio estado original de color contenga la Actividad de otro Rayo, mediante el esfuerzo consciente de calificarlo de esa manera. Por ejemplo, el Rayo Rosa del Amor puede recibir unos toques del Violeta de Poder; o el mismo Rayo puede ser bordeado de un lado con Oro, y el otro, con Violeta, lo cual compone la Trinidad de Amor, Sabiduría y Poder.

A medida que ustedes avancen en comprensión, serán capaces de conformar combinaciones conscientemente según lo requiera la ocasión. Por ejemplo, tal cual actúan los Maestros Ascendidos —y cualquier otro ser que escoja hacerlo— se puede utilizar el Rayo Blanco como una base sobre la cual opera, calificándolo con los otros colores y elementos según se requieran. Esto pone en manos de los estudiantes sinceros una Actividad y Poder casi ilimitados.

Los estudiantes que constantemente piden Amor Divino para envolver y Sabiduría para dirigir el Poder que manejan, harán posible que esta Actividad se ancle, de manera que después de un tiempo el mero uso de estos Rayos atraerá en forma natural el Amor y la Sabiduría en Su acción.

Tal cual dijéramos al principio, cuando se desbaratan los viejos hábitos personales, verán cómo son reemplazados por estos maravillosos Hábitos Divinos que indudablemente serán una verdadera bendición. Hay que concientizarse de que en la Magna Actividad de Dios está toda la Mentalidad; y cuando mentalmente nos conectamos con una idea, la cual siempre tiene su forma, estamos en comunión directa con la presencia de dicha forma.

Todos los estudiantes que llegan a cierto punto de entendimiento, podrán saber que los Estados Unidos será la Gran Joya de la Luz de Dios —esto lo digo deliberadamente— ¡más que cualquier otra parte de la Tierra!

Dice la Sra. Ballard: "*¿Llegarán a precipitarse en algún momento las imágenes de los Maestros Ascendidos?*"

Responde Saint Germain: Rápidamente se está acercando el momento en que cosas de este tipo tendrán lugar; y el propósito de todo esto es anclar en la mente del género humano la realidad de tan Magnos Seres. Es importante que la humanidad se dé cuenta de que existe una Gran Hueste de Seres Avanzados más allá de este estado actual —probando que la Vida es eterna, y de lo invisible a lo visible no hay más que un leve paso que cualquier persona puede dar sin pasar por el cambio llamado muerte.

BENDICIÓN

¡Magna Presencia, amados Querubines! Damos alabanzas y gracias por la maravillosa Radiación, por las Bendiciones con que nos han cubierto el día de hoy. Damos alabanzas y gracias por la Poderosa Radiación que ha sido enviada a los sitios de gobierno, preparando el camino para que los Mensajeros de Dios sean entronizados para la Dispensación del Gran Amor, Sabiduría y Justicia de Dios. Damos alabanzas y gracias de que toda la humanidad se ha convertido en un anclaje para la Magna Presencia de Dios, y que ha sido acelerada a la Actividad de un deseo consciente por la Presencia de Dios. Pedimos que sea acelerada con gran rapidez para traer adelante el pleno gozo de lo que vendrá.

DISCURSO XIII

INVOCACIÓN

Oh Magna Infinita Presencia de Luz! Te damos alabanzas y gracias por Tu Intensa Radiación, por el Júbilo de Tu Gran Esplendor, por la Paz de Tu gran Amor, por la Gracia de Tu Eterna Juventud hecha manifiesta en estas formas! Ayuda a cada uno en éste, Tu Centro Escogido, a sentir— a Ser— tu Gozosa Presencia, a saber que no hay nada manifiesto que no sea la Perfecta Actividad de Dios. Y danos la Sabiduría y Fortaleza para mantener en todo momento Tu Perfecta Armonía, de manera que podamos recibir el Ser y Majestad de Tu Omnipresencia.

Les traigo Amor y Saludos de parte de la Hueste de Luz, que los envuelve en Su Manto de Amor, el cual eleva a lo externo a la Plena Perfección.

EL DISCURSO

La belleza de un corazón comprensivo no tiene límites, ya que el empeño por alcanzar este sencillo entendimiento de las Leyes Superiores para ponerlas en práctica a diario, le permite a la Magna "Presencia" Maestra derramar Su Fragancia sobre las vidas de aquellos que reconocen a la "Presencia"; y mediante esto, brindar de tiempo en tiempo toda la asistencia posible a tales individuos para equilibrarlos en la aplicación exitosa del entendimiento que poseen.

A fin de que los estudiantes o los individuos tengan una comprensión de la Magna Fuerza que utilizan en todo momento en que están despiertos, tienen que tratar de ver dónde y cómo están utilizando esta Fuerza maravillosa. Tal cual se trae a la atención de los estudiantes por un conducto u otro, ellos están emitiendo constantemente una energía tremenda. Esto, si se le entiende y se le dirige conscientemente hacia un propósito dado, no podría fallar (ni fallaría) en proporcionar un logro expedito.

Decir esto resulta algo brutal, pero es verdad y hay que decirlo: los individuos emiten la mayor parte de la fuerza a través de la ira o el resentimiento en algunas de sus formas sutiles. ¿Por qué? Pues, porque tal acción genera un sentimiento intenso. Todo aquel que no entiende esto o —entendiéndolo— no lo controla, no hace más que retrasar la hora del logro. Muchos individuos (incluyendo hasta estudiantes avanzados) han llegado a pensar que no es posible generar conscientemente y a voluntad un sentimiento intenso, de acuerdo al deseo. Quiero decirles con toda seguridad y verdad que cualquiera puede —si lo desea, generar la misma intensidad de sentimiento por la adherencia a la Luz, igual que la generaría en un arranque de ira, mal humor o desaliento.

Estos son dos opuestos. El permitir dejarse caer en un estado de desánimo o desaliento no es más que dejarse usar. En vez, el individuo debe ponerse de pie y aprovechar esta oportunidad. Debería generar un amor intenso, el polo opuesto a su melancolía o ira; y a través de tal sentimiento, lograría la maestría sobre su problema. Sin embargo, no es frecuente que éste sea el caso. Pero aquel que lo haga será siempre el maestro de toda condición.

Cuando el estudiante a quien se le han presentado múltiples ejemplos de la Magna Actividad de la Gran Ley —Dios dentro de él— permite que la depresión lo envuelva momentáneamente, lo único que está expresando es una forma de auto-lástima, lo cual el estudiante sincero debería evitar de la misma manera que se apartaría de una víbora venenosa.

VICTORIA RETRASADA

Todos los estudiantes (prescindiendo del entendimiento que puedan tener) deben saber que todo depende de ellos mismos, y que *FORMARSE EL HÁBITO DE ACUDIR A OTRA PERSONA QUE LOS SOSTENGA NO HACE MÁS QUE RETRASAR SU PROPIO MAGNO LOGRO VICTORIOSO.* Cuando se utiliza de manera errática e insensata esta energía constantemente generada, la Victoria sobre sí mismo requiere del doble de la energía que de otra manera se necesitaría para sostenerse en Perfección, Salud, Prosperidad y Felicidad. Todo estudiante que quiera tener éxito tendrá que encarar este hecho y conquistarlo en sí mismo.

Viene ahora lo realmente alentador acerca de esta clase de reprimenda —que lo anterior pueda parecer, pero no lo es: Cuando el deseo del individuo se envía o sostiene sobre un logro constructivo, él tiene el Poder del Universo sobre sus hombros y a su disposición, que le sostendrá sin fallar en todo momento siempre y cuando su determinación no vacile.

Una vez más, permítanme recordarles que, de todos los atributos de la conciencia negativa, la auto-lástima constituye la mayor fuerza desintegradora. Cuando el estudiante, al ver que no le ocurre lo que desea, de repente asume la actitud de, "¿por qué no se logra esto?"— quiero decir que este punto no amerita ninguna consideración si es que él realmente desea su manifestación. Lo que le toca al estudiante es mantenerse con una determinación firme y resuelta del lado del único Poder que actúa —que es Dios mismo; y sin pensar o cuestionar el por qué algo no se da, asumir la postura siguiente: *«Por el Poder de Dios Todopoderoso en mí, Yo sé que doquiera que me encuentre con un deseo determinado de lograr algo constructivo, la cuestión no puede fallar.»*

El asunto que tan a menudo causa un fracaso aparente, es el punto muy sutil de cuestionarse por qué no se ha manifestado todavía o por qué parece no estarse manifestando. En vez de preguntarte qué energía deberías generar, sabe que cuando se ha emitido un decreto por cualquier deseo constructivo, se trata de Dios en Acción. Claro está que tienes que saber y sentir que es imposible que falle. Esto es auto-evidente. Es así de sencillo que la conciencia utiliza esta Magna Energía tal cual debería ser aplicada.

RAZÓN DE FALLO

A continuación se detalla la razón por la que los estudiantes retrasan justamente aquello en lo cual desean tener éxito. Consideremos lo siguiente a modo de ejemplo: si el estudiante ha trabajado diligentemente, conociendo la Verdad y dirigiendo conscientemente el Poder de la manera correcta, y entonces, si de repente permite que el desánimo o la melancolía se agiten en él durante una hora, el estudiante podrá —dependiendo de la intensidad del sentimiento— disolver todo lo que ha logrado en días o semanas de trabajo fervoroso. Este es un recordatorio a los estudiantes de que se paren firmes y nunca cedan o le den poder a nada que no sea la Magna Presencia de Dios, la cual logra todas las cosas a través de Su Magna Presencia y Poder de Amor Divino.

Lean este recordatorio: Si los estudiantes son lo suficientemente fuertes como para encarar esta Verdad —leer este recordatorio cuando notan que resbalan—, se constituirá en una Ilimitada Fuente de Fortaleza y Entusiasmo para ellos, ya que a través de estas Palabras fluirá a quienes las lean un Magno Poder Sostenedor.

No hay nada que tenga una importancia mayor —y, empero, es tan sencillo que hasta un niño lo puede entender— que un estudiante observe y vea en qué manera está emitiendo constantemente esta Gran Energía. La manera sencilla y natural en que uno constantemente está —como quien dice— emitiendo esta fuerza es suficiente para lograr las cosas ordinarias. Pueden ustedes ver, entonces, el gran poder adicional y energía que se puede enviar mediante el uso consciente de la determinación y voluntad.

La gente a menudo dice: *"¿Cómo puedo saber si estoy usando la voluntad externa o la Interna?"* —cuando es realmente fácil determinarlo, al saber que cualquier deseo constructivo constituye el uso de esta Voluntad Interna o Divina. Si los estudiantes aceptaran y utilizaran estas sencillas, si bien Magnas Verdades, no encontrarían dificultad alguna en manejarse a sí mismos o a la condición que fuese.

RECURSO MÁS EFECTIVO

Si bien la generación de la ira surge de un impulso repentino, el uso consciente de la determinación gozosa es al menos veinte veces más efectivo, y ésta puede generarse conscientemente y a voluntad. ¿Cómo? Pues, aquietándose y entrando gozosamente a la conciencia de lo ilimitado que es el Poder de Dios. Es imposible que Dios falle en algo, y Su Actividad es más o menos instantánea, según sea el poder que le quitemos a las cosas externas, a las cuales les hayamos dado poder anteriormente.

Esto les mostrará cómo se puede contar siempre con el Poder de Logro en términos de la Magna Varita Mágica en las propias manos para utilizarla en lo que fuere menester, desde lo más sencillo hasta lo más complicado. La única razón de la ausencia (o retraso) de logro es que el individuo (ya sea consciente o inconscientemente) está dividiendo tan Magno Poder, ya que éste ciertamente sigue y actúa de acuerdo con la dirección que se le dé.

El meditar sobre esto y saberlo le permitirá a los estudiantes darle un poder cada vez más pleno a esa Magna Energía que ellos podrán dirigir conscientemente en cualquier momento. Es cuando más necesitamos la asistencia que deberíamos asumir nuestra postura con mayor determinación, ya que cuando todo está saliendo alegre, armoniosa y prósperamente, el mismísimo movimiento hacia adelante de nuestro ser requiere de muy poco esfuerzo consciente; pero cuando los estudiantes entran al Sendero Consciente, entonces habrán tomado las riendas y están supuestos a dirigir conscientemente este Poder —y especialmente cuando se han auto-dedicado al Servicio Divino de la Luz.

DESAFÍO A LO EXTERNO

A los amados estudiantes de la Luz les digo que consagrarse al Servicio Divino no es cosa vana. Ello quiere decir que han tirado el guante y desafiado al ser externo, lo cual *hay que hacer* en algún momento; y cuanto más pronto mejor se haga, tanto más pronto acabará. Pero el que la forma externa caiga al tropezar con un cable secreto puesto allí por el ser externo, no es excusa para no volverse a poner de pie y continuar serenamente.

La naturaleza del individuo es tal que hasta que él entienda estos puntos de vital importancia, no se detendrá a reflexionar que cuando todo está saliendo bien es hora de vigorizar su momentum, y de ceñirse la Armadura de la Magna "Presencia" Maestra. Luego, si llega a caer, este mismísimo momentum le hará rebotar como una bola de caucho y volver a quedar de pie, asumiendo rápida y poderosamente el comando de la situación, ordenándole a esta Magna Presencia de Dios que solucione e impere sobre la situación —sea lo que fuere. Sabiendo esto, ustedes verán (y estarán de acuerdo conmigo) lo absurdo que permitirse a ustedes mismos volverse negativos en lo más mínimo.

Ahora, aquí mismo, es bueno entender que las fuerzas negativas y positivas existen por doquier en la Creación; y que no hay razón para condenar lo negativo, ya que constituye el medio por el cual se logra que los Hijos de la Luz se hagan cada vez más conscientes *[aware]* de su propia Fuerza Positiva Conquistadora. Ceder ante la fuerza negativa es enredarse cada vez más en ella; pero reconocer instantáneamente la presencia de cualquier pensamiento o sentimiento negativo no es más que hacer que uno se vuelva hacia el propio polo positivo y descansar allí serenamente.

Tal cual hemos dicho anteriormente, *¡la manifestación se dará si deseas a Dios lo suficiente!* ¡No puede evitarlo! Se desvivirá por llegar a ti si deseas a Dios lo suficiente. Los estudiantes que así lo desean pueden tomar esto ahora y defender su posición. La gente chapotea en las condiciones negativas en vez de elevarse y decir: *«Tomo el lado de Dios y rehuso ser afectado por esta apariencia.»* Si permitimos que las condiciones negativas nos controlen, nadie nos podrá ayudar, ni siquiera Dios mismo.

EL AMADO LANTO

Lanto era oriundo de la Tierra, pero ascendió a Venus y se convirtió en el pupilo estrella de Sanat Kumara. Él es el Maestro Ascendido a cargo del Retiro del Royal Teton; sin embargo, Él no fue el Maestro Invitado de Venus. Lanto presentó al Maestro oriundo de Venus quien fuera el Invitado, y quien fuera puesto a cargo de la velada.[*]

Querubines: Hay ciertos Querubines que han sido humanos, pero sólo unos cuantos. Hay algunos originarios de una Esfera de Actividad que están preparados con un conocimiento cabal. Cada Elemento cuenta con los suyos, quienes son enviados a enseñar al resto de los moradores de dicho Elemento.

Venus: Venus vino a asistir a la Tierra con Su propia Sabiduría. A través de toda la Creación, el escaño superior siempre está pendiente del escaño inferior para brindarle asistencia.

Los Maestros Ascendidos: Los Maestros Ascendidos le enseñan a los habitantes de los Elementos las Leyes de Dios y de la Inmortalidad; y, así, los preparan para que, a su vez, puedan ellos enseñar al resto de los moradores de dicho Elemento.

Retiros en las Montañas: El Poder utilizado inicialmente por los Maestros al preparar los Retiros en las montañas tenía que ser secreto e imposible de descubrir por alguna persona del mundo externo. La Gran Guardiana vio la necesidad de que la Gran Luz contara con una protección indestructible. Por esta razón habían Retiros en cuevas y montañas por doquier en el planeta. Se utilizaba la Llama para deshacer las grandes masas de roca, y se crearon elementales específicos para disponer de los escombros. Más tarde todo fue desintegrado por una Llama.

Ascensión del cuerpo antes del advenimiento del Maestro Jesús: Hasta que el amado Jesús llegó, toda elevación del cuerpo era un proceso absolutamente secreto. Ni siquiera los estudiantes asociados sabían lo que se iba a hacer —sólo sabía el que ascendía o quien era asistido en la Ascensión.

Edad de la Tierra: La vida humana ha estado en esta Tierra desde que fue creada. Los geólogos sólo tienen una idea aproximada de la Tierra, a menos que hayan sido altamente inspirados.

Civilizaciones anteriores: Toda evidencia de algunas grandes civilizaciones anteriores ha desaparecido, a excepción de ciertos registros [records]. Hubo una época en que fue necesario precipitar recipientes

---

[*] cf. "Venus visita el Royal Teton" que aparece en *Misterios Develados* de Godfre Ray King [Panamá: Serapis Bey Editores, S.A.-1999], p. 169

indestructibles a fin de preservar ciertos archivos de civilizaciones anteriores.

Queda todavía por desellar una Cámara de Archivos, lo cual tendrá lugar cuando la Nueva Era haya entrado lo suficiente y el Poder Crístico haya alcanzado el suficiente dominio. Esta Cámara revelará otro período del progreso de la civilización mucho mayor que el que se conoce en la actualidad.

En la Actividad Cósmica Interna, ustedes verán el Proceso Creativo de Dios. Ustedes son la Sabiduría Eterna del Proceso Creativo Eterno en acción, en el punto hasta donde hayan llegado. De allí que saber algo de esta manera significa que ustedes han entrado al Proceso Creativo, y este Conocimiento difiere de cualquier otro tipo de conocimiento.

Ascensión del Alma: Hay puntos de descanso para el descenso y Ascenso del Alma en su intensa actividad externa.

La máquina de los Archivos Akáshicos: La maquina para leer los Archivos Akáshicos no se manifestará hasta que la humanidad esté lo suficientemente evolucionada como para adherirse a la Presencia Crística sin peligro de retrogradar. Si este instrumento se manifestara ahora, echaría por tierra todas las teorías con que cuenta el mundo científico.

Lo único que hay que hacer es anclarse en Dios y quedarse allí, y los seres humanos seguirán sufriendo hasta que esto se haga. El proceso de alcanzar la Auto-Conciencia sería imposible sin la reencarnación. El cuerpo externo no podría soportar la velocidad de evolución del conocimiento Auto-Consciente en un cuerpo.

NOTAS Y AFIRMACIONES

« "Magna Presencia YO SOY", dame tu presciencia y protege toda actividad futura, de manera que todo lo concerniente a ella sea mantenido armoniosamente.»

«En la Plenitud de la "Presencia" está justamente lo que deseo.»

Al menos una vez al día reclama que tu mundo sea inundado con la Más Poderosa Actividad del Amor Divino.

«Dios mío, "Magna Presencia YO SOY", rodéame y protégeme de toda vibración externa.»

«¡ "YO SOY" siempre Victorioso en Cristo!»

Cuando alguien comience a discutir contigo por algo negativo, asume una postura definitiva y hazlo darse cuenta de que está discutiendo precisamente por aquello que no desea.

Dios vive dentro de ti. ¡No permitas que las dudas, temores e incertidumbres del ser humano lo callen! La obediencia es lo más importante de todo.

Las Amadas [Lady] Nada; María, madre de Jesús y Meta, madre de Cha Ara están definitivamente comprometidas con la Maternidad de la humanidad.

BENDICIÓN

¡Magna "Presencia"! Te damos alabanzas y gracias por Tu Radiación siempre activa en estas vidas y en este hogar. Conviértelo en un Centro tan esplendoroso que sean bendecidos todos aquellos que entren a él.

DISCURSO XIV

18 DE AGOSTO DE 1932
SAINT GERMAIN

INVOCACIÓN

Oh Magna Fuerza Impulsadora e Inteligencia que riges sobre Tu Maravillosa Creación, animada e inanimada, Te damos alabanzas y gracias por el gran privilegio de formar parte de Tu Gran Individualización. Te damos alabanzas y gracias por tener tu Presencia centrada en nuestra conciencia con todo Su Poder, rigiendo de manera omnisapiente toda sustancia de manera que nosotros podamos comandar y que se nos obedezca.

Te damos alabanzas por estar en unicidad Contigo, Padre Todopoderoso, y de que no es un sueño el que seamos Hijos de Dios Todopoderoso. Contamos con utilizar tu Magno Poder para realizar el Bien Todopoderoso. Que Tu Sabiduría nos guíe, que Tu Luz nos envuelva, y que Tu Inteligencia nos dirija sin fallar, de manera que podamos entrar rápidamente en Tu Eterna Perfección.

Les traigo Amor y Saludos de parte de la Hueste de la Luz y del amistoso Deva. Este Deva quedó muy complacido con que nuestro Buen Hermano fuera capaz de ver la Radiación eclipsante. Ahora mismo hay Uno cubriendo a Chicago y manteniendo allí Su radiación.

EL DISCURSO

REENCARNACIÓN ESCOGIDA, CREACIÓN PROPIA

Me parece que sería conveniente tener un entendimiento más claro de la actividad del libre albedrío. Como regla general, los hijos escogen a sus padres, esto es, aquéllos a través de quienes nacerán a la vida terrenal. Aquellos que vienen a realizar un trabajo especial a veces son asistidos por los Grandes Seres a la hora de hacer su selección. Si a alguien hubiera que culpar por las condiciones, sería al propio individuo. *NINGÚN HIJO PUEDE CULPAR A SU PADRE POR NADA. NINGÚN INDIVIDUO PUEDE CULPAR A NADIE SALVO A SÍ MISMO POR LO QUE PAREZCA SER UNA CARENCIA EN ESTA CUESTIÓN.*

La energía siempre está presente en gran abundancia; pero si no se utiliza correctamente, no se pueden lograr las cosas. Cualquier aflicción dentro del individuo es de su propia creación. Los estudiantes tienen que reconocer esto a fin de no apartarse de su propia responsabilidad.

Cada individuo es un Dios en embrión, y está en capacidad de originar un Poder Ilimitado para utilizarlo en su adelanto en cualquier (y todo) momento. La causa del aparentemente lento adelanto propio muchas veces se debe a que el estudiante o individuo está (consciente o inconscientemente) pendiente de la manifestación más que de la alegría de entrar en el Gran Corazón del Gran Silencio de Dios. Toda vez que los estudiantes entienden esto, se les abre una nueva puerta hacia su propio desarrollo, y les hace buscar enteramente dentro de sí cualquier cosa que pudieran necesitar. La inclinación de la actividad humana o externa a buscar continuamente algo *externo* que culpar por sus propios defectos es el gran obstáculo que le impide a muchos un progreso rápido.

Estoy claramente consciente *[aware]* de la gran controversia que había con respecto a la idea de libre albedrío, pero eso no cambia la Verdad en nada. Miren, todo el mundo tiene libre albedrío y está en la obligación de escoger entre servir a la Ruta Ascendente o servir a la descendente; y nadie puede decirle nada en cuanto a su propia escogencia. Aquellos que eligen el Sendero Ascendente cuentan con la Magna Presencia, Inteligencia y Poder de la Hueste Ascendida y de los Grandes Devas para asistirles en todo aquello que sea permitido.

Una vez más, es bueno recordar a los estudiantes diligentes que se mantengan acudiendo a la Magna "Presencia" y pidiéndole que les muestre claramente el Camino, así como también que les responda a sus preguntas —porque si el estudiante le pide sinceramente a la Magna "Presencia" Interna que lo haga, tales preguntas serán contestadas; y después de algunas experiencias, se encontrará con que las respuestas le llegan rápida y seguramente. Tal esfuerzo le dará un ímpetu adicional y estímulo que hará de ésta una actividad fácil y continua.

INVOCACIÓN DIARIA A LA LEY DEL PERDÓN

El estudiante sincero debería invocar diariamente la Ley del Perdón, y dar alabanzas y gracias por haber llegado al punto de conocer conscientemente el Magno Dios interno.

El Deva: El Poderoso Deva que de manera tan maravillosa ha escogido venir y ministrar, haciendo de éste un inusual centro de radiación, es un Deva del Templo Verde. El Deva ministra con el propósito de estimular la Actividad Interna o Divina hacia una cierta acción definitiva —no sólo para los estudiantes que entran bajo Su Esplendor, sino a la ciudad de Chicago y Norteamérica.

La montaña en Alaska: Generalmente no se conoce, en realidad en el mundo externo no se conoce del todo, el hecho de que cuando voló la cima de la montaña en Alaska, se descargaron de la Tierra ciertos compuestos químicos y fuerzas que opacaron temporalmente la actividad de una gran porción de la humanidad; y quisiera afirmar aquí que ésa no fue una erupción volcánica ordinaria.

La Gran Depresión [1929]: Ha llegado el momento en que la depresión está comenzando a desaparecer y será completamente eliminada. La llamada "depresión" que llegó a su punto más bajo hace algún tiempo es el resultado de esta actividad en Alaska. Pero, como siempre es el caso, la Gran Sabiduría de la Hueste Ascendida y Sus Mensajeros, los Maestros Ascendidos, siempre encuentran la manera de trasmutar en un bien último algo que podría ser dañino. Esto se aplica tanto a un individuo como a toda una nación. El momentum de la llamada depresión —se los aseguro— ha sido interrumpido completamente; y así como el hielo se rompe con el deshielo primaveral, así dicho momentum está siendo dispersado, disipado y disuelto. La explosión volcánica en Alaska también afectó la Guerra Mundial.

A través de la Poderosa Radiación y Proceso Ascensional de la Hueste Ascendida, Su asistencia causará un aceleramiento y claridad de actividad en el pensar externo de la humanidad. Esto sorprenderá hasta aquellos a quienes les ocurra. Será como si despertaran de un sueño.

Permítanme volver a exhortarlos a todos y cada uno de ustedes, en cuanto a que cuando les venga un pensamiento perturbador, lo saquen de la mente inmediatamente y no lo acepten ni le permitan que comience a girar acumulando un momentum. En vez, digan: *«¡Fuera de aquí! En mi vida, hogar y asuntos sólo está Dios y Su Actividad Perfecta.»* Mantengan su ritmo de trabajo reconociendo que,

«¡Aquí no hay personalidades! ¡Lo único que hay es Dios en Acción presente en todas partes!» Esta es una forma positiva, reconocimiento y aceptación de la Magna "Presencia de Dios", por más que no tengan la atención puesta sobre el pensamiento de Protección.

Amor: El Amor, al ser el núcleo del Universo, es naturalmente el elemento cohesivo y es el Poder que se proyecta en la forma. Si el hombre no ama lo suficiente —o no ama del todo—, todo a su alrededor lo repele, ya que él repele; aquellos que aman, atraen. La mismísima energía que los estudiantes utilizan para criticar o condenar, si la volvieran hacia la Magna "Presencia", no sólo les daría alivio sino que pondría en movimiento una Gran Luz y entendimiento. Todos utilizamos una energía enorme en todo momento, y el uso insensato de la misma basta para mover una montaña. El Poder está en estas Palabras, y en ello no hay error alguno, si el estudiante lo acepta.

La Poderosa Corriente de Vida fluye incesantemente, y es bien fácil entrar a dicha Corriente y Su acción perfecta; basta reconocer y aceptar esa Magna Presencia de Dios en nosotros. En el momento en que negamos o dudamos, nos salimos de dicha Corriente. La discordia no es más que llamar la atención hacia el hecho de que el ser externo o humano se ha salido de la Corriente. En el momento en que se abrigan pensamientos y sentimientos discordantes, el individuo se ha salido de la Corriente, y la discordia sigue creciendo.

Vendrá una maquina para dirigir ciertos colores, que será cargada y calificada por el individuo que la opera.

DINOSAURIOS

Hubo un gran pensamiento o deseo masivo por llevar esta estructura atómica a la forma. Al atraer ciertos focos a estas vastas formas, se logró hacer mucho más rápidamente que de otra manera hubiera sido posible. Al principio estos animales no eran malvados, y estaban totalmente subordinados a la dirección del individuo. Eran muy amigables, así como también lo eran originalmente todas esas creaciones gigantes. En aquel tiempo, tuvo lugar una gran actividad al juntar grandes cantidades de la estructura atómica. Existía un gran amor entre ellos y los seres humanos; y, así, el proceso de elevación era muy rápido. Hay tanto sobre estas civilizaciones antiguas que no se conoce en la actualidad, que el mundo externo apenas si tiene una idea fragmentada concerniente a toda esta actividad.

EL GRAN SOL CENTRAL

La Verdad es que el Gran Sol Central es una Presencia, una Forma y un Lugar dentro del Centro de la Creación, irradiando en toda dirección. Puedo asegurarles que se trata de un lugar muy tangible, una realidad poderosa y tremenda.

El amado Surya: El Maestro Ascendido Surya es, en realidad, el Señor Maitreya; y de esa Gran Presencia se estableció la acción planetaria de Surya. Surya es tanto una constelación como un Gran Maestro Cósmico. Todos los nombres y actividades astronómicas vienen de Individuos, o de la Actividad Inteligente de Dios dentro de los Individuos. Todos recibieron el nombre de aquellos Individuos que tuvieron un papel preponderante en su Manifestación. El nombre "Maitreya" contiene una actividad en particular.

Pregunta la Sra. Ballard: "¿Representa su uso la descarga de cierta Fuerza con la Cualidad del Amor —y ciertos otros atributos, digamos el Poder en Su interior?"

Saint Germain: Todos los nombres utilizados en propósitos astronómicos contienen dentro de sí cierta actividad definitiva.

LA ASTROLOGÍA Y SU USO

Toda interpretación negativa de la astrología no es más que la que los individuos le dan. La realidad original y uso de la astrología consistía en atraer la atención de ciertos Grandes Seres con quienes el individuo estaba naturalmente sintonizado, de manera que pudiera recibir la Radiación y elevación de esos Grandes Seres. La idea de que la radiación de un planeta tiene efecto sobre los individuos, que de ningún modo es una fuerza personal, es —desde el punto de vista de la realidad— algo totalmente absurdo. Para que una fuerza opere, tiene que tener inteligencia tras de sí. Consecuentemente, al saber que Dios es el Poder Todo-Actuante en el Universo, entonces sabemos que la cualidad de cualquier Inteligencia Planetaria sólo puede ser buena, a menos que la mente del individuo la recalifique.

La astrología de ahora no hace más que poner constantemente obstáculos en el camino del individuo. La idea de que uno de los días de Dios es más o menos perfecto que otro para la actividad de los Hijos de Dios, es lo más absurdo que se pueda imaginar. No deja de sorprenderme el que el pensamiento de la gente sea tan ingenuo que no reflexione a este respecto y vea lo absurdo de ello.

LLÉVALE TUS PREGUNTAS A TU PROPIO SER DIVINO

Si el individuo asumiera su postura ante cualquier pregunta de la mente y dijera, *"Dios mío, muéstrame y dime la Verdad acerca de esto,"* daría inicio a una actividad que produciría la explicación completa. Hay que mantenerse firme hasta que la respuesta llega, ya que siempre llegará.

Cuando quieres ir al centro [de la ciudad], sigues hasta que llegas allá. Lo mismo se requiere en el caso del trabajo mental. Cuando se comienza a pensar en algo, se debería continuar en ello hasta lograrlo.

Resulta muy extraño el que los individuos no se aferren a la idea y uso de la Cualidad Divina en todo lo que los rodea, en vez de tratar de recalificarlo por cuenta propia. No obstante, si el estudiante de la Verdad ve una condición equivocada, entonces el reconocer que *«aquí sólo está Dios en acción»* podría considerarse como una calificación, pero en realidad lo único que está haciendo es poner en acción el Poder Divino dentro de ello. Esto no es una recalificación; más bien es utilizar la Cualidad Divina que ya está allí. Prescindiendo de lo que pueda estar ocurriendo, toda energía es Energía de Dios. Si la gente aceptara la cualidad natural dentro de sí, encontraría ciertamente que es Dios. Si tan sólo supiera esto, estaría reconociendo la Verdadera Cualidad, y así, sólo Dios le vendría en la corriente de retorno.

EL ELEMENTO ANIMAL

La sustancia que vino a la forma era, en un tiempo, mucho más densa que ahora. El elemento animal que atravesó la actividad inferior —o el descenso consciente a la creación por placer— ocasionó la creación de la forma animal en la estructura atómica del mundo exterior. En otras palabras, los cuerpos de los animales son la objetivización de los pensamientos y sentimientos sostenidos en la conciencia externa de seres humanos cuando ellos sencillamente crearon para la gratificación de apetitos y sensaciones de placer.

Una verdad eterna: El alma humana nunca evoluciona a través del animal. La estructura atómica externa no es más que la condición elevada o preparada para ello, para ser utilizada en la conformación de cuerpos humanos. Esto se acerca bastante al último paso de la estructura atómica a la Electrónica.

El alma humana vino directamente de Dios. Por tanto, no hubiera podido haber evolucionado del alma-grupo del animal. El alma humana tiene que regresar a Dios. Al entender la absoluta certeza de la Ley del Libre Albedrío, la "Ley de la Expresión de la Plenitud de Dios", tiene que atravesar todas las fases de la experiencia, volviendo a lograr dicha Perfección a través del entendimiento consciente de todas las fases de la Actividad de la Vida.

En aquel tiempo se le dio libre albedrío a la Individualización —sin ninguna seguridad de lo que iba a ocurrir. Sabiendo que había dos opuestos a través de toda la manifestación inferior, el alma avanzó a conquistar todas las condiciones negativas y regresar una vez más al

Estado Perfecto, coronada con la Victoria del Conocimiento Auto-Consciente. De allí que *no se puede aprender de las experiencias de otra persona. Todos y cada uno tienen que pasar por todas las experiencias y auto-conquistarse.* Esta es la razón del largo proceso de reencarnación, ya que el alma necesita períodos de descanso de esta intensa actividad.

Es por esto que no hay Maestro Ascendido que abrigue siquiera un pensamiento de condenación, ya que Ellos han tenido que experimentarlo todo —si bien no necesariamente en todos y cada uno de los detalles— a fin de llegar al Estado Ascendido. El poder mediante el Conocimiento Auto-Consciente obtenido a través de una vida de experiencias le da al individuo una capacidad infinitamente mayor, un mayor entendimiento y poder que el que tendría alguien que no haya pasado por eso. Por esta razón todo aquel que ha descendido a través de la experiencia humana y, mediante el esfuerzo propio, se ha elevado hasta convertirse en un Ser Ascendido, es Maestro hasta por encima de los Ángeles Devas. Hay algunos Ángeles Devas que han pasado por la experiencia humana.

Llegará un momento en una fase mucho más alta de la experiencia vital, en que los Ángeles que nunca han encarnado como seres humanos vendrán adelante y, debido a ciertos registros de memoria de esta experiencia de vida actual, se les enseñarán estas cosas en una escala más alta y con una velocidad que es inconcebible en la actualidad.

AFIRMACIONES

«"YO SOY" la "Presencia que desconecta mi ser y mundo del tirón magnético de la Tierra y de toda creación humana."»

«"YO SOY" la "Presencia" que me libera de toda condición."»

BENDICIÓN

¡Magno Querubín — Magna Presencia de los Mensajeros de Dios! Te damos alabanzas y gracias por la Vertida este día y por haber cubierto Tú toda Norteamérica, descubriendo allí todo Tu Poder, dándole a la humanidad Claridad y Libre Dominio del pensamiento. Damos alabanzas y gracias por haberse dado esta Magna Actividad. Procura que este Magno Trabajo continúe hasta que se haya completado la emancipación de la humanidad.

DISCURSO XV

INVOCACIÓN

Oh Maravilloso Magno Creador de todo lo que existe, animado por Tu Magna Energía que fluye siempre a través de Tu Corazón! Damos gracias y alabanzas por la Vertida de Tu Poderoso Amor, Sabiduría y Poder, Tu Magno Suministro siempre presente. Todo-Activa es Tu Magna Sustancia, a la espera de que la conciencia de los Hijos de la Tierra actúe sobre ella.

Damos gracias y alabanzas por Tu Radiante Presencia que en todo momento acelera y pone en actividad Tus Partículas de Ti mismo —el Electrón— haciéndolo emitir Su esplendor de manera cada vez más brillante por doquier en Tu Actividad por toda la naturaleza en los minerales y rocas.

Damos gracias y alabanzas por la "Gema de América" que reposa en el Corazón de Tu Presencia, a la espera de la hora para realizar Tu Plan Majestuoso, derramando sobre los Hijos de la Tierra Tu Poderosa Gracia y Actividad para que sean ellos la Gema Central en Tu Corona, irradiando buena voluntad a todos los hombres. Te alabamos, oh Rey de Reyes, para que todos seamos Magnos Mensajeros Tuyos, partes de Ti, y por la parte de Ti que nos permite conocer el Factor en toda Vida. Fortalece a Tus Hijos de manera que puedan ellos sostenerse firmes en Tu Poderoso Esplendor, en Paz y Bendición para toda la humanidad y la Tierra.

EL DISCURSO
FESTIVAL DE MÚSICA

Les traigo triple saludos y bendiciones de parte del Querubín, del Deva y de la Hueste Ascendida, quienes les envían Su Alabanza y Estimulo por la firme asistencia que ustedes han brindado al sostener el Poderoso Foco a través del cual se envió el Poder de la Música a toda la Tierra —para sanar, bendecir, traer la paz y prosperar. Una cosa es dar alabanzas y asistencia cuando se pide, y algo mucho más grande es sentirla y darla sin que se le pida. Den constantemente alabanzas y reconocimiento de esta bendición; y de allí en adelante, verán ustedes el cambio que se dará en todos sus asuntos.

El Festival de Música de Chicagoland fue la más grande oportunidad de su clase en la Tierra para irradiar la Luz de la Hueste Ascendida a un gran segmento de la humanidad. Hasta entonces, la oportunidad de irradiar a través de la [obra de teatro de] *La Pasión* de Oberammergau era la mayor fuera de los Retiros. Mucha gente, sin saberlo, se ha despertado al absorber la "Presencia" durante la ejecución de *La Pasión*.

El mundo comercial es a veces lo suficientemente insensato como para pensar que una Radiación Divina se puede transferir de un continente a otro para gratificar su ambiciosa vanidad. Cuando algo se establece para un propósito definido, si llega el momento en que ya no se le puede utilizar más, se le retiran el Poder y la Fuerza.

ACTIVIDAD INTERNA DEL FESTIVAL DE MÚSICA

Estoy seguro de que esta importante actividad del [periódico] *The Chicago Tribune* le despejará el camino para que fluya a la actividad el Magno Poder Interno. No es importante cuándo se hará esto desde el punto de la actividad Interna o externa; amerita una gran felicitación interna. Al tiempo que inmensas oleadas de color creado por la música se elevaba en grandes figuras que parecían castillos y se paraban allí en su color vibrante de Vida Activa, el Poderoso Querubín, el Deva y la Hueste Ascendida creaban un Magno Pilar de Luz de color blanco, que se elevaba a la Altura de los Querubines, desde donde Sus Rayos —coloreados por la conciencia del requisito— emanaban a los cuatro puntos cardinales de la Tierra —especialmente a Estados Unidos—, tocando el corazón y la conciencia de muchos individuos por doquier en el planeta, quienes, visto desde el punto de vista superior, se convertirán en Mensajeros de la Luz.

Actividad emitida por el Deva: La actividad emitida por el Deva se originó en el Templo de la Luz Jade, causando el aceleramiento de la Actividad Interna de individuos por doquier que de alguna manera estuvieran preparados para recibirla.

Actividad del Querubín: La Actividad del Querubín se originó en el Templo de la Luz Dorada, elevando el afinamiento de la mentalidad de individuos por doquier que estuvieran en capacidad de ser elevados.

Actividad de la Hueste Ascendida: Siete de los miembros de la Hueste Ascendida, actuando en el Templo de la Luz Violeta, emitieron poderosos Rayos, comandándole obediencia a las Actividades Internas de las Fuerzas Divinas que actuaban por doquier en el plano físico. Me gustaría intercalar aquí que toda aceptación de la Poderosa Verdad y Su Actividad de parte de los estudiantes o individuos, siempre tiene que ser voluntaria. Cuanto más intensa sea la alegría al tender la mano en pos de la Luz y el Entendimiento, tanto más será acelerada la actividad en la vida y mundo del individuo. Cuanto más se acepte la Verdad Interna como una realidad, tanto más puede ser utilizado el individuo como un Magno Mensajero de la Luz.

Es tanto lo que hay que dar de esta Magna Verdad Interna, que pondrá a prueba la credulidad de hasta los estudiantes más sinceros; y nada, salvo el impulso interno del propio Dios dentro del individuo, hará posible que lo puedan aceptar. Lo único que se dará será la Verdad verificable; no obstante, serán muchos los que, al no haber alcanzado todavía el punto de asimilación, podrán pensar que algunas cosas son tiradas de los cabellos. Eso será algo muy desafortunado para tales personas. En la Magna Radiación de esta "Presencia" Interna se dejará de considerar el desarrollo del individuo; pero el Esplendor se verterá, cubriendo a la humanidad con Su abrazo.

Aquellos que tengan un entendimiento que les permita comprender la significación de esta Magna Actividad en sus vidas individuales y en el mundo en general, se encontrarán con una velocidad de actividad tal en sus propias conciencias, que a veces les sorprenderá. Así, le incumbe a todos los estudiantes sinceros tender la mano hacia la Luz con toda la fuerza y sinceridad que tengan en su haber, de manera que puedan compartir y utilizar esta Gran Gloria de Dios que se derrama sobre la Tierra, la cual cubrirá a los Hijos de Dios con una Luz tal como nunca se ha visto antes en la Tierra. Hemos determinado que este pensamiento, sentimiento y expresión de depresión se apagarán en la mente del género humano, y serán reemplazados por valor, fortaleza y confianza.

EL CAMINO HACIA LA LIBERACIÓN

Una vez más, permítanme decir con gran énfasis que la ruta más perfecta y rápida hacia la Liberación es el sentimiento de moverse constantemente en la Radiación e Inteligencia de Dios. Conscientemente llenen de tal manera su mente y cuerpo con Dios que no quede espacio para más nada. Manténganse vigilantes y no le den tregua a ninguna índole de sentimiento que sea inferior a la Todicidad de Dios.

Los que pueden caminar y hablar con Dios: En diversos períodos durante las centurias pasadas, especialmente en los primeros siglos, era un hecho reconocido que algunos miembros del género humano caminaban y hablaban con Dios. A fin de darles ánimo, quiero asegurarles que hoy día hay diez veces más gente caminando y hablando con Dios, quienes, si pudieran descartar el efecto externo del temor humano y sugestiones, fácilmente podrían igualar a los del pasado que caminaban y hablaban con Dios. Esas personas del tiempo de antes eran totalmente intrépidas, aún en lo concerniente a su propia vida y libertad; en consecuencia, abrieron de par en par la Puerta a ese Magno Flujo de la Actividad de Dios a través de ellos.

La gente de hoy en día tiene demasiada renuencia a compartir sus experiencias de las múltiples cosas maravillosas que ha recibido; a causa de la opinión humana, en la mayoría de los casos la gente las ha mantenido encerradas dentro de su propio corazón, para evitar la posibilidad de ser ridiculizada. Cuando se está conscientemente con Dios, moviéndose en Su Magna Presencia, ¿por qué habría de tenérsele miedo a lo que algún hombre pueda decir? El que debería temer es todo aquel que levanta falso testimonio, no el Mensajero de la Verdad, ya que ahora, en vez de ser quemado en la hoguera el Mensajero de la Verdad, es aquél que levanta falso testimonio o intenta interferir quien está más propenso a ser chamuscado por el Fuego Interno, la Llama de Dios. En estos días, los Mensajeros de la Luz siempre atraerán a sí los suyos —dicho en otras palabras, aquellos que están listos para recibir el Río de Luz que se vierte a través de los Mensajeros.

A nadie se le exhortará ni se le llevará; cada quien tendrá que venir por su propio deseo gozoso, a sabiendas de que Dios en cada uno es su propio Poder Auto-Sostenedor. Ahora es importante utilizar todos los canales para verter la Radiación de la Luz, a fin de acelerar el ajuste de las cosas y condiciones. Una vez que la cuña haya sido martillada y pueda dársele seguimiento mediante la cooperación consciente de algunos de los Hijos de la Luz, entonces la barrera del pensamiento humano será desgarrada violentamente y descartada, y el Río de Luz se verterá en Su cauce. En este caso, el Río de Luz no será destructivo como pudiera serlo un río de agua.

Sin embargo, ustedes notarán en todas las grandes avenidas de progreso, que en ciertas instancias en que parecían haber fuerzas destructivas trabajando, no era otra cosa que el elemento burdo que cedía el paso y era sustituido por la Actividad del Afinamiento Superior. Confío en que cada uno de ustedes experimentará el gran júbilo que Yo siento por estos logros, no sólo en sus propias actividades sino en aquella que se ha dado para bendecir a la humanidad.

Para mantenerse despierto: Si comienzas a sentirte soñoliento cuando deseas trabajar, ordénale a la causa que se consuma, de manera que puedas quedar en libertad para hacer lo que deseas.

Para Dormirse: Ordena a través de tu Magna Presencia Interna que cuando desees dormir, seas sostenido en esa "Presencia" —Invencible—, y que el cuerpo duerma como un niño. Sabe que tú has sido comandado por Dios, de manera que cuídate de no darle poder (sin saberlo) a nada externo. No importa qué pueda tratar de hacer lo externo, no tiene poder alguno a menos que venga de Dios.

Comanda como Cristo: Cuando tú comandas desde el punto de vista Crístico, sólo pueden darse resultados Crísticos. De esto puedes estar completamente seguro, ya que cuando comandas como el Cristo, inmediatamente causas que la *Actividad Interna* tenga lugar. Deja por fuera lo externo, utilizándolo únicamente como un vehículo de transporte. A medida que continúas llenando conscientemente tu pensamiento, mente y cuerpo hasta rebosar con Dios, encontrarás que estarás utilizando una armadura invencible que se convertirá en un guardián permanente de tus pensamientos e intelecto.

A menos que ya se haya experimentado el ver a un Ser aparecer desde Lo Invisible, siempre se produce un sentimiento de asombro cuando esto ocurre.

USO INTENSIVO DEL RAYO AZUL

La radiación de los ropajes azules en el Festival de Música era muy fuerte porque el Rayo Azul se utilizó intensivamente. El Rayo Azul siempre se utiliza para desintegrar el elemento burdo o humano inferior.

El amado Lanto está permanentemente a cargo del Retiro del Royal Teton. Durante los próximos siete años ustedes podrán notar una actividad específica entre los Maestros Ascendidos. Aquellos que tengan cualidades especiales serán llamados a una actividad específica, a causa de Su propia cualidad natural.

Ahora los dejo, ya que tengo un viaje bastante largo por delante —a los Andes. Después de todo, es muy agradable viajar sin tener que pagar por ello. La transferencia podrá requerir dos, tres, cuatro o hasta siete minutos para realizar el cambio de distancia. Al principio no se tiene un sentido de atravesar el espacio; pero luego llegamos a verlo, de la misma manera en que ustedes lo perciben.

BENDICIÓN

Le damos alabanzas y gracias a la Magna y Esplendorosa "Presencia" que siempre le ministra a los Mensajeros de la Luz, y les vierte Valor para bendecirlos y sostenerlos en su peregrinaje sobre el Sendero de la Luz. Le damos alabanzas y gracias a los Grandes Centros de Luz que han sido complacidos por la Radiación que emana de este Centro, virtiendo en todo momento Su Esplendor a la humanidad, de manera que todos puedan elevarse hasta llegar a La Presencia.

DISCURSO XVI

25 DE AGOSTO DE 1932
SAINT GERMAIN

INVOCACIÓN

h Magno Principio Creativo de la Vida! Como parte de Ti, te damos alabanzas y gracias por el reconocimiento de la oportunidad de probar Nuestra Herencia — que nos hemos hecho conscientes de que somos parte de Ti, y de que Tu Amor, Sabiduría y Poder siempre fluyendo; de que este paso a través del velo de la materia es muy fácil; de que confiamos en que podemos atravesar el velo de la materia a voluntad, de esa manera descargando Tu Poder a la actividad instantánea, y de que Tu Sabiduría dirige, Tu Amor envuelve, y Tu Luz protege a Tus Hijos. Permite que Tu Esplendor envuelva la mente de todos y cada uno de Tus Hijos, y les haga elevarse conscientemente a la unicidad Contigo.

Saludos y Amor de parte de la Hueste, cuya Radiación ministra a través de este Centro.

EL DISCURSO
A TRAVÉS DEL VELO

Dentro de la conciencia de todos está la llave secreta con la cual cada uno puede atravesar el velo y activarse en su propia Magna "Presencia" Interna, la cual no conoce limitación alguna. Reflexionen acerca de esto a menudo. Lo único que tenemos que hacer es girar esta llave para sentir y escuchar que la cerradura se abre, admitiéndonos a esa Cámara del Silencio Eterno en la que el Poder Creativo de Dios está activo. Dios, bondadosamente, ha colocado esta llave dentro de la conciencia de todo el mundo. ¿Cómo se hace girar esta llave? Una manera sencilla de hacerlo consiste en saber que *allí donde está tu conciencia, allí estás tú.*

Aunque parezca raro, son pocos los que pueden aceptar esta Gran Verdad. Me refiero a ir conscientemente a esa Gran "Presencia" y participar de Ella, lo cual embellecería el cuerpo, dándole una Juventud Eterna; aflojaría la Sabiduría de la Memoria Eterna, asumiendo conscientemente el Comando; y haría del individuo un maestro sobre todas las condiciones instituidas por dios en Su Creación, y hacer todo lo que Él fundamenta en Ella. En los albores del propio despertar, se requiere de gran tenacidad para adherirse a las cosas sencillas que más tarde se verán poderosas. En Nuestro vocabulario no existe el más mínimo reconocimiento de la palabra "no puedo", una vez que se ha aprendido a seguir el Camino del Medio.

BALANCE DE LA CONCIENCIA

Dentro de la conciencia de todo individuo, existe eso que representa el péndulo de un reloj, o el Equilibrio de la Conciencia. Si bien todavía dentro del recinto de la conciencia humana la tendencia es a mecerse de un extremo a otro —de una gran depresión a una gran alegría y de vuelta a lo anterior—, el conscientemente asumir la postura determinada de que actuar constantemente dentro de este perfecto Equilibrio de Amor, Sabiduría y Poder le permitirá al individuo llegar rápidamente al equilibrio del Camino del Medio, y no tener el más mínimo temor de oscilar hacia alguno de los extremos.

En el control del poder hidráulico de tu mundo físico tienes las puertas mediante las cuales puedes controlar su flujo. Así, dentro de la conciencia de cada individuo está esa Puerta Perlada que es posible levantar a voluntad, dejando pasar al Río de la Vida, haciéndole fluir cuando y adonde se te antoje, o hacia donde haya necesidad o demanda. Esto se puede lograr rápidamente cuando se es capaz de acallar el cuestionamiento de la mente externa. Todo logro se da a través de la conciencia inexorable y determinada —sin prestarle la más mínima atención a las apariencias externas, sin establecer un marco temporal para que se den los resultados.

Memorícense esta maravillosa afirmación: Parece increíble que haya que mantener ante la conciencia externa un constante recordatorio para impedir que se salga de su cauce y ocasione que se desperdicie el poder acumulado. A toda intrusión de la mente externa, díganle tenazmente: «*¡No! ¡Categóricamente NO! ¡No volveré a ser afectado ni conducido por tu ignorancia! ¡He entrado a mi Herencia Divina y "Presencia". De aquí en adelante mi atención permanecerá allí, y no le voy a prestar la más mínima atención a toda esta gritería externa que pide ser escuchada. He entrado al Círculo Sagrado de mi Poderoso Ser Divino Maestro, y de aquí en adelante lo único que recibirá reconocimiento de mi parte es esa "Presencia".*»

VIAJE EXTERNO E INTERNO

La fe es siempre un factor importante para lograr el uso de la Luz. Por ejemplo, cuando te diriges a un lugar adonde no has ido anteriormente, consultas un mapa, le prestas oído a una descripción, o de alguna otra manera obtienes información acerca de este lugar externo al que te diriges, teniendo la perfecta confianza en que el lugar está allí. Subyacente a esta actividad, toda la cuestión es fe en algún tipo de informe que has recibido. ¿Acaso no puedes tener la misma confianza inexorable y fe en el uso de estos Superpoderes de los cuales has oído hablar, aunque no los hayas visto todavía? Si pudieras ejercer la misma confianza y fe para proponerte y alcanzar el Contacto Perfecto con tu Magno Ser Divino que tienes en lo físico al dirigirte a un destino donde nunca antes has estado, encontrarías que los resultados serían mil veces más estupendos. Alcanzarías conscientemente dicha "Presencia" Interna con una invencible certeza superior —¡con creces!— a la que tendrías al culminar tu viaje externo.

El hecho es que en casi toda clase social u ocupación, tenemos cierta confianza en que podemos ir, hacer y ser ciertas cosas en lo externo. ¿Por qué no tener la misma confianza al proponerse alcanzar la Luz Interna, la cual te trae recompensas tan superiores a las que te da lo externo que no hay ni comparación? De alguna manera, los estudiantes tienen que lograr esta confianza certera e invencible en su habilidad para ahora mismo atravesar el velo y entrar a la Plena Actividad de su propio Magno e Invencible Ser Divino. Lo único que necesitan hacer es un pequeño análisis de su propia actividad para ver cómo podrían revertir esta poderosa confianza y fe a los canales correctos (y mayores), y tener resultados perfectos y eternos —los cuales la actividad del ser externo nunca puede proporcionar.

Traten de reconocer que en la más leve actividad externa siempre está actuando el Poder o Energía de Dios. ¡SEPAN ESTO! Luego, estimulen la actividad de la conciencia para que reconozca que en la medida en que ustedes dirijan conscientemente este Poder Divino hacia el canal de sus más altos deseos, podrán ustedes entrar a Su Uso

Ilimitado, reconociendo que es Todopoderoso, y que *a través de sus propias conciencias*, ustedes le dan pleno poder. Esto hará que el foco de utilización de su Poder Divino entre bajo la dirección consciente y a solicitud suya, de manera que en vez de muchas salidas, sólo habrá UNA sobre la cual se enfocará. Por esto, ustedes saben que es imposible no lograr los resultados deseados.

AÑORANZA PERFECTA

Los estudiantes por doquier añoran particularmente la perfección de la forma, de la voz, de la actividad —cuando lo único que se interpone entre ellos y esta Perfección es su propia carencia de confianza inexorable en el Poder Divino Interno, el cual es la Vida que fluye a través de la forma de ellos para producir el deseo deseado ¡ahora mismo!

Maravillas: ¿Acaso los estremezco cuando les digo que un minuto al día de realmente sentir gozosamente esta Magna Perfección de Dios permeando sus mentes y seres con Su plena Intensidad, trasmutaría y transformaría en pocos meses la totalidad de su apariencia externa? Por más que suene extraño, sólo de vez en cuando aparece uno que otro que permanecerá lo suficientemente cerca a tan simple cuestión para producir estos gloriosos resultados. Lo mismo podrán lograr con el uso de este gran Amor, Sabiduría y Poder. No esperen nada para reclamarlo, sino que continuamente, cada vez que tengan algunos momentos libres durante el día, hagan lo siguiente: Sencillamente aquiétense y sientan esta Perfección de Dios llenando cada célula de sus cuerpos, mentes y seres; y pronto verán los suficientes resultados para proseguir gozosamente hasta que la completa transformación tenga lugar.

La mayoría de los individuos, después de algunas veces, algunos días, y cuanto más algunas semanas, pierden el entusiasmo gozoso; y cuando menos acuerdan, han dejado la idea por completo —sólo porque el inquieto exterior de alguna manera les ha capturado la atención. Les digo, mis amados estudiantes, que de nada sirve retrasar el Día del Logro. Si de renovar un vestido o de cierto tipo de comida se trata, ustedes no tienen ningún problema en permanecer con la idea hasta que se manifieste. Pues, no es más difícil entrar a la plena iluminación de la Luz —la cual contiene la Esencia de toda forma externa— y tener esa Perfecta Manifestación en sus vidas, que conseguir la comida o la ropa. Eso depende de ustedes. ¿Acaso no es éste un esfuerzo más digno?

RESTABLECIMIENTO DE LA MEMORIA

Una vez más, permítanme darles una ilustración sencilla: En su trabajo escolar en la vida externa, se les requiere memorizar una o varias páginas de algo. Nunca se les ocurre que no pueden hacerlo. Se dedican con empeño a ello, y antes de que puedan darse cuenta, lo lograron. Con la misma determinación pueden ustedes restablecer la memoria olvidada que les devolverá grandes Tesoros de Sabiduría. Estoy decidido a trasmitirles la sencillez de esta Magna Verdad de manera tal que lo externo se vea obligado a cederle el paso a esta Magna "Presencia". No es más que una cuestión de mantenerse firmes hasta lograrlo, y de no dejar que las cosas externas los hagan desconectarse.

Tal cual dijéramos al principio, un Trabajo definitivo se está haciendo a través de esta Instrucción del "YO SOY", y el mismo no puede ser deshecho. El Trabajo Interno de descargar la Gran Luz Cósmica para bendición de la humanidad continúa, haciendo caso omiso de toda condición externa. Este Trabajo no es una cuestión ordinaria; y cuando los estudiantes entren bajo esta Observación, serán atraídos por un Irresistible Poder de Luz Cósmica y Amor; y en el momento en que tomen hacia la izquierda o la derecha apartándose de dicho Poder, encontrarán que algo los confrontará. Si trataran de olvidar la Gloria Interna de su "Magna Presencia YO SOY" para lo externo, se encontrarán con que no pueden hacerlo. Como verán, el hecho es que han entrado a la Actividad del Gran Amor, Sabiduría y Poder Consciente de la "Magna Presencia YO SOY" y de la Gran Hueste de Maestros Ascendidos, y esa Magna Actividad es Todo-Controladora y Eterna. Una vez que el Gran Poder Interno —que es la "Magna Presencia YO SOY"— comienza a actuar, en realidad nunca se detiene. Estos individuos han dicho que desean servir a la Gran Luz. ¡Les ha tomado la palabra y prosigue!

FLORES DE LUZ

Pregunta la Sra. Ballard: "¿Podré yo servirle alguna vez a los Grandes Poderes de la Naturaleza ayudando a diseñar y crear flores con marcas y puntos de Luz como parte de éstas?"

Saint Germain: Estás tocando una memoria de lo que puede volver a ser, pero también la memoria de lo que fue.

Sra. Ballard: "¿Ocurrió eso en esta Tierra o en Venus?"

Saint Germain: Por todas partes. Puedes hacer lo que se te antoje, y nadie podrá decirte nada. Al contemplar esto, estás tocando tu propio Elemento Divino. Es que los Hijos del Fuego y del Aire tienen gran genio para la creación de flores, un proceso que entraña el manejo de los colores.

Hay una escuela justo detrás del velo de las limitaciones humanas, en la que se recibe a niños pequeños y se les instruye. En esta escuela se crean flores y se diseñan muchas cosas para su educación y entretenimiento. Tú enseñas en esa escuela, y mientras se está dando la instrucción verbal, el pensamiento se presenta en las más bellas formas de colores. Tú has estado trabajando en esta escuela durante algún tiempo, y los niños anticipan tu llegada con gran deleite.

En el Estado Ascendido, todos los ornamentos decorativos son creados dentro de la mismísima sustancia. Por ejemplo, en la construcción de paredes, aquello sobre lo cual te decides se manifiesta como un producto terminado, ya que en las Esferas Superiores de Actividad, la Eterna Sustancia Electrónica responde tan prontamente a tus pensamientos como la masa de harina responde a la actividad de tus manos en el plano físico. Esta Eterna Sustancia Electrónica puede ser moldeada por el pensamiento dentro de las más bellas formas.

Sra. Ballard: "¿Enfocarás la Luz y el Poder a través de mí con la fuerza suficiente para que yo sea un ejemplo de la realización de la Ley?"

Saint Germain: Mucho se adelantará en el uso de ciertos individuos. En este advenimiento de la Magna "Presencia," vendrá el Poder demostrativo para probar el Poder de Dios doquiera que sea conveniente. Tú y este buen Hermano, Guy W. Ballard, han sentido esto durante algún tiempo. En el futuro se permitirá cierta dosis de demostración a fin de aferrar aún más la atención de los estudiantes diligentes a la Gran Ley de la "Magna Presencia YO SOY".

Todos y cada uno de los Hijos de Dios, si tienen la determinación suficiente para utilizar la Gran Ley de Dios con el propósito de sanar, bendecir y prosperar a todos, se encontrarán en capacidad de hacer cosas sorprendentes. Todo es cuestión de tender la mano hacia esa "Presencia" y la Luz del "Magno YO SOY" con la suficiente intensidad.

Si toman del asador una brasa opaca y soplan continuamente sobre ella, se tornará en un calor o luz blanca. Asímismo, la atención sobre la Luz y la Magna Presencia de Dios que ustedes son causa que el Aliento Interno de Dios exhale, lo cual da origen a que la estructura electrónica de su mente y cuerpo brille con un esplendor inusual. Encontrarán que muchas cosas bellas y maravillosas se darán en medio de ustedes.

El verdadero sentimiento interno secreto y actitud del estudiante debe ser asumir la postura determinada de que *«no hay nada que sea tan grande que yo no lo pueda lograr»* —y aferrarse a ello. Entonces, abres de par en par la Puerta a cosas maravillosas que aparecerán y ocurrirán. La Paloma representa la velocidad de la Actividad Interna. Muestra que la Verdadera Actividad está ganando.

Contemplen y mediten sobre esto a menudo: Cualquier Maestro Ascendido puede aparecer y precipitar esto, aquello, o lo que sea. Di a menudo: *«Yo puedo precipitar y precipito todo aquello que yo deseo. Lo Interno conoce la Perfección y ha precipitado lo externo.»* Sepan que ustedes pueden devolver esa Perfección a donde le corresponde estar. Yo nunca pierdo tiempo ni energía en la inconsistencia de los seres humanos; si la gente quiere amar sus cadenas, ¡pues no se lo impidan! Nunca permitan que el pensamiento o sentimiento de, *«me pregunto si así es la cosa?»* entre a sus conciencias. ¡Échenlo fuera de una vez por todas!

Quiero comunicarles de alguna manera que todos y cada uno de ustedes tiene el poder para entrar al Ser Divino Interno cuando y donde quieran, para la ejecución de algún buen propósito. Hagan que su mente externa reconozca esto continuamente: *«"YO SOY" a través del velo ahora.»* Amputen esta cosa externa que sigue diciendo que ustedes no lo están.

TEMPLOS DE LUZ

Hay una vasta diferencia entre el Templo Verde y el Templo Jade. El Templo Rubí no tiene absolutamente nada que ver con el llamado "rojo" del mundo de ustedes, sino que tiene Su propia actividad especial. El Templo Violeta es la cosa Divina más maravillosa que se pueda concebir. Luego, está el Templo Cristal en el que a veces interactúan las más delicadas tonalidades de Rubí, Jade y Violeta. Estos cuatro Templos conforman las esquinas de la Actividad de Cuadrar el Círculo.

Pregunta la Sra. Ballard: "¿Podemos ir a visitar estos Templos a voluntad?"

Saint Germain: Definitivamente que sí, justo de la misma manera que los chicos fueron la otra noche al concierto. Den la orden, *«Yo voy conscientemente a visitar tal Templo y a traer de vuelta la memoria consciente de ello.»* Sólo porque ustedes no siempre traigan de vuelta la memoria de una experiencia no es prueba de que no la tuvieron, o de que no fueron a donde se dirigió el pensamiento. Ustedes sí que van allí donde se dirige el pensamiento. Dicha Verdad es Eterna.

CORTA Y LIBERA

Fijen de una vez por todas en sus conciencias la Verdad de que cuando ustedes dan una orden como Cristos, esa orden se cumple; ya que Dios es el Poder que actúa. Apártense de toda duda vacilante. Hay que hacer esto a como dé lugar. La duda es como estar atado a una liga de caucho. Te deja alejarte hasta cierto punto y entonces te hala de vuelta. Visualícense cortando y liberándose de toda limitación. Utilizando su Espada de Llama Azul de Amor Divino, hagan los movimientos físicos. No se permitan entibiarse en o acerca de nada. Mantengan un entusiasmo gozoso por esa Magnífica "Presencia" Eterna. Recuerden que toda actividad que la Hueste Ascendida realiza por otro, siempre se realiza a través de la radiación interna del estudiante o individuo.

Dirigiéndose a la Sra. Ballard: Muchos siglos atrás tú precipitaste pinturas de tal perfección que nunca han sido igualadas desde entonces. Esas que se transfirieron del Templo en Mitla al Royal Teton eran obras tuyas.

Dirigiéndose a la Sra. Ballard con respecto al Retiro: El Retiro en los Andes es el Retiro de los Maestros de Cabello Dorado oriundos del Gran Sol Central Espiritual. Nunca dejes de recordar que al dar ustedes referencias de los Maestros Ascendidos, dicha acción ancló en el interior de los estudiantes una concepción más clara acerca de Ellos. El reconocimiento de los Maestros Ascendidos y Sus obras es una tremenda oportunidad para que Ellos viertan Su ayuda a los estudiantes.

Por favor, entiendan esto: Un estudiante o individuo primero tiene que dirigirse en conciencia a un Maestro Ascendido o Gran Inteligencia; dicha Inteligencia podrá, entonces, regresar diez veces o más. Lo mismo ocurre con todo lo demás: en tanto que ustedes no reconozcan que algo es un hecho, ¿cómo pueden recibir su beneficio?

Tengo que dejarlos ahora, ya que he recibido mi segunda llamada. Parto rumbo a Suiza.

Se manifestará un transporte aéreo que pondrá el resto de los transportes en la pila de la basura, en cuanto a propósitos comerciales concierne.

BENDICIÓN

Magna "Presencia" y Glorioso Ciclópea, les damos las gracias por Su Vertida. Que continúen Ustedes envolviéndolo todo con Su Gran Amor, Sabiduría y Poder. Derramen para éstos Sus Hijos un suministro ilimitado y bendiciones para la Tierra.

DISCURSO XVII

29 DE AGOSTO DE 1932
SAINT GERMAIN

INVOCACIÓN

Oh "Magna Majestuosa Presencia YO SOY", Dios en Acción! Damos gracias y alabanzas por la plenitud de Tu Perfección que se manifiesta por todas partes. De la plenitud de Tu Vida surge el Río de Paz que fluye por siempre para envolver al género humano. Haz de estos Tus Hijos cada vez más abundantemente receptivos a Tu Presencia. Sostén su atención fija sobre Ti, ya que Tú eres la única Felicidad Eterna.

Que Tu Sabiduría llene por siempre sus mentes, dirigiéndolos en la Manera Perfecta con que Tú deseas que ellos se desenvuelvan. Permíteles SENTIR Tu Majestad en sus conciencias. Permíteles estar conscientes de que Tú los estás sosteniendo dentro de Tu Círculo Mágico centrado dentro de tu Corazón; de que Tu Perfecta Corriente de Vida fluye a través de las mentes y cuerpos de estos Tus Hijos; y sostén la atención de ellos siempre fija en Ti.

Les traigo saludos de parte de la Gran Hueste, del Querubín y del Deva.

EL DISCURSO
CONCIENCIA DE FELICIDAD

La felicidad es la gran merced que todo individuo está

buscando. Algunos orientales dicen que el arrobamiento *[bliss]* es el estado último. Es sólo otra manera de expresar Felicidad, pero no le resulta tan potente a la mente occidental. Para los occidentales, la Felicidad es *Dios en Acción*. **Estar consciente de que se busca la Felicidad es estar consciente de que se busca a Dios.**

La Felicidad permanente no se alcanza nunca, salvo a través de la Adoración a Dios, la "Magna Presencia YO SOY", que está dentro, encima y alrededor del individuo. *La Felicidad es una poderosa alquimia. Es uno de los purificadores más poderosos del pensamiento humano, sentimiento, mente, cuerpo, aura y mundo del individuo.* Si los estudiantes tan sólo creyeran y experimentaran consigo mismos, encontrarían que *PUEDEN* generar Felicidad a voluntad.

Por ejemplo, supongamos que una cosa externa te llama la atención y te causa algún tipo de infelicidad. Sabiendo que Dios, la "Magna Presencia YO SOY", es la *única Fuente* de Felicidad, entonces tu primer acto debería ser volver la atención al *Dador de toda la Felicidad;* y así te sintonizarías con la *Fuente Una* de la cual con toda seguridad recibirás lo que necesitas.

REMEDIO ÍGNEO

La idea que debes seguir cuando sientes algún tipo de perturbación y deseas volverte hacia Dios, es hacer lo siguiente y derivar de ello una gran asistencia: Ponte de pie y haz los movimientos como si te estuvieras quitando un vestido que no quieres; y luego, haciendo como si tuvieras en las manos el vestido desechado, lo dejarás caer dentro de la Llama Consumidora; y sabrás que el elemento perturbador se ha consumido.

Luego, fija la atención en Dios, la "Magna Presencia YO SOY", con la conciencia jubilosa de *sentir* y *recibir* la Corriente de Felicidad y Paz que te llena la mente y el cuerpo. Con algo de práctica, pronto serás capaz de llegar al punto en que *podrás* atraer esta gran Felicidad conscientemente y a voluntad.

Cada vez que el estudiante haga esto *conscientemente*, encontrará que estará aumentando su fuerza en el logro, y se dará cuenta realmente de que tiene la habilidad para penetrar dentro del Corazón de la Felicidad y absorber allí Su Felicidad. Esta práctica siempre será seguida de una expansión de conciencia —que es su resultado natural.

Los estudiantes o individuos que se inclinan a permitir que las personalidades o condiciones que les parecen inusualmente cercanas les perturben, deberían observarse detenidamente y de cerca —e instantáneamente, cuando encuentren que la atención se está centrando en la conciencia externa, retirarla y llenar la persona, lugar o condición con Dios, la "Magna Presencia YO SOY" y afirmar: «*Yo, a través de mi "Presencia YO SOY", conscientemente lleno esta persona, lugar o condición con Dios. Por lo tanto, en mi conciencia externa, sé categóricamente que únicamente la acción correcta y perfecta se está dando aquí, hacia mí y por su éxito y felicidad*».

CASO FAMILIAR

El caso de mucha gente es que el amor familiar hace que mantenga la atención demasiado centrada sobre las apariencias externas; y cuando los individuos permiten que éste sea el caso, no hacen más que intensificar aquello que no desean. Si los padres asumieran con respecto a sus hijos la actitud de que, «*¡No hay ninguna personalidad actuando en esto; lo único que hay es Dios en Acción!*», estarían haciendo lo máximo para ayudar a sus hijos. Al principio puede que requiera una determinación considerable de su parte para cambiar la corriente, pero en realidad no es más difícil que accionar el interruptor de la luz eléctrica en una habitación.

La razón por la que individuos encuentran esto difícil de hacer, es que no cortan de raíz las condiciones perturbadoras. Por un lado permiten se genere un fiero momentum, y luego repentinamente se hacen conscientes *[aware]* de que están en problemas —sin nunca detenerse a considerar que ellos han permitido que esto se genere, cuando *al mantenerse vigilantes a la puerta de los pensamientos creativos conscientes, y de los sentimientos, pueden verificarlos y detener su acción en el principio con muy poco esfuerzo.*

Una vez más, permítanme referirme al poder del libre albedrío y escogencia. El individuo (y únicamente el individuo) es el gobernador y elector de aquello que abrigará [en su ser]; y es en todo momento y para siempre *"el maestro de esta condición ahora"*, porque ESTA ACTIVIDAD EN PARTICULAR NO REQUIERE DE NINGÚN ESTADO ESPECIAL DE DESARROLLO, SINO QUE PUEDE SER EJECUTADA CON ÉXITO POR TODO AQUEL QUE LO INTENTE CON SINCERIDAD. Casi siempre la amonestación que se le da a todo niño que comienza la escuela es: "Si al principio no tienes éxito, trata y vuelve a tratar."

Al acudir con sinceridad a la Luz de Dios —la "Magna Presencia YO SOY"—, no podemos fallar porque no sólo tenemos nuestro propio Poder Divino que viene a nuestro auxilio, sino que también hay otros Magnos Poderes que están atentos a la oportunidad de ayudar, de los cuales recibimos una asistencia increíble.

OCTAVAS DE CONCIENCIA

Creo que vale la pena volvernos a referir a las octavas de pensamiento, ya que éstas existen dentro de la atmósfera de la misma manera que los estratos existen dentro de la Tierra. Creo que sería sensato definir en alguna medida estas octavas.

La primera que mencionaremos es la octava del **crimen**, la cual es la más delgada de todas, a pesar de las apariencias en la actualidad. La segunda es la octava del **odio** —considerablemente más gruesa. La tercera es la octava de la **ira** —mucho más gruesa. La cuarta es la octava de la **crítica** y **condenación** —aún más gruesa. Ésta es la octava predominante en la que gran cantidad de seres humanos se desenvuelve sin saberlo.

De aquí para arriba comenzamos a entrar a la Luz; y nos encontramos primero con la Octava de la **Tolerancia**, que es la voluntad de darle a todos libertad de pensamiento y palabra. Luego, entramos a la Octava del **Júbilo** en la que nos encontramos regocijándonos en el reconocimiento del Poder Divino *en* nosotros. La siguiente es la Octava del **Amor Puro**, de la cual inequívocamente sentimos la Presencia de Dios, la "Magna Presencia YO SOY", en acción. De esta subimos a la Octava de la **Felicidad Perfecta**.

Toda vez que le permitimos a nuestra conciencia —esto es, nuestro pensamiento, sentimiento y palabra hablada— espaciarse en la cualidad de cualquiera de estas octavas, no sólo tenemos lo que hayamos generado de dicha cualidad, sino que nos abrimos a la vertida total de esa octava en la que nos encontramos. Esto entraña la plena acumulación de esa cualidad generada por la masa de la humanidad —pasada y presente—, y existe dentro de la atmósfera que cubre la superficie del planeta, en el que todos los individuos viven y se mueven.

Esta ilustración sencilla nos muestra lo necesario que es gobernar el pensamiento, el sentimiento y la palabra hablada; y hacer un esfuerzo determinado para entrar a las Octavas Superiores de Conciencia. Cuando hacemos esto, encontramos que a través de estas octavas —de la Tolerancia para arriba— hay una condición que se parece a un embudo con la parte angosta hacia abajo, directamente desde la Deidad *[Godhead]* que está constantemente vertiendo Su Presencia, Energía y Sustancia dentro de estas octavas.

Todas las octavas por debajo de la del Amor son creaciones humanas —no de Dios, la "Magna Presencia YO SOY". La humanidad es la única que trata de dividir a Dios. Dios, la "Magna Presencia YO SOY" nunca trata de dividirse a Sí mismo. Dios es TODO —

presente por doquier— para todos aquellos que acepten esta Plenitud de la "Magna Presencia YO SOY".

De nada sirve que los estudiantes o individuos sientan que no pueden gobernar la forma externa o la periferia de sus pensamientos, sentimientos y acciones, lo cual el cuerpo es, ya que Yo sé *de manera categórica* que ellos *sí pueden* y *¡tienen que hacerlo!* Y cuanto antes *asuman* las riendas, *acepten* su Dominio Dado-por-Dios y lo *utilicen*, tanto más rápido encontrarán la Verdadera Felicidad.

De por sí, ya el ser humano o externo ha sido durante demasiado tiempo el usurpador del Poder de Dios, alimentando al individuo con bagazo y malezas cuando bien hubiera podido mantener la atención fija en Dios, la "Magna Presencia YO SOY" y recibir el Néctar de la Eterna Juventud y Vida y desenvolverse en esa Octava de la Felicidad Perfecta, la Perfección de Dios —el Jardín del Edén.

PADRES, MADRES E HIJOS

Cuando los hijos han llegado a los años de la madurez, lo más grande que los padres pueden hacer es conscientemente colocarlos en las Manos de Dios, lo cual significa entregarlos por completo a la protección y cuidado de su "Magna Presencia YO SOY", y envolverlos en los Rayos de Luz y Amor que emanan del Corazón del Cuerpo Electrónico encima del niño.

Cuandoquiera que se evidencie la presencia o pensamiento del hijo, hay que regocijarse por cuanto la Plena Inteligencia Perfecta de Dios está actuando sobre el pensamiento y sentimiento de él o ella, gobernando a la perfección toda actividad externa. Esto liberará al hijo dentro de la *Presencia y Poder de la Acción Divina* de una manera maravillosa. *LA ANSIEDAD DEL PADRE POR EL HIJO ES, EN UN NOVENTA POR CIENTO DE LOS CASOS, LA CAUSA DE UNA ACCIÓN EQUIVOCADA —Y ESPECIALMENTE CUANDO EMANA DE LA MADRE.*

Esta es una verdad tremenda que es muy poco comprendida. La madre, al haber sido la constructora del cuerpo del niño (y por esto quiero decir que suministró la sustancia que se utilizó para hacer la forma)—, ha conformado una línea personal de contacto con el hijo que durará toda esa encarnación; y si la madre tan sólo supiera esto (desde el punto de vista iluminado), contaría con el poder para moldear a su hijo y convertirlo en el ser más maravilloso y perfecto —o, digamos, sostener el foco mediante el cual el niño será moldeado hasta convertirse en un ser perfecto.

Por el contrario, si la madre permite que la ansiedad —la cual es una forma sutil de miedo— la gobierne constantemente, su pensamiento no podrá evitar dirigirse al hijo, y podrá perturbarlo hasta el extremo de causar que el hijo sea un total fracaso. Lo anteriormente expuesto es una instancia extrema cuando la madre tiene pensamientos totalmente incontrolados.

Esto ilustra la gran importancia de que los padres sepan y sientan que el hijo o hijos a quienes aman están *en todo momento* regidos por la Perfecta Inteligencia de Dios, la "Magna Presencia YO SOY". En el momento en que la ansiedad o el miedo traten de entrometerse, consúmanlos y reemplácenlos con la firme conciencia de que *sólo la Perfecta Inteligencia de Dios actúa en y alrededor del niño.*

Si todas las madres de América pudieran *entender* esta maravillosa Verdad y *vivirla*, una raza majestuosa nacería de allí en adelante. Esta es una gran Ley Natural que apenas ha sido entendida, hasta por los estudiantes más avanzados. He conocido muchas casos en los que el miedo intenso del padre por el hijo llevó a éste a justo lo que se temía, y es una de las cosas que ha retrasado el desarrollo de la humanidad. A veces el hijo es lo suficientemente avanzado para —aún sin estar consciente de ello en lo externo— desviar en gran medida el temor y la ansiedad de los padres. No hay duda de que esto es un verdadero beneficio.

Que en verdad se entienda que de ninguna manera estoy criticando o condenando a las madres, sino que deploro intensamente la falta de comprensión de tan maravilloso y vital punto. Presumo que Emily Cady entendía este punto con mayor claridad que cualquier otro maestro en el mundo externo hoy en día, y que ella realizó un esfuerzo poderoso y sincero para comunicarlo a sus lectores.

PROFECÍAS Y ARMAGEDDON

Hay ciertas condiciones de guerra que amenazan. A través de la actividad Roja, la guerra se podría diseminar por todo el mundo, y Nuestro deseo es evitar el estallido de la misma antes de que cierta condición pueda ocurrir. De lograrse esto, hará cosas tremendas para acelerar el progreso de la humanidad. Durante siglos las profecías han sostenido la idea —y se ha convertido en algo racial en la mente de la humanidad, que la mayor de todas las guerras llamada "Armageddon" habría de darse.

Desde el Punto de Vista Superior, Nosotros pensamos que esto fue un gran error. La humanidad ha estado aceptándolo, esperándolo, y está determinada a tenerlo. En la primera profecía al respecto, la intención era la de comunicar el pensamiento de que esto tendría lugar en el plano invisible, sin entrar a la acción física. Nosotros todavía esperamos que éste sea el caso.

Mi opinión personal es que un cataclismo —el cual es inevitable— es preferible a la entrada en la acción física del llamado Armageddon, ya que un cataclismo no descarga odio, y por esta razón, sería preferible para la humanidad. Cierta actividad cataclísmica es inevitable, y no es conveniente que se evite, ya que ésta descarga algunas cosas y sella otras —en gran medida para beneficio y progreso de la humanidad.

Es *posible* bajo seguras Dispensaciones, que el canal del cataclismo sea cambiado o gobernado. Si la humanidad pudiera entender que *Dios siempre actúa a través de Sus Mensajeros*, quienes están sintonizados para reducir Su Poderosa Corriente de Fuerza y Actividad, entonces sabría que todas las condiciones cataclísmicas o Cósmicas podrían, en mayor o menor grado, ser reguladas y dirigidas.

Advertencia: Una vez más, permítanme expresar aquí una advertencia sincera a los estudiantes. Aún conociendo lo inevitable, bajo ninguna razón debe el estudiante detenerse en ello, sino que cada vez que el pensamiento de tal presagio le viene a la mente, debe afirmar, «*Sólo Dios, la "Magna Presencia YO SOY", está activo por todas partes.*» Esto se convertirá en su propia Armadura de Protección.

De consumirse a tiempo ciertas condiciones en Chicago, mucho del progreso realizado allí se podrá sostener y preservar. Al invocar la "Magna Presencia YO SOY" para que consuma estas condiciones erróneas, *sepan que ustedes están utilizando las Majestuosas Fuerzas del Querubín y del Deva*, quienes están anclados sobre Chicago para dar protección. Esto permite que la fuerza se vierta cuandoquiera que recurra el pensamiento.

NOTAS

Lo principal en la demostración financiera es estar decidido a no aceptar la idea de que el dinero o la ayuda no están presentes. No se permitan aceptar que aquello que ustedes desean utilizar está ausente. Sólo tiene una apariencia de ausencia. *Ustedes pueden, con la misma facilidad, encontrar en su bolsillo diez mil dólares que diez centavos.*

Enviando y recibiendo pensamientos: En el caso de dos individuos que se sintonizan, en realidad ellos sencillamente se sintonizan con una Fuerza Cósmica, y ésta actúa.

Llegará una época en que una manifestación de los Maestros Ascendidos será apreciada y un gran beneficio se derivará de ello. Será posible utilizarla entonces con un efecto espléndido, y en tal caso sería justificable.

El elemento intenso de fumar es lo que más deberíamos rehuir, ya que le abre la puerta a cosas de las que ni siquiera deseamos hablar.

BENDICIÓN

¡"Magna Presencia YO SOY"! ¡Magno Querubín! ¡Bondadoso Deva! Les damos alabanzas y gracias a Ustedes y a la Todopoderosa Hueste Ascendida por Su Radiación, Su Amor, Su Paciencia al traer adelante la gran Luz Interna de estos amados Seres para servir con Ustedes. Que todos aquellos que entren bajo esta Instrucción reciban Su Gran Iluminación interna.

[Reimpreso de La Voz del "Yo Soy" de Julio, 1936]

DISCURSO XVIII

1 DE SEPTIEMBRE DE 1932
SAINT GERMAIN

INVOCACIÓN

h Magna, Infinita e Imperiosa Presencia "YO SOY; Ascendido Jesucristo, cuya semejanza es la "Presencia" Maestra dentro de cada Hijo e Hija de Dios! Te hablamos a Ti por doquier! ¡Vierte Tu Esplendorosa Majestad a través de la mente y el corazón, oh "Magna Presencia YO SOY"! Que el Templo de Dios en cada uno se ilumine con Tu Santa Presencia, majestuosa en Su Poder Conquistador.

Alabamos y nos regocijamos en gran medida porque al fin la Magna "Presencia" Conquistadora va a asumir el Pleno Comando de Su Manifestación en toda cosa creada, y porque la Paz en la Tierra y la buena voluntad para los hombres al fin se realizará y se manifestará, de hombre a hombre. ¡Ya ha venido!

EL DISCURSO
SOLUCIÓN PERMANENTE

Me gustaría aclarar que todos los aquí presentes, y todos los que entren bajo la radiación de esta Instrucción de los Maestros Ascendidos sobre la "Magna Presencia YO SOY", son los que, durante todos estos años, han entrado al Rayo Violeta. La Presencia Ascendida de Jesucristo, quien es el "YO SOY" en todos y cada uno de ustedes, está paulatinamente asumiendo el Pleno Comando.

Muy pronto el "Gran Misterio de la Vida" —que es la "Magna Presencia YO SOY"— se revelará en el corazón de todos aquellos que entren bajo esta Radiación. ¡Que nadie se llame a engaño! Las grandes profecías de los siglos —de hecho el fin de las profecías y su realización, está próximo; y de la realización de las profecías, al haber Dios hablado a través del hombre, surgirá el Reino del Paraíso —del Cielo en la Tierra.

El período de la pugna de la creación, en los dolores de este nuevo nacimiento, será rápido y hasta terrible para algunos en su poderosa manifestación; pero sepan que en su séquito vendrán la Paz, la Felicidad y la Luz del Verdadero Entendimiento a la humanidad que quede; lo cual es suficiente para hacer que todos se regocijen, por cuanto a lo largo de los siglos de esta gran expectativa, los virtuosos son recompensados y la devoción a Dios en el hombre está produciendo su verdadero fruto.

NUEVA DISPENSACIÓN

A partir del eclipse de ayer comienzan los cambios del Gran Espectáculo, enorme en Su Dispensación. Si bien todo se mueve hacia adelante y así continuará avanzando bajo el Orden Divino, no obstante la cercanía de este Poder Crístico Interno que surge —la "Magna Presencia YO SOY"— parece estar impaciente por asumir el pleno comando.

Traten de que sus estudiantes entiendan que el mismísimo hecho de buscar diligentemente la Luz de Dios, si se busca con la suficiente sinceridad e intensidad, causará que todos los problemas de lo externo sean solucionados rápida y normalmente. Si al encontrarse confrontados por problemas, los individuos dijeran: «*¡Magno Dios en quien reconozco y siento Tu pleno Poder de Acción! ¡Oh "Magna Presencia YO SOY"! Soluciona este problema y hazlo rápido*», y luego calmadamente entraran a la quietud, el Silencio de esa "Magna Presencia YO SOY", encontrarían y pronto sentirían la paz, la certeza y el alivio de lo que sienten que es una pugna necesaria en lo externo para solucionar el problema.

El *sentimiento* de la lucha en el ser externo es lo que realmente *causa* la confrontación. El derramar ese poderoso amor y devoción a Dios, siempre Omnipresente, debería —sin esfuerzo alguno— traer un completo alivio de toda ansiedad. El acudir a Dios meramente para solucionar un problema no hace más que abrir parcialmente la Puerta; pero acudir a Dios, la "Magna Presencia YO SOY", con verdadera sinceridad y devoción a la Luz de Dios, rápidamente haría que todos los problemas externos se solucionaran en paz y armonía, en proporción al reconocimiento de la "Magna Presencia YO SOY" en acción.

Pídanle a todos aquellos a quienes puedan comunicarle la idea, que sean tan conscientes como lo permita su entendimiento de que están ahora sostenidos dentro del Rayo Violeta, actuando bajo su beneficiosa Radiación. Aquellos que puedan, deberían visualizar este Rayo Violeta alrededor suyo, y en Su centro la presencia calificadora de la suave tonalidad Rosa del Amor Divino; y nadie que sea realmente sincero habrá de necesitar nada más que esto para encontrar que *todas* las actividades externas se alinean en conformidad con Su Magna Presencia.

VERDADERO ESTUDIANTE DE LA LUZ

Para convertirse en un verdadero Estudiante de la Luz, el individuo habrá de sostener inexorablemente la plena Conciencia de la "Magna Presencia YO SOY", el Ascendido Jesucristo, como la constante, invencible y única Presencia e Inteligencia en la propia mente, cuerpo, hogar y asuntos. Es esta constancia, sin importar lo que puedan parecer las experiencias externas, lo que más rápidamente produce la tan anhelada Paz y Liberación.

Ya se está difundiendo la Radiación Crística sobre el plano mental o invisible, de manera parecida al amanecer de una gloriosa salida del sol. Dentro de pocos años el esplendor de dicho Amanecer —que es del Gran Sol Central— ascenderá a los Cielos de Su Eterno Dominio. Todos aquellos que se mantengan firmes con fe y confianza en esta Magna Luz, experimentarán más revelaciones individuales que las que pueden siquiera concebir en la actualidad. Quisiera asegurarles con una convicción categórica, que éstas no son palabras vacías, tampoco son profecías; no obstante, todos las verán realizadas.

Aquellos que entran bajo esta Radiación determinados a recibir la Luz, se encontrarán en capacidad de decir, «¡*"Magna Presencia Maestra YO SOY"!¡Háblame!*», y ellos oirán esa Voz Interna tan clara y precisamente como ustedes hablan entre sí. A todos aquellos que tengan a bien escuchar, quiero asegurarles que la apertura del Sexto Sello —ya próxima— hará tan clara la comprensión de estas Poderosas Verdades Internas de manera tal que los estudiantes se maravillarán de haber estado en la periferia de esta Gran Verdad por tanto tiempo sin haber comprendido su verdadero significado.

BÚSQUEDA INTERNA Y REBELIÓN SUTIL

Tanto estudiantes como individuos deberían hacer una introspección y determinar dónde se encuentran —inadvertidas— cosas sutiles que los mantienen atados. Cada uno debe gozosamente abrirle su corazón a la Verdad que le revelará las cosas que necesitan remediarse y cambiarse.

Cualquier rebelión dentro de la conciencia debe ser sofocada como la *gran ofensa contra Dios*, la "Magna Presencia YO SOY", de manera que no haya nada que interfiera con los penetrantes Rayos de esta Gran Luz. Tal cual he tratado de impresionar en sus mentes de tiempo en tiempo, ésta no es cuestión de personalidades, pero sí significa entrar a la Verdad y vivirla. Una de las formas más sutiles de rebelión en la conciencia externa se encuentra en nuestros pequeños hábitos personales que se han formado a lo largo de las centurias. Así como ustedes arrancan las malezas de su jardín, así deberían arrancar de la conciencia externa estos hábitos. Sáquenlos de raíz, de manera que no les quede nada a través de lo cual volver a crecer.

Constituye un gran placer para Mí exponer ante ustedes una Magna Verdad —a saber, que esos poderosos deseos sinceros de los individuos, especialmente en esas instancias en que parecen haber sido pospuestos durante mucho tiempo, puedan tomar forma rápidamente, trayendo consigo su correspondiente Bendición Eterna; esto es, cuando se trata de deseos virtuosos. El estudiante diligente ha añorado saber y entender el verdadero significado de las palabras de Jesús, *« "YO SOY" la Resurrección y la Vida. »* Cada estudiante, al sentirse dentro de este Magno Rayo Violeta, debería meditar sobre esta maravillosa y magna Afirmación, *« "YO SOY" la Resurrección y la Vida ahora traídas a la manifestación. »*

FLORES NUEVAS

Esas bellas almas que tanto han amado las creaciones florales, helechos y arbustos, encontrarán que muchas rosas y otras flores nuevas a la Tierra comenzarán a aparecer de ahora en adelante, las cuales tendrán una belleza tan exótica que sorprenderá y complacerá a todos en gran medida. Al principio, no estarán conscientes de dónde vinieron éstas, pero las encontrarán apareciendo en medio de sus jardines. Más tarde encontrarán que la semilla y su presencia fueron proyectadas desde otras esferas ajenas a la Tierra.

El loto y nuevas formas de lirio aparecerán con tal magnificencia, belleza y fragancia que su mismísima presencia llevará una Actividad Dadora-de-Vida a todos aquellos a quienes vengan. El maravilloso cambio en las condiciones climáticas de la atmósfera permitirá a estas plantas estar siempre en flor; y el jardinero y el granjero de los días venideros ya no tendrán que luchar con las malas yerbas, como ha sido hasta ahora.

Aparecerán nuevas especies de hierbas, las cuales harán de todo césped una alfombra de terciopelo, y ya no se tendrá que escuchar más el estruendo de las cortadoras de césped. Eso de lo que estoy hablando crecerá hasta cierta Perfección en la que permanecerá. Esto no es más que una insinuación de algo de la Perfección que será la alegría de todo Estudiante sincero de la Luz.

Muchos verán algo de esta Perfección, pero aún así les será necesario salir y cambiar de cuerpos para permitir la manifestación de su Perfección Eterna. Pero ellos se apurarán a regresar porque encontrarán a la Tierra tan parecida al Mundo Celestial como existe en la actualidad, que no desearán prolongar su estadía Allá, sino que querrán regresar a la verdadera acción —como quien dice. Ha llegado el momento en que se hace necesario divulgar alguna idea de esta Perfección, a fin de que los estudiantes que la comprendan y comiencen a visualizar esa belleza a su alrededor, aceleren su presencia en sus vidas y ambiente.

Algo muy notable de lo cual sólo algunos pocos estarán conscientes, es que las manzanas de esta estación tendrán una esencia en su sustancia que no han tenido antes. Otras frutas también la tendrán, pero en un grado menor. Estas son los duraznos, las naranjas y los tomates.

Sería bueno que por un tiempo comieran tres manzanas al día. Esto desalojará los sedimentos en el cuerpo sin que se note. Los tomates más perfectos de esta estación también contienen este elemento que se está irradiando.

AUSENCIA DE PLAGAS

Pregunta: "¿Estarán las plantas del futuro libres de plagas?"

Saint Germain: Seguro que sí. Toda fuerza destructiva, cuando llega a cierto punto de actividad, se destruye a sí misma. Para lo humano o lo externo, a veces parece que transcurre mucho tiempo antes de llegar a dicho punto, pero así es y siempre ha sido así. *La Actividad Cósmica tolera únicamente hasta cierto límite la inhumanidad del hombre para con el hombre, o la actividad destructiva del hombre para con el hombre.*

De ahora en adelante, ningún individuo podrá enriquecerse o renovar su riqueza sin saber que *Dios, la "Magna Presencia YO SOY", es la plena Fuente, Poder e Inteligencia de su producción —y que Dios tiene que recibir todo el crédito como el único Poder Productor.* Ningún esfuerzo humano sin la *Presencia y Actividad de Dios* importará mucho. Durante demasiado tiempo los seres humanos han sido los usurpadores de tal Poder, y aún en dicha usurpación, ha llegado el momento en que ya no estará disponible para ellos.

Todos aquellos que deseen encontrar paz, reposo y éxito

tienen que sentir y —como quien dice— tirarse a los Brazos de Dios como un niño cansado lo haría con su madre, y reposar allí en la Actividad de esa Magna Presencia Interna —el "YO SOY".

SANAT KUMARA Y META

La Hija de Sanat Kumara naturalmente actúa bajo el Rayo Cristal. La totalidad de la Hueste Ascendida trabaja a intervalos con Jesús. El nombre "Kumara" es un título, de manera que pueden considerarlo como una Autoridad. La actividad de los Kumaras es claramente diferente a la de los Maestros que vienen del Sol Central. Si bien los Kumaras entran bajo la Actividad del Sol Central, no obstante Su Servicio a la Tierra es claramente distinto. De todos los siete Planetas, son Ellos quienes se ofrecieron a tomar a la Tierra bajo Su supervisión —como quien dice, bajo Su ala.

Tan pronto como el eje de la Tierra sea enderezado, el trabajo de incontables centurias de los Kumaras habrá prácticamente terminado. *Durante algunos años Ellos caminarán y hablarán con los Estudiantes de la Luz que estén verdaderamente conscientes* [aware] *de la "Presencia" de Ellos, lo cual bendecirá de manera incalculable a los estudiantes que reciban Sus amigables visitas. Nunca antes en la historia de la Tierra se ha presentado una oportunidad tal como en la actualidad para aquellos que tengan alguna inclinación hacia la Luz —y hasta para los que no la tienen— de elevarse en gran medida.*

GUARDIÁN SILENCIOSO PLANETARIO

Esta es la primera vez en la historia de la Tierra que se ha dado una irresistible Acción Impulsadora de la Fuerza Crística. Como es natural, el Guardián Silencioso tendrá que ser Un Ser oriundo del Sol Central, cuya Actividad es independiente del Logos.

Nunca pierdan de vista este hecho ni siquiera por un momento: *Doquiera que vayamos en conciencia o en pensamiento, allí estamos.* Todo estudiante que se haga consciente *[aware]* del Guardián Silencioso y acude a Él en pensamiento, no puede dejar de recibir una respuesta. Ustedes pueden ir a estos Grandes Seres en conciencia y decirles, "háblame." Se puede demandar cualquier cosa constructiva de la propia "Magna Presencia YO SOY", y se realizará.

CAMBIOS FUTUROS

Los cambios mencionados anteriormente se darán dentro de los próximos diez años. Hasta ahora se han requeridos largos períodos para la construcción de la nueva actividad. Esta vez, en pocos años se logrará lo que hasta ahora había requerido siglos de trabajo —ya que la perfección mecánica, para aquellos que todavía la requieren, no se perderá como antes. Después de esto, aparecerá un transporte aéreo como nunca antes se ha visto en la Tierra. Será un medio aún más perfecto de transporte. La velocidad no tendrá casi límite, a causa de las corrientes terrenas que hacen posible cualquier velocidad. La Atlántida tuvo esto hasta un punto, pero ahora llegará a su plenitud. Se construirán aviones de manera tal que se eliminará todo peligro.

Donald Ballard: "¿Para dónde vas?"

Saint Germain: Me voy a casa hoy. En la actualidad Mi hogar se encuentra en los Alpes. A veces los Retiros se cambian, y ya están siendo transferidos de un lugar a otro. Este cataclismo que se avecina dará fin a los períodos cataclísmicos de la Tierra, porque esas tragedias sólo se producen debido a la influencia destructiva de los hombres; y cuando ésta sea eliminada, ya no habrá fuerza que los cause.

Sra. Ballard: "¿Qué se puede hacer para detener un fuego?"

Saint Germain: Se puede invocar al Dios del Fuego para que lo consuma, o decir, «*Yo como el Cristo, la "Magna Presencia YO SOY", tiendo mi Radiación sobre este fuego.*» O se puede comandar su obediencia y visualizar que la Luz Rosa del Amor Divino lo cubre.

BENDICIÓN

"Magna Presencia YO SOY" de la Hueste Ascendida combinada, ¡oh Luz Eterna! Te damos gracias por Tu Radiante Presencia Expansiva, por verter cada vez más de Ti misma dentro de Tus Manifestaciones a los Hijos de Dios, porque Tú disuelves todo aquello que es inferior a Ti y descargas la Pura Actividad del ser individual!

[*Reimpreso de La Voz del "YO SOY" de Agosto, 1936*]

DISCURSO XIX

5 DE SEPTIEMBRE DE 1932
SAINT GERMAIN

INVOCACIÓN

Oh Magna Infinita "Presencia", Magna Sabiduría y Comunicador de Vida, Magna Omnipresencia de toda Manifestación! Te damos alabanzas y gracias por la Conciencia, la Realización, la Majestad de Tu Presencia. Te damos alabanzas y gracias por estar nosotros conscientes de Tu Presencia Todo-Conquistadora, porque Tú eres el Principio Activo y Manifestador en todo lo que conocemos como Vida, porque Tú eres la única Inteligencia que actúa. Todo lo demás no es más que una creación del hombre y no de Ti.

¡Oh Magna Presencia —Oh Guardián Silencioso— al Tú bendecir a toda la humanidad a través de Tu Sabiduría, reconocemos que hay quienes te conocen, te cantan, te invocan en Tu Majestuosa Presencia. Responde siempre a quienes te llaman, oh Poder Consumidor, ¡y responde a todos los que te invoquen!

Paz y Bendiciones de la Magna Hueste de los Guardianes Silenciosos y Sus Mensajeros para ti y los tuyos.

EL DISCURSO
PENSAR EN VOZ ALTA

El pensamiento es un discurso interior; y así como ustedes conversan entre sí con palabras, así pueden ustedes conversar con, demandar y comandar a la "Presencia" Interna mediante el pensamiento. El pensamiento se puede convertir en un dínamo mediante el cual ustedes pueden cargar el cuerpo, el hogar, la condición o actividad de acuerdo con la conciencia o entendimiento que tengan de su poder.

Esto me lleva a uno de los puntos vitales para todos los estudiantes, y se trata de romper el hábito de pensar en voz alta. Hay que auto-vigilarse para ver cuán a menudo expresa uno inconscientemente el pensamiento en voz alta. Esto tiene que ser superado categóricamente antes de que cierta Instrucción e Información pueda darse. ¿Por qué? Pues, porque este hábito del ser humano constituye una carencia de energía controlada. Si la persona está en posesión de una información secreta, en un momento desprotegido podrá revelarla. Me gustaría que todos y cada uno de ustedes se tomara a sí mismo de la mano en este punto en particular. Ni siquiera en las cosas más sencillas de sus actividades diarias permitan que el pensamiento se exprese en palabras, como si estuvieran hablando consigo mismos.

Más estudiantes han caído en este punto en particular que en ningún otro. Unos pocos días de cuidado alerta les hará superar este hábito por completo. Lo externo no es más que un conglomerado de hábitos. En la Vestidura del Estudiante que ha entrado al Sendero Consciente se coloca una Capa de Protección del Pensamiento. Al hablar consigo mismo, la expresión verbal perfora de este Vestido de Pensamiento, y el estudiante entonces se preguntará por qué no progresa más rápidamente. Es porque ha causado una fuga en la Fuente de la Sabiduría. El pensamiento es, en realidad, la Actividad del Alma del Hombre-de-Dios, el traer a la Actividad esa Magna Presencia de Energía que podrá calificarse mediante el pensamiento a cualquier Altura de Poder Sostenedor e Inteligencia.

AÑADIR UN CODO

Se dice que el hombre no puede añadirle ni un codo a su estatura mediante el pensamiento.* Pero Yo les digo que el hombre, mediante el pensamiento, puede liberar dentro de sí el Magno Poder Divino para hacer de su forma un gigante de fuerza o estatura. La estatura de la forma humana es en gran medida gobernada por el pensamiento racial —el pensamiento de la masa que dice que cierta altura es el límite del logro. Sin embargo, antes de que transcurran muchos años y a pesar del pensamiento racial, a causa del Poder incrementado de la Actividad Crística Interna, se aumentará la estatura del hombre a una altura de dos metros, y a un metro ochenta en las mujeres, manteniéndose la simetría de la forma con dicho aumento.

---

* cf. Lucas 12:25.

Una vez más, déjenme llamarles la atención a la Magna Verdad de que el pensamiento es la cuna de la Energía Divina que se pone en acción. Por esto, podrán ustedes ver cuán importante es convertirse conscientemente en un maestro del pensamiento propio. En esta maestría reposa el pleno dominio. Junto con la maestría de pensamiento tiene que venir la maestría de la actividad externa, ya que, a menos que obliguemos a lo externo a vivir en armonía con nuestro pensamiento idealista, hará que el pensamiento baje de sus Alturas y lo degradará. ¿Por qué es esto así? Pues, por las largas centurias de conformar hábitos. En esto no hay nada duro ni difícil, pero sí requiere de una atención firme. Si hay maleza en su jardín, ustedes le prestan la atención suficiente hasta que es arrancada. Igual ocurre con la actividad externa. Lo único que ustedes tienen que hacer es arrancar la maleza, y dejarla despejada para la Presencia Interna y Esencia de Dios.

Vayamos un paso más allá, lo cual podrá parecer algo más sutil y, empero, es igual de fácil, ya que es necesario reconocer tus pensamientos como el moldeador de la forma. Si vivir en el pensamiento de la raza ha dado cabida o causado que la forma exprese edad o dolencias —una expresión inferior de esa Magna Energía—, entonces sabemos que tiene el Poder para construir la forma con belleza y simetría, y conformar la perfecta actividad cerebral para expresar la más alta inteligencia.

DIFERENCIA ENTRE INTELECTUALIDAD E INTELIGENCIA

Para los estudiantes es vitalmente importante reconocer la diferencia entre intelectualidad e inteligencia. Es menester que entiendan que un gran desarrollo intelectual que algunos alcanzan y del cual a menudo están tan orgullosos, no es otra cosa que lo que han acopiado o acumulado de lo externo, y no tiene una base firme. Sin embargo, lo opuesto a esto es la Magna Inteligencia de Dios, la cual ellos recibirán desde adentro. Es la Fuente de la Verdad Eterna y tiene en todo momento una fundamentación inamovible. El cerebro o el intelecto no es más que el vehículo que utiliza esta Magna Inteligencia Interna. Se le puede entrenar mediante la acción consciente para expresar únicamente esta Inteligencia Interna. En calidad de individuos con libre albedrío, nosotros escogemos cuál habrá de actuar por nosotros —la acumulación del intelecto externo o la Magna Inteligencia en su capacidad plena.

Lo humano o externo tiene una peculiar facultad sutil —prestada, por supuesto— de utilizar toda oportunidad disponible para causar una fuga en el gran Reservorio de la Energía Divina. Por ejemplo, los seres humanos son condenados por la pérdida de energía que resulta de la gratificación del placer sexual; pero quiero decirles que uno podrá perderla con igual facilidad sin la gratificación externa, allí donde se le permite al pensamiento espaciarse en tal idea. Se ha dicho que el pensamiento es la causa de toda actividad externa. Yo les digo a ustedes, *"¡Atención!"*—ya que una imagen del deseo inferior puede ser colocada ante un individuo, y la imagen hará que el pensamiento actúe. Esto muestra la necesidad de controlar la visión tanto como el pensamiento. La visión es la actividad singular de la atención.

Importante: En el próximo período maravilloso en el que apenas estamos entrando, no se permitirá ni siquiera una imagen negativa de la clase que sea, cuya sugestión podría estimular la actividad inferior del pensamiento. Por esta razón les hemos urgido encarecidamente que no importa cuán negativo pueda ser un pensamiento o apariencia, que instantáneamente asuman el pensamiento de, *«Aquí sólo opera la Magna "Presencia" Interna e Inteligencia de Dios.»*

Cuando experimenten un sopor y quieran estar despiertos y alertas, digan: *«¡Dios está aquí en acción! ¡Yo estaré alerta!»* Cuando se ha dormido lo suficiente, se debería asumir una postura firme y despedir a toda somnolencia. A tal sentimiento habrás de decirle, *«¡"YO SOY" alerta y Dios está aquí en acción!»*

VISIÓN INTERNA

La Visión Interna tiene el poder de proyectarse a la distancia que sea. De esta manera, ustedes pueden estar conscientemente presentes en dos lugares al mismo tiempo. El cerebro no es más que el vehículo de la Inteligencia Interna, el cual se ha provisto para que ustedes puedan tener esta experiencia. Cuando los seres humanos utilizaron mal el libre albedrío, se dejaron caer dentro de sus cuerpos físicos densos. Se puede estar consciente del centro de un lugar y, al mismo tiempo, de la periferia. Es de esta manera que Nosotros en el Estado Ascendido podemos utilizar dos, tres o cuatro cuerpos a un tiempo y hacer que éstos actúen según la necesidad de la Operación Divina, y no necesariamente en un punto dado. Dichos cuerpos hasta podrán estar en cuatro diferentes puntos de la brújula. En el Estado Ascendido sólo existe la Omnipresencia, cuando se alcanza esta Altura de Conciencia.

Hasta un aparente estado de desarrollo se puede poner de lado cuando se le ve con la Gran Inteligencia de la cual, al así hacerlo, el individuo puede ser un valioso Mensajero. Por lo tanto, no permitan que en su mente se forme una convicción de supuestas reglas anteriores de actividad —actividad oculta. Habrá cierta cantidad de individuos, conocidos únicamente por el Guardián Silencioso, cuya total creación previa y actividad podrán apartarse para convertirse en Mensajeros irrestrictos. Llegará el momento en que si lo externo intenta entrometerse, de ciertos individuos emanará cierta Radiación que obligará a los demás a ver sus actividades equivocadas. Esto, una vez más, ha sido ilustrado en *La Mágica Presencia.*

NOTA: Será posible evitar el Armageddon mediante la actividad cataclísmica. Tal situación se encuentra bajo el control de Aquellos que están más allá que Nosotros.

Guardián Silencioso: El Guardián Silencioso Cósmico podrá actuar únicamente bajo la Demanda Cósmica

NECESIDAD DE DORMIR

Ustedes necesitan tener cierta cantidad de reposo. A medida que vayan entrando al Estado Superior, se encontrarán con que a veces transcurren días y hasta semanas mientras tiene lugar cierta actividad —ya que un Mensajero siempre es sostenido durante toda Actividad especial. Durante dicha Actividad especial, la "Presencia" es siempre Auto-Sostenedora. El dormir es una relajación completa del vehículo. Hasta tanto la estructura atómica no sea desvestida de su densidad, esto será necesario para que lo externo pueda recibir continuamente a la Presencia Interna y la Radiación Interna.

El uso consciente de la realización de la Actividad Auto-Sostenida es la acción de desvestida de la estructura atómica. Es fundamental que sin importar cuál pueda ser el requerimiento —esto es, cuandoquiera que se espere que la Actividad Interna opere— estar fuertes y claramente conscientes *[aware]* de que Ésta es siempre Auto-Sostenida. Si nos podemos concientizar plenamente de que ya estamos en el estado o condición que deseamos, entonces habremos tomado el atajo hacia el logro. Este es el notable Poder de Visión, sentirnos en el estado o condición que deseamos manifestar.

ACTIVIDAD DE LOS RAYOS

Una pregunta acerca del Rayo Violeta: "¿Cuál es la actividad específica del Rayo Violeta?

Saint Germain: Utilícenlo en la plenitud de su color, el cual es Su actividad normal. Cada Rayo, si bien tiene su propia actividad natural dominante, aún así contiene cada una de las Actividades de todos los demás Rayos dentro de sí.

La primera actividad de cualquier cosa es hacerse consciente de que tenemos la habilidad —a través de la "Presencia" Interna— de hacer lo que deseamos. Sin tener la conciencia de ser capaces de hacer algo, no hay salida para que la cuestión actúe y se manifieste. El estar consciente de algo le da una salida; y a través de la misma dicha cuestión puede actuar.

Podemos utilizar los Rayos Dorado, Rosa y Azul como un Proceso de Limpieza después de la Actividad Consumidora del Violeta. Al consumir el pensamiento y el sentimiento, cuando ustedes ordenan en condición de Cristos, la Llama asume el color que sea necesario para equilibrar la Actividad. El Designio Interno es la acción del Dios Inteligente, y es el verdadero motivo o Actividad Interna.

CONDICIONES ATMOSFÉRICAS CUANDO APARECE UN MAESTRO ASCENDIDO

Hace algunos cientos de años, cuando un Maestro Ascendido se manifestaba, se percibía un retumbar o siseo, producto de la intensificación de la condición atmosférica a la cual Él entraba. En la presencia de un Maestro Ascendido se produce una fuerza intensa. En gran medida, esto se ha controlado en años posteriores; la condición atmosférica de la Tierra es ahora mucho más flexible a la arremetida de una Gran Presencia de lo que era trescientos años atrás, porque la vibración de la Tierra en sí ha sido elevada, haciéndola más susceptible a la Actividad Interna. El gran impacto repentino de una gran Fuerza Trascendental sobre la estructura atmosférica ocasionaba sacudidas, retumbos, siseos o destellos de Luz.

La causa de un ciclón es el impacto de la atmósfera fría sobre la caliente, y viceversa, el cual causa que se genere un vórtice arremolinante, y la duración del ciclón depende de la fuerza del impacto. El impacto de una fuerza sobre la otra da inicio a la acción arremolinante; por eso, más o menos se produce una actividad al pasarse entre sí, y esto establece el movimiento de remolino. En la asociación de dos elementos cualesquiera de diferentes ratas de vibración, la actividad de cada uno es la de apartarse del otro.

Hay tormentas causadas por inteligencias malignas, y dicha inteligencia actúa dentro de la tormenta.* La Gran Ley ha considerado apropiado mantener esta actividad bajo vigilancia. En eras pasadas, tremendas cosas de tal índole tuvieron lugar, las cuales no eran ningún mito. Cualquier tormenta puede producir cosas extrañas.

Pregunta: "De aquí, ¿a dónde vas?"

Saint Germain: De aquí voy a Washington.

En las grandes alturas de los Andes Sudamericanos por donde circula un ferrocarril, está otra gigantesca estatua de Jesús, arriba en las

---

* En el cuento *Ella* de Rider Haggard, hay una ilustración de esto.

montañas. Les aseguro que cuandoquiera que un individuo le presta a estas cosas la más leve atención, siempre se da una respuesta —esté la persona consciente de ello o no.

BENDICIÓN

Oh Magno Guardián Silencioso, te damos alabanzas y gracias por Tu Esplendorosa Presencia que se derrama sobre la humanidad, porque te has complacido en hacer contacto con aquellos conscientes de Tu Presencia, y porque has contemplado este Centro con Tu Benevolente Majestad. Te damos alabanzas y gracias por tu Omnipresente Poder en acción.

DISCURSO XX

8 DE SEPTIEMBRE DE 1932
SAINT GERMAIN

INVOCACIÓN

Oh Todopoderosa y Majestuosa "Presencia", Creador Infinito de todo lo que existe! ¡A Ti, Dispensador de Vida a todas las formas! ¡A Ti, Gran Dador de Inteligencia y Actividad a todas las formas! Te damos alabanzas y gracias eternamente por Tu Presencia Siempre-en-manifiestación que perfecciona toda la Creación y la atrae de vuelta a la Perfección de Tu Magno Ser. Infinita es Tu Inteligencia. Infinita es Tu Fortaleza y Actividad Omnipresente. Que los hijos de los hombres sientan y sepan esto con toda certeza para que puedan abrir la Puerta de sus conciencias y reciban Tu Magna Fortaleza de Vida, Inteligencia y Salud, manifestando Tu Perfección ahora.

Les traigo a todos saludos de parte del Guardián Silencioso y de la Gran Hueste Ascendida.

EL DISCURSO
PENSAMIENTO CREADOR

Al reconocer a los Poderosos Mensajeros de Dios y Su continua vertida de esa Suprema Esencia y Energía, de la misma manera sabemos que sólo hay un proceso mediante el cual Ellos vierten esto, y es *el pensamiento*. El pensamiento es uno de los medios más poderosos de la Creación; y así como crea las cosas más pequeñas, asimismo crea las más grandes. Esto ilustrará cuán necesario es que la humanidad gobierne sus pensamientos y sentimientos. Así, los hombres gobernarían todas las actividades externas en producción armoniosa.

Al considerar el uso del pensamiento, y determinar que éste creará lo más sencillo, entonces tenemos que saber que el pensamiento creará todas las cosas. Cuando parece que no lo hace, es porque —sin darnos cuenta— la duda o el miedo están al acecho. Todo estudiante sincero debería analizar conscientemente su manera de pensar, y ver si tiene algo de duda, temor o negatividad. Si lo hay, habrá que determinar de qué se trata, y luego proceder inmediatamente a erradicarlo de la conciencia. En calidad de estudiantes de una Magna Verdad, si nos hemos concientizado de los más leves Principios Fundamentales de la Vida, entonces habremos aprendido que nuestro pensamiento, cuando se le sostiene en la conciencia *[awareness]* de la Presencia actuante de Dios, crea constructivamente con un majestuoso dominio.

Es realmente insensato que uno de los Hijos de Dios se ponga a juzgar a otro, ya que hacer esto significa que no estamos ejerciendo la plena confianza en la Magna Presencia de Dios anclada en el corazón de todas y cada una de Sus Creaciones. El que cada uno le hable a la Magna "Presencia" en el otro, pidiéndole que ejecute y manifieste Su Gran Perfección en todas las actividades externas, sería la manera ideal y correcta utilización de nuestro pensamiento, y produciría resultados mayores allende la compresión de lo externo.

NACIONALIDADES Y PERSONALIDADES

Dirigiéndose a la Sra. Ballard: Acabo de llegar de una asociación muy definitiva en Francia. Los franceses constituyen una de las nacionalidades a la que mayor fuerza le he dedicado, y, no obstante, Yo no soy francés. El Mundo es Mi hogar. Crear el bien es Mi Religión. Después de ascender el cuerpo, nos hemos olvidado de que hay nacionalidades o personalidades. La nacionalidad es para un país lo que la personalidad es para el individuo. Lo único que nosotros vemos es dónde hay mayor necesidad de la Gran Luz, y nos esforzamos por irradiarla allá —si no a través de la palabra hablada, entonces a través del pensamiento que lleva la Magna Radiación hasta su destino.

Si los estudiantes no se toman el tiempo necesario para aquietarse y sentir la Gran "Presencia de Dios" que les llena la mente y cuerpo, entonces a más nadie podrán culpar sino a sí mismos si no reciben tanto de la "Presencia de Dios" como desean. Los estudiantes, al tener libre albedrío, mediante la determinación siempre tendrán todo el tiempo que puedan necesitar para aquietar lo externo y recibir el Majestuoso Esplendor de esa Magna "Presencia" Interna.

CANSANCIO FÍSICO

Si alguien que ha estado laborando físicamente siente la necesidad de descansar, tal persona debería primero sentarse en una postura cómoda y, entrando al gozoso reconocimiento de la Magna Energía de Dios, sentirla fluyendo a través de su mente y cuerpo cual un Poderoso Torrente Limpiador. Si los estudiantes practicaran este sencillo ejercicio a diario, en breve llegarían a un punto en que podrían invocar un Poderoso Torrente, de manera que en un período de tres a cinco minutos llegarían a sentirse completamente reposados.

Esta afirmación podrá sonarles absurda, pero les aseguro que el sentirse cansado producto de la actividad externa no es más que una ausencia de gozo en lo que estás haciendo. Podrá ser algo del pensamiento de la raza o de una condición inarmoniosa en el individuo. Al saber que el cuerpo de por sí no puede cansarse, entonces sabemos que el sentirse cansado es una falta de alegría o armonía en alguna parte de la conciencia. Naturalmente entonces, lo primero que hay que hacer es aquietar lo externo y sentir esa Poderosa Alegría y Paz llenando la mente y el cuerpo hasta rebosar, de la misma manera que se vería un cubo de agua llenarse hasta rebosar; y esa Radiación se difundiría a aquellos que la necesitan. El primer requisito para utilizar la Energía Inagotable es un estado de consciencia continuamente feliz y armonioso.

POZO ARTESIANO ENERGÉTICO

La mayoría de los individuos tienen la idea equivocada de que esta Magna Energía de Dios es algo que tienen que bombear a la actividad o sacar de alguna parte, pero quiero asegurarles que la cuestión se parece más a un pozo artesiano. Una vez que has llegado al nivel del agua, no es necesario coaccionarla para que se apure hacia la superficie como un torrente continuo. Igual ocurre cuando entramos lo suficientemente profundo en la Conciencia de la Magna Presencia de Dios: horadamos esa Magna Fuente de Energía, y no tenemos que coaccionarla del todo. Ésta se abalanza como agua que se derrama por una represa, y podremos dirigirla doquiera que se nos antoje, ya que tal es nuestro Derecho Natal Divino y nuestro privilegio.

EL DESEO

Me parece que es necesario explicar de nuevo la Poderosa Conciencia de que el deseo es la Magna Actividad de Dios —el poder motivador, como quien dice, mediante el cual las alas del pensamiento lo llevan más adelante a la productividad. Les aseguro que no puede haber ni siquiera una cosa desde la más baja hasta la más alta que no tenga el deseo detrás, pues el deseo es el poder del alma que trata de encontrar expresión. Algunos te dirán que ellos tienen muchos deseos equivocados, pero yo te aseguro que esto se debe a la falta de control del libre albedrío. Cualquier ser humano adulto conoce la diferencia entre dejar que la Energía transite por canales constructivos o destructivos y, por ende, fácilmente puede escoger por dónde habrá de ir.

Es de una importancia vital que los estudiantes tengan el entendimiento correcto acerca del deseo. Es mucho lo que se ha dicho —y falsamente— acerca de que el Ideal Supremo es matar el deseo. Hacer esto no sería más que entrar a un estado de apatía ¡en el que te abrirías a todas las fuerzas destructivas que existen! Cuando cuentas con un deseo constructivo apoyado por su hermana gemela, la determinación, sabiendo que cada uno no es más que un Atributo de Dios en Acción, en ese momento habrás desatado el más grande Poder del Logro.

EXPERIENCIA PROPIA

Cada experiencia que le viene al individuo sirve un doble propósito: primero, volver la atención hacia la Única Fuente Creativa —Dios; segundo, hacer consciente *[aware]* al individuo de que sobre dicha Conciencia Suprema descansa la solución, disponible al instante, de todo lo que necesite saberse. No lo recibimos elevando los brazos y gritando pidiendo ayuda, sino asumiendo exactamente la postura opuesta: aquietándonos y silenciándonos en lo externo de manera que no haya la más leve perturbación en nuestra conciencia. Entonces encontraremos rápidamente una solución a todo aquello que se requiera.

Al entender este magno poder del pensamiento creativo —y conste que el pensamiento siempre está creando una cosa u otra—, no puede evitarse sentir de una vez una gran liberación, ya que nadie nos puede impedir pensar lo que se nos antoje. Mediante el reconocimiento sincero del Gran Ser Divino Inteligente, eliminamos la posibilidad o poder del ser externo de alguien que intente decir o hacer algo que pueda perturbarnos, ya que mientras estemos reposando en tan Suprema "Presencia", su Magna Radiación o Energía estará llevando constantemente consigo el Poder Consumidor de toda perturbación externa.

AGUIJÓN DE LA IGNORANCIA

Es sólo cuando permitimos que la atención comience a centrarse sobre una expresión de lo externo que le habremos dado poder para perturbarnos. El asumir instantáneamente la postura de que no hay personalidad —sólo hay Dios en Acción— evitaría que el "aguijón" de la ignorancia encontrara su blanco. La ignorancia, al igual que una avispa, siempre quiere utilizar su aguijón, pero no sabe dónde encontrar un blanco a menos que tú le perturbes su nido. Y nadie en su sano juicio hará eso si conoce la naturaleza de la avispa. El Amor Divino es la naturaleza original en todo ser humano. Los sentimientos o actividades inarmoniosas no son más que energía mal aplicada que trata de alcanzar algo a la fuerza, lo cual sólo puede tener permanentemente mediante una acción amable y armoniosa.

EL AMOR

Si el ser humano tan sólo reconociera que el Amor de Dios es el poder motivador natural de su ser, inmediatamente vería que su intento de usar la energía sin calificarla con este Magno Poder de Amor Divino tiene, en consecuencia, que acarrearle justamente el resultado opuesto al que desea. Por lo tanto, que todos abran sinceramente la Puerta a todas las expresiones, a todas las actividades; y encontraremos nuestro mundo transformado y moviéndose dentro de una Armadura de Protección donde sólo imperan la Luz, la Paz y la Armonía.

Lo primero sencillamente esencial en el uso constante de la Magna Energía Constructiva es que te determines a moverte únicamente en el Sagrado Esplendor de tu Magna "Presencia de Dios." A través de muchas experiencias inferiores hemos visto a menudo lo que podemos hacer cuando tenemos la suficiente determinación de llevar algo a cabo. En la determinación de utilizar el poder constructivo —que es Dios en Acción— habremos liberado entonces la más poderosa Fuerza en el Universo para actuar por nosotros.

En el momento en que nos hacemos conscientes de la Energía de Dios, la ponemos en movimiento. En su estado infinito, es estática. Conscientemente dirigida, es dinámica. Esta es la razón para demandar el uso *consciente* del entendimiento. Este es el punto sutil en que los individuos caen en un estado de apatía, y debería evitarse como se evitaría una serpiente venenosa.

EL GUARDIÁN SILENCIOSO

La radiación del Guardián Silencioso asume la cualidad que se requiera en el punto al cual se envía.

Dirigiéndose a la Sra. Ballard: Déjame asegurarte que has logrado algo maravilloso al recibir esta letra para la canción *El Guardián Silencioso.* Esto ha atraído Su Corriente de Magno Poder Creativo, y Él usará como Mensajeros suyos a los afables Querubín y Deva. Para el trabajo de clase, el Guardián Silencioso está derramando directamente su Radiación. Su Radiación en el hogar de la Sra.__________ fue tanto Consumidora como Energizadora.

LA LLAMA DIVINA

Hay gente a quien le resulta muy difícil permanecer despierta cuando hace mucho calor. La mentalidad debería mantenerse alerta y despierta con gran vivacidad a medida que la conciencia es sostenida cada vez más sobre la Llama Divina. No permitan que la aparente carencia de nada encuentre un lugar donde apoyarse en sus conciencias. Asuman la postura de que ustedes están libres ahora, y siéntanlo. Cuando amamos a Dios lo suficiente, esto causa que entremos a la "Presencia" de manera tal que lo que podamos desear estará próximo a manifestarse.

El Servicio más importante: El primer servicio (y el más importante) de todo ser humano debería ser su devoción a la Gran Luz.

SENTIDO DE CURIOSIDAD

El que haya más Maestros masculinos que femeninos en la octava física se debe a que a la naturaleza femenina le resulta mucho más difícil aislarse del siempre-presente sentido de curiosidad, el cual emana del hecho de que ellas constantemente viven más en el elemento emocional. Por lo tanto, se requiere de una mano mucho más firme y una mayor determinación para gobernar eso, que lo que tiene que enfrentar el masculino. Sin embargo, esto debe ser completamente gobernado por el elemento femenino antes de que un progreso real y permanente pueda bendecir sus esfuerzos.

Ocasionalmente habrá un Ser Ascendido utilizando un cuerpo femenino el cual, si bien delicado y refinado, posee la suficiente conciencia masculina positiva para gobernar los sentimientos que, de otra manera, andarían sin control. Estos individuos llegan a ser grandes Maestros femeninos; y el lograrlo amerita todo el esfuerzo que los seres que utilizan la forma femenina puedan hacer.

Antes de que hayan transcurrido quince años, ustedes encontrarán al mundo más pequeño que nunca. La televisión y el transporte aéreo correcto harán del mundo una gran cámara de audiencias. Las cosas están progresando sostenidamente. A la fecha hay al menos cuarenta por ciento más de condiciones asentadas y normales en el mundo de los negocios que seis meses atrás. Esto constituye un gran logro. El precio de las cosas se mantendrá en un equilibrio mucho mayor.

La bolsa [el mercado de acciones] es una desgracia para la humanidad cuando en él un hombre que desea vengarse de otro encuentra ciertos medios de lograrlo. El sistema en su totalidad será cambiado de manera tal que los individuos serán protegidos; y el elemento egoísta de los peces grandes que pretenden tragarse a los pequeños, les hará sentirse tan enfermos que desearán no volverlo a hacer.

Me gustaría sugerirles que sigan enviándole Paz y Liberación a toda la humanidad, ya que allí donde hay individuos sinceros, se puede utilizar con gran ventaja. No se puede entrar en contacto con la Radiación de estos Grandes Seres sin que estas cosas se manifiesten.

BENDICIÓN

¡Oh Magna Presencia! ¡Oh Guardián Silencioso! Te damos alabanzas y gracias por Tu Magna Radiación, por la Luz y Sabiduría que fluyen cual Rayos —un poderoso río que se proyecta y envuelve a todos aquellos que sinceramente buscan la Luz, convirtiéndolos en Tu Centro de Radiación. Fortalece a tus grandes y amorosos Mensajeros para que sigan adelante, conquistando victoriosamente en la expansión de la Gran Luz a toda la humanidad. Atrae a ellos los Seres que puedan darles Gran Luz y a los estudiantes que estén en condiciones de recibirla. Tu Amor envuelve y tu Paz sostiene a toda la humanidad por siempre.

DISCURSO XXI

12 DE SEPTIEMBRE DE 1932
SAINT GERMAIN

INVOCACIÓN

Oh Magna "Presencia", te damos gracias y alabanzas, y nos regocijamos en Tu Magna Presencia Esplendorosa, al haber venido Tú a revestir a América con Tu Magna Presencia Radiante y derramar Tu Esplendor sobre toda la humanidad. Nos regocijamos de que los ciclos de tiempo se hayan movido hacia adelante, y que esto ha hecho posible que Tú salgas de Tu Cámara Secreta en el Templo de la Luz. Oh Ser Todopoderoso, en la Majestad de Tu Esplendor, Paz y Poder, mira dentro de los corazones de aquellos que sinceramente acuden a la Luz. ¡Fortalécelos! ¡Dales valor! Permíteles que a través de Ti, Magno Dios interno, puedan acelerarse, salir y convertirse en Mensajeros de la Poderosa Luz de Dios. Háblale a los corazones de los Hijos de la Luz. Fortalécelos de manera que puedan pararse y ser sostenidos en Tu Gran Esplendor.

Les traigo saludos de parte del Gran Ser Angélico a quien se le ha hecho observar este humilde esfuerzo para emitir Luz, y quien le extiende sus saludos personales a todos.

EL DISCURSO

NUEVA PRESENCIA

Con la entrada de todo gran ciclo vienen ciertos Seres presidentes de gran importancia. Ustedes conocerán esta Presencia como un Ser de Gran Majestad, Poder y Luz —a través de quien, en la cima de todas las civilizaciones, ha venido el Poder de Precipitación de joyas de toda índole y de oro líquido. Esta Presencia representa el Ojo Todo-Avizor para la Tierra. La solicitud de ustedes de saber más acerca de este Gran Ser ha sido aprobada. Fue a través de la acción de este Gran Ser y de Uno del Templo Jade a quién conocerán más tarde, que se hizo que viniera a la forma el "Jade de Ahbor". Otro gemelo de este "Gran Jade" aparecerá en América. Se dará a conocer públicamente en un período posterior. Esto depende por completo de la humanidad —de cuán rápido se volverán, y dónde, hacia la Gran Luz.

¡Amados Hijos de la Luz! Fijen firmemente en sus mentes, todos ustedes, fijen en sus conciencias que la Magna Presencia de Dios en y alrededor de ustedes es la única Inteligencia, Presencia y Poder que impera en el universo. Con este firme reconocimiento y adherencia a la Gran Luz, no hay altura a la que no puedan llegar, no hay gran servicio que ustedes no puedan prestar ¡a través de este gran Reconocimiento! Constituye un derecho suyo comandar y obligar a lo externo a aceptar la plena importancia y magnificencia de esta gran oportunidad.

Ustedes han llegado a un punto en que pueden obligar la obediencia externa a la Gran Luz. Y en esta ocasión, digo para beneficio de todos los estudiantes que asumirán su postura y se determinarán a servir a la Gran Luz al máximo de sus habilidades, que ellos recibirán un Magno Poder sostenedor adicional a su propio esfuerzo por ¡auto-sostenerse con firmeza en la Gran Luz! Es realmente insensato e infantil que alguien que está sinceramente interesado en servir a la Luz diga que no puede controlar sus pensamientos, sentimientos y palabra, ya que doquiera que se mantenga un esfuerzo sincero, con toda seguridad se brindará la mayor de las Asistencias.

Los felicito de la manera más sincera por haber atraído el Esplendor y la Atención que se les ha manifestado y que de ahora en adelante se les manifestará en forma contínua. Es muy importante apremiar a los sentimientos a que acepten la Gran Verdad de esto, de manera que no puedan jamás tambalearse y cuestionar cómo es que puede ser cierta esta Majestuosa Verdad. El bien acumulado durante centurias de esfuerzos está siendo sacudido a la actividad en muchos individuos sinceros que están determinados a servirle a la Luz.

NO PUEDO... NO TENGO

¡Las palabras "yo no puedo" o "yo no tengo" tienen que ser eliminadas permanentemente de todo estuciante diligente de la Luz!

Cuando lleguen a saber que la Magna Presencia Viviente de Dios es la Energía de Vida que fluye a través de sus mentes y cuerpos, tendrán que convencerse de que ya no hay más excusa para utilizar tales palabras. Estas palabras son sencillamente maquinaciones del ser externo de los hombres para tratar de auto-justificarse cuando, debido a sus propios actos, han cerrado la Puerta de la Luz a sí mismos y a su mundo.

Al haber llegado a la plena estatura de la naturaleza humana en Cristo, deberíamos ser capaces de poner de lado todo infantilismo de dudas y temores, y saltar a los brazos de esa Majestuosa "Presencia" Conquistadora en la Vida de todo individuo; y aceptar Su plena Presencia Manifestadora. La firme aceptación de la Ilimitada Presencia y Actividad de Dios, manifiesta en tu experiencia externa, es un Poder que hace milagros, y que ha estado esperando durante mucho tiempo para verter Su gran Abundancia y ponerla a tu disposición.

Todas las dudas y temores humanos están siendo rápidamente consumidos y eliminados, y eso hace posible que esta gran Abundancia Interna se abalance como un poderoso torrente, llevando en Su Abrazo la plenitud de la "Presencia de Dios" a tu uso y experiencia. Dale conscientemente el pleno poder a este sentimiento con toda la alegría que tengas a tu disposición: "¡Cuán verdadero y maravilloso es todo ahora en mi vida y mundo!"

Esta es una ilustración de las cosas tremendas que pueden hacerse, y lo que entraña cuando se realizan esfuerzos sinceros para mantener la paz y la armonía en la conciencia. Si cada uno de estos individuos pudieran sentir la plena importancia de esta gran verdad, maravillas podrían tener lugar en sus experiencias —y *tendrán* lugar con esta plena aceptación. Esto no constituye un deseo de entrometerle nada al libre albedrío del individuo, sino que es una afirmación de hechos y de la Verdad Eterna concerniente a estas Manifestaciones Superiores. Cuando encontramos que hay Hijos de Dios que aceptarán, con toda confianza, pequeños encargos, entonces con el tiempo se encontrarán recibiendo encargos cada vez mayores. Nadie conoce su propia fortaleza hasta que los Fideicomisos Sagrados le son confiados.

ORO LÍQUIDO

A veces se precipita el oro líquido por sus emanaciones sanadoras. Se parece mucho al azogue *[quicksilver]*, sólo que de oro, y su estructura es muy similar. Como una regla general a la hora de contactar esta acción vibratoria más densa, siempre contiene una tonalidad de verde jade. En su Actividad Superior, el verde es apenas perceptible, y en este estado asume una tonalidad de suave rosa en lugar del verde. Doquiera que se da una Actividad Elevadora, siempre se presenta esta observación; no obstante, rara vez el individuo está consciente de ello.

Confío en que cada uno de ustedes pueda sentir esta maravillosa radiación a su alrededor, llenándolos con este sentimiento gozoso y adoración a la Gran Luz. Traten de sentirse como si ustedes mismos fueran una gran fuente de dicha Luz, vertiéndose todo el tiempo, sabiendo que sólo hay una Magna Inteligencia, "Presencia" y Poder de Dios actuando a través de sus mentes y cuerpos. *«Me regocijo de que "YO SOY" libre, por siempre libre, de toda limitación del mundo externo.»*

DOLORES DE CABEZA

Para dolores de cabeza, utilicen esto: *¡Esta cuestión no es nada! Por lo tanto, no hay nada en mí que pueda aceptarlo. Yo sé que únicamente la Magna Presencia de Dios está actuando en mi mente y cuerpo. Por ende, en la Actividad de Dios no hay dolor ni perturbación.»* Muchas veces, si comienzas a contemplar una fuente —algo que te causa una perturbación—, esto le da poder. A veces es necesario saber, pero ahora tenemos que asumir la postura de no aceptar nada negativo. No le des ninguna atención, por ende ningún poder. A menudo la atención le da poder a algo de lo cual no estamos conscientes *[aware]*. No sea que vayas a caer en una actitud errada, si parece que hay alguna actividad inusual en algún momento, asume la conciencia de, *«Toda la Actividad de Dios en mi mente y cuerpo es perfectamente natural y normal.»* Esto equilibra lo externo y evita la malinterpretación de lo que realmente es una bendición, y pueda convertirse en una perturbación.

Utilicen esto a menudo: «¡En mi mente y cuerpo sólo está Dios en Acción!» Si surge un pensamiento equivocado acerca de alguna experiencia, lo neutralizas o lo recalificas, perdiéndote, así, su Bendición. En la totalidad de la Actividad de Dios en el Proceso de Elevación, es imposible que en ésta haya elementos perturbadores, a menos que la mente externa lo malinterprete y lo recalifique como una perturbación.

Recuerda: Para evitar esto, deberías en todo momento —al sentir alguna vibración inusual en la mente o cuerpo— asumir la siguiente actitud al respecto: *«¡Cuán bello y glorioso es este sentimiento, ya que yo sé que se trata de la Gran Presencia de Dios trabajando dentro de mí!»* Cuando comienzas a utilizar conscientemente esta Energía de Dios en tu interior, la estás calificando de algún modo todo el tiempo. De manera que al estudiante le incumbe despertarse al hecho de que no puede dar nada por sentado, ya que se supone que él calificará todo aquello que pase por su conciencia. Por esta razón sugerimos hace algún tiempo que se utilizara la siguiente Poderosa Verdad: *«¡No hay personalidad alguna! ¡Sólo hay Dios en Acción!»* En aquel entonces no consideramos oportuno dar esta explicación.

OJO TODO AVIZOR

Pregunta la Sra. Ballard: "La idea trasmitida por la mitología de que en esta Tierra hubo en algún momento seres tales como los Cíclopes es un error, ¿no es cierto?"

Saint Germain: En ningún momento han existido seres contentivos del Espíritu de Dios que tengan únicamente un ojo. Tal idea emanó de un criterio distorsionado con respecto al estado anterior de aquellos seres que todavía mantenían la plena función del Tercer Ojo o Visión Interna, parecido a un rayo-x. El Ojo Todo-Avizor es el concepto correcto de este estado.

Hubo una época en que las glándulas conocidas en la actualidad como la pineal y la pituitaria eran una. Constituían el Ojo Todo-Avizor. El cráneo o estructura cerebral —que era de una sustancia más densa— no era obstáculo alguno para el uso y actividad de este Ojo Interno que en realidad miraba en todas direcciones. Para el Ojo Todo-Avizor, no hay forma que pueda constituirse en un obstáculo para la Visión. En todo momento el Ojo Todo-Avizor tenía la forma de un ojo como se le conoce en la actualidad. La altamente disminuida actividad de dicha función, aún hoy día, causa que ustedes sientan una presencia detrás de ustedes así como también frente a ustedes.

En aquella época anterior, a medida que el alma se sumergía en formas cada vez más densas, requería de la actividad de un arco —como quien dice— mediante el cual las dos actividades en conjunto redujeran la actividad de esta Visión Interna. Este chisporroteo rompió la imagen de la visión de la misma manera que un arco interrumpe la corriente; y en vez de un flujo sostenido, se daba en saltos intermitentes, lo cual originó la actual actividad intermitente. Esto se hizo necesario al llegar la forma externa a cierta densidad que no es sensato explicar ahora. Si pudiera darse un flujo constante o conexión de luz entre la glándula pituitaria y la pineal, podríamos ver por todas partes y a través de todo en todo momento. ¡Esto es, en realidad, la Visión Interna! Ésta sería la misma actividad que cuando eran una —o, en otras palabras, volverían a recuperar su unicidad. Cuando se puede visualizar las dos como el Ojo Todo-Avizor dentro, maravillas pueden darse.»

En este caso, la pulsación entre la glándula pineal y la pituitaria se ha hecho tan frecuente que el flujo es casi continuo. En todas las formas en que se utiliza el Poder del Ojo Todo-Avizor, la forma del ojo humano se retiene como lo tenemos actualmente. En cualquier pensamiento al respecto, piensen siempre como el Ojo Todo-Avizor, completo, en el tope de la cabeza, ocupando el lugar de las glándulas pineal y pituitaria, o teniendo dentro de sí estos dos órganos.

En este Ojo Interno está la Perfecta Visión Eterna de Dios Todopoderoso. Una imagen mental de algo, con este poder tras de sí, tiene que ser impulsada a la forma externa porque es el Poder Divino lo que se mueve a través de ella. Así es como las imágenes que vemos con nuestros ojos físicos se registran en el cerebro. Por lo tanto, fórmense sus imágenes adentro. Sus ojos son la cámara del alma. La actividad de la visión en la mente actúa justo de la manera opuesta a la actividad de los ojos, o visión física.

El secreto de manifestar cosas en el mundo externo radica en utilizar el Poder Espiritual para tomar esta fotografía. Luego, el Gran Silencio la precipita a la forma a través de la imagen visualizada. A través de la actividad de visualización, ustedes imprimen la forma o imagen sobre el Gran Silencio, y el Gran Silencio, que es el más grande Poder en el Universo, la impulsa a la expresión externa y experiencia. Ahora pueden ustedes entender cuán imposible es que una imagen registrada en el Silencio Interno *NO* se manifieste.

SOSTENIMIENTO DE LA IMAGEN

Es el trabajo del intelecto y de la voluntad sostener firme la imagen hasta que la impresión sea tomada por el Gran Silencio. Si no se le sostiene con firmeza, el resultado es el mismo que si movieras la cámara al tomar una foto externa en la fotografía ordinaria. Este es el Poder de la verdadera Precipitación.

Todos ustedes tienen en sus conciencias todo el poder para moldear sus mentes y cuerpos o cualquiera de sus partes o atributos en cualquier cosa que deseen. Mediten sobre esto incesantemente. Consideren esta cuestión de la visión lo suficiente para establecerlo en la mente —en acción— y utilizarlo. ¡Esta descarga de la Verdad y convicción es tremenda! ¡No lo olviden nunca! Úsenlo cada vez más todo el tiempo! Este es el Poder Interno que conoce lo suyo y que está esperando para hacer estas cosas para ustedes todo el tiempo. Una tremenda Energía se ha generado aquí hoy. Podrán utilizar esta convicción que ahora tienen con gran fuerza.

Advertencia: Después de haberles dado la explicación de la Ley y de que ustedes han recibido el Poder Interno y convicción, no hablen de ello, ya que desperdiciarán el Poder que lograría la plena manifestación. Ustedes tienen la visión, el poder y la habilidad para aplicar esto. Ahora... ¡háganlo! El Poder de Precipitación es una de las más extraordinarias actividades de esta maravillosa Presencia que los está irradiando hoy. A ustedes se les ha mostrado cómo se da la Precipitación a través de la visión. Usen: *«Gran "Presencia", completa y totalmente revélame ahora esta Actividad de Visualización y Precipitación a la forma física. Enséñamelo todo a este respecto, y procura que yo siempre lo use para realizar el Plan Divino, para Gloria de Dios y Bendición y Servicio de toda Su Creación.»*

BENDICIÓN

Oh Magna "Presencia", saltamos hacia Ti con gran devoción y reconocimiento de Tu Presencia con nosotros. Sabemos, sentimos y tenemos la plena convicción de Tu Presencia eternamente con nosotros, y que Tú nos enseñarás la plenitud de Tu Actividad manifiesta en la forma.

DISCURSO XXII

15 DE SEPTIEMBRE DE 1932
SAINT GERMAIN

INVOCACIÓN

Oh Hermosa y Sobrecogedora "Presencia"! Al haber Tú venido del Canal Secreto, te pedimos que toques ese Lugar Secreto en el alma, en el corazón de todos y cada uno de los Hijos de Dios. Fortalécelos, estimúlalos y elévalos al abrazo de su propio Ser Divino interior, quien a lo largo de las centurias, con una paciencia infinita, los ha protegido, sosteniendo la forma externa, la cual está alcanzando su gran liberación de las limitaciones personales.

Te damos alabanzas y gracias por Tu Eclipsante Presencia sobre América, gobernando a todos en Su superficie y sosteniendo a Tus Hijos en Su abrazo —haciendo de todos y cada uno Tu gran Mensajero, para sanar, prosperar su propio mundo y América. ¡Oh Preciosa Joya en la frente de la Gran "Presencia de Dios"! ¡Que Tus centelleantes colores prismáticos brillen en el cielo como el Magno Arco Iris de la Promesa, llenando a los hijos del hombre y causando que se paren bajo la Luz eternamente y sean bañados en Tu Esplendor Ascensional!

Les traigo saludos de parte de la Gran Hueste, de la Gran Presencia Esplendorosa —Ciclópea—, vigilante en Su Magno Poder Trascendental, aliviando las cargas que de otra manera descansarían sombre algunos de los Hijos de los hombre en el inminente reajuste de las cosas.

EL DISCURSO

Ojalá que los individuos se centraran en su interior y sintieran esa Gran "Presencia" —el Dador, el Preservador, el Solucionador de todas las cosas. Ojalá se anclaran conscientemente dentro de esa Gran "Presencia" con tal certeza y seguridad que las dudas y los temores no pudieran asediarlos, permitiéndoles elevarse constantemente en esa Gran Victoria Eterna que tiene que lograrse en algún momento, en alguna parte.

Les agradezco de sobremanera por las dos piezas de música que nos son muy útiles para la sintonización con la Gran Altura y para América, a quien deseamos bendecir. Me encantaría que aquellos que están en completa armonía con ustedes sostuvieran que el individuo que mejor pueda servirle al Cristo por cuenta propia sea electo Presidente de la Nación.

Al avanzar esta Obra, queremos que cada individuo sienta su parte en la Gran Actividad Victoriosa —que ellos son tan importantes para que las cosas resulten en el universo como los pétalos de una rosa son a su belleza. Hay una oportunidad constante para todos aquellos que tengan una actitud jubilosa hacia este Esfuerzo, para ser canales de la Vertida de esta Magna Radiación.

CONTACTO DIRECTO CON LOS MAESTROS

El estudiante que es sincero y que tiende la mano con gran intensidad hacia la Luz, no necesita preocuparse acerca de hacer contacto directo con los Maestros Ascendidos, *ya que no es únicamente el estudiante quien busca al Maestro, sino en verdad es el Maestro quien busca al estudiante,* porque siempre hay una gran necesidad de Mensajeros de la Gran Hueste de Luz, que sean firmes, confiables y dispuestos a servir. Tales personas nunca habrán de dudar siquiera por un momento acerca de su eventual contacto con la presencia visible de esa Gran Hueste Ascendida, no sólo con uno sino con muchos.

No tenemos el más mínimo deseo de entrometer en la vida de nadie esta Obra que bien sabemos es una Magna Verdad; y todo aquel que no pueda sentir en el corazón la verdad que damos para fortalecer y expulsar la duda y el temor, debería esperar o buscar otros canales con los cuales se sienta de acuerdo y en armonía.

Esta Obra avanzará sin interrupción o interferencia y, cual un poderoso magneto, atraerá a Sí los suyos. Nadie puede ir más allá del punto en el que está por su nivel de entendimiento. Nuestro único deseo es bendecir, fortalecer e iluminar a todos aquellos que entren bajo esta Radiación. No buscamos a nadie que no venga con una disposición alegre a poner de lado todas las cosas personales, y que se regocije en la gran actividad de la Magna Presencia Interna de Dios, de quien Nosotros no somos más que Mensajeros.

Aquellos a quienes contactemos a través de la Radiación son libres en todo momento, y sólo a ellos les tocará escoger a quién habrán de servir. Parece muy extraño que los estudiantes iluminados hablen acerca de individuos y Actividades de la Verdad, y permitan que las dudas y el miedo los asedien —lo cual, tarde o temprano, conformará una barrera entre ellos y la gran Belleza de la Luz de la cual tan singularmente podrían gozar.

Nosotros o Nuestros Mensajeros no abrigamos ningún pensamiento o sentimiento de crítica hacia el individuo que no puede venir con Nosotros; y a todas estas personas le damos nuestro Gran Amor y Bendición. Pero esta Obra que estamos haciendo tiene que estar libre de crítica, miedo y duda a fin de que lo que estamos logrando pueda hacerse con el menor gasto de energía y sin una presión innecesaria sobre Nuestros mensajeros. Los estudiantes, a través del poder de atracción de lo externo, se permiten traer a colación esta Presentación de la Verdad con aquellos que no saben nada al respecto, causando muchas veces que se obstruya su propia bella aceptación de esta expresión de la Luz. Cada uno debe saber por el otro, que sólo existe la Magna Presencia de Dios en Acción en cada uno —en su hablar, pensamiento y acción; de esta manera podrían evitar las trampas sutiles que no son más que criadores de disturbios. *«¡Dios en ellos, muéstrales la Luz infaliblemente!»*

En cuanto a la actividad política, ustedes podrán saber también que *«el Poderoso Amor de Dios gobierna todos los canales de actividad en esta elección venidera, y la Magna Presencia de Dios acalla todas las acciones y expresiones externas, permitiendo que la Verdad se manifieste en Su plenitud.»* Ciclópea desea especialmente utilizarlo [al Amor de Dios] como la Vertida de esa Magna Radiación sobre América y Su gente. Serena y calladamente sepan que el Poderoso Esplendor se está regando sobre todo el país, tocando todos los corazones y elevándolos a la receptividad de ese Magno Esplendor. Ha tenido lugar un atentado para voltear la marea contra la Justicia, y confiamos en que esto lo impedirá.

BENDICIÓN

Damos alabanzas y gracias por el ilimitado torrente de Luz que envuelve esta Actividad y a todo individuo en ella. Tal Esplendor alcanza a todos aquellos que acuden a esta Presentación por la Luz, y envolvemos en esa Gran Inteligencia a a quienes puedan recibirla.

DISCURSO XXIII

19 DE SEPTIEMBRE DE 1932
SAINT GERMAIN

INVOCACIÓN

Oh Magna "Presencia" Luminosa, desde Tu Lugar Secreto brilla Tu Esplendor cada vez más; y al tiempo que cubres a América y la humanidad con tu gran Presencia Amorosa de Luz, te damos alabanzas y gracias por el privilegio de ser Tus Mensajeros para llevar más allá Tu Pensamiento, Tu Obra y Tu Mundo a las diversos puntos de la Tierra, los cuales están allí para ser bendecidos por Tu Presencia Benefactora.

Oh Magna Hueste de la Luz, en calidad de Mensajeros de ese Supremo Poder Uno, damos alabanzas y gracias por Tu Presencia Ministradora para con nosotros y toda la humanidad. Desde Tu Gran Sabiduría viene la solución a todos los problemas. Desde Tu Gran Luz viene la Gran Conciencia que abre la conciencia de la humanidad, y es la Gran "Presencia," Auto-Sostenida por siempre.

Les traigo saludos y el Amor de la Gran Hueste por establecer condiciones en las que Ellos se complacen. Hay una diferencia entre la paz musical y la paz ordinaria, como la denominamos. Esta Música es Armonía de las Esferas y se proyecta mucho más alto (y más lejos) que cualquier otra actividad, excepto cuando el pensamiento es enviado —propulsado— por una fuerza dinámica consciente.

EL DISCURSO

Los aparentes mitos y leyendas de antaño eran más verdad, con creces, que lo que la humanidad de hoy en día está dispuesta a reconocer. Los dioses y diosas de los tiempos remotos eran seres altamente iluminados a quienes la humanidad de dicho período consideraba como demasiado superior en Sabiduría y Luz para jamás siquiera soñar con llegar a ser como Ellos. No obstante, los Hijos de la Luz hoy —mediante el impulso del Poder Interno de la Fuerza Crística Individualizada— se dan cuenta de que no hay altura, por más aparente que sea, que no se puede alcanzar —y una vez allí, ser auto-sostenido por siempre.

Recordatorio: Me gustaría llamarles la atención sobre lo que la semana pasada se dio acerca de la visualización, y pedirles que lo lean a diario de manera que obtengan un concepto claro de dicha actividad. Considérenla tan a menudo como les sea posible, ya que estoy consciente de que la puerta de sus conciencias se está abriendo para recibir el pleno uso y comprensión de su magno poder. El aceleramiento de la comprensión establecido la semana pasada está fermentando toda la hogaza —como quien dice; y con su esfuerzo cooperativo y consciente en contemplación de su gran actividad, ustedes entrarán cada vez más a su tremendo uso y posibilidades.

La Actividad de la Luz ha sido conscientemente atraída alrededor de ustedes, y la Radiación que emana está llegando a un punto de saturación —químicamente hablando— en el que Su Esplendor se desborda como si fuera un balde de agua lleno hasta rebosar, y esto se convierte en una Fuente siempre-fluyendo de Luz, Iluminación, Sustancia y Poder gobernado por la Sabiduría envuelta en Su capa de Amor Divino. Es así como no hay actividad incierta alguna. Estén conscientes de la rebosante Sustancia y Poder que fluyen allí donde ustedes se enteren de alguna necesidad. Esto se hará tan tangible y potente en Su poder operativo, que dentro de poco estará presto y se abalanzará como un Rayo de Luz doquiera que haya un Llamado o Demanda.

Es bueno estar consciente *[aware]* de que esta Vertica no tiene límite. Ustedes llegan al punto de conciencia en que este Magno Poder se abalanza a honrar la Demanda o solicitud, sin hacer contacto con el cuerpo físico de ustedes. ¿Por qué? Pues, porque la conciencia llega a la Altura de la "Presencia" Auto-Sostenida donde es, puede ser, y será dirigida cada vez más desde el Cuerpo Electrónico —el cual sostendrá esta Vertida en un sereno equilibro y paz. La única actividad requerida es fijar la atención sobre aquello que conscientemente se sepa que se necesita.

Aparte de esto, manténganse conscientes *[aware]* de que desde las Alturas de la Actividad Electrónica, la Obra está avanzando constantemente, conscientemente dirigida desde la Gran "Presencia" Maestra Interna. Es una preparación y un paso muy importante para que lo externo y Lo Interno se hagan uno. Cuando hay la suficiente preparación calmada y pacífica, la Sabiduría fluye como una suave corriente, llevando consigo una convicción y esplendor que no es posible lograr de ninguna otra manera.

TRABAJO DIARIO HASTA EL DIEZ DE OCTUBRE

Pásense al menos de tres a cinco minutos cada noche hasta el diez de Octubre, realizando sus más claras visualizaciones del Ojo Todo-Avizor —lo cual es la manera más elevada, si bien normal, de hacer que las glándulas pineal y pituitaria actúen en perfecto equilibrio. Esto naturalmente hará que otros centros del cuerpo actúen en armonioso acuerdo con ello. De esta forma se logra que el Amor Divino y la Sabiduría actúen de manera natural sobre los centros inferiores, elevando su actividad con tanta gracia que no sería posible lograrlo de otro modo. Esto producirá unos resultados espléndidos.

Cada estudiante debería —durante cinco minutos en perfecto silencio y calma en algún momento del día— reclamar el pleno poder de percepción y su plena actividad en su vida y mundo. Esto le permitiría a todos tener perspicacia *[insight]* y presciencia *[foresight]* en cuanto a sus actividades y asuntos, actividades que todos los estudiantes necesitan y realmente anhelan. Hay que contemplar que ahora mismo se cuenta con el pleno Poder o Proyección Divina y Precipitación, así como el Poder de moldear y manifestar la sustancia Interna en cualquier forma que se desee. Todos ustedes pueden aplicar esto.

He aquí un Secreto del cual no conocido ni concebido, excepto en los Retiros, el cual es exactamente lo opuesto de lo que ordinariamente se deriva de la actividad externa en general: Cuando lo Interno ha elevado lo externo hasta cierto punto de reconocimiento, lo externo comienza a regocijarse sobremanera con esta acción cooperativa. De aquí en adelante, el esfuerzo consciente para aferrarse al deseo gozoso de actuar dentro del Círculo Mágico, facilita la cuestión mucho más de lo que Yo puedo explicarles en palabras. Varios están ya próximos a este punto, por lo cual me regocijo con ustedes.

PENSAMIENTOS DE CRÍTICA Y JUICIO

Advertencia: Cada uno de ustedes debe asumir la postura

determinada de que ningún pensamiento de crítica, juicio o condenación habrá de encontrar alojamiento en su conciencia en ningún momento. *«"YO SOY" envuelto en el Manto del Cristo Maestro; por lo tanto, mantengo mis pensamientos, sentimientos y palabras libres de toda crítica y juicio.»* De mantenerse así, se abrirán las puertas de una maravillosa Luz y Actividad. Asuman entonces la postura de que cuando ya hayan hecho lo mejor que puedan por un individuo mediante la Instrucción o Radiación (o ambas), colocarán a dicha persona en las Manos de Dios, e insistirán en que el ser externo de ustedes deje de considerar ese asunto. Tal actitud les dará un Poder, Actividad y Uso de la "Presencia" Interna que les sorprenderá en gran medida.

INSINUACIONES PARA EL GRUPO

Nos sentimos muy animados con respecto a la armonía poco usual que se manifestó en los individuos ayer. De mantenerse este gran sentimiento amoroso y gozoso de un estudiante por otro y hacia la Instrucción, maravillas ocurrirán en medio de ustedes. Varios han buscado la Presencia visible de uno o más de los Miembros de la Hueste Ascendida. Esta actitud mantenida podrá hacer posible que tal deseo se realice en el grupo. Si cada uno puede entrar gozosamente a la aceptación de esta idea, no hay duda de que todo estará bien.

Al contemplar la práctica de la Verdadera Visión, que cada uno le pida a su propio Ser Interno una convicción firme en su uso, ya que cuando la Visión ha puesto la imagen deseada dentro del Gran Silencio, es categóricamente cierto que será impulsada hacia la forma visible. No tengan ninguna consideración excepto para saber que la imagen es colocada dentro del Gran Silencio —firme y clara; y no necesitarán ustedes preocuparse de cuándo se manifestará, ya que la Ley del Gran Silencio consiste en impulsarla hacia afuera y adelante a la forma visible en el momento en que se registra.

Como regla general, el estudiante que se esfuerza por colocar adentro la imagen visualizada, inmediatamente comienza a cuestionarse si realmente dicha imagen llegó allá. Este cuestionamiento impide que la imagen se registre claramente sobre la Placa Interna (o Gran Silencio). Cuando se conforma la imagen, lo único que le toca a lo externo es saber categóricamente que está registrada con su plena y total claridad —y luego descansar en ello. El deseo ha trascendido. Sepan que ha trascendido y que producirá su acción visible.

DESAPARICIÓN DE LOS ANIMALES DE LA TIERRA

Quizás una de las cuestiones más sorprendentes en toda la

manifestación es el tremendo poder que el amor de un individuo tiene para elevar la conciencia de un animal, tal cual se ilustra de manera tan maravillosa en *Misterios Develados*. Es una bella ilustración de cómo el amor intenso de la humanidad por los animales muy pronto los sacará a todos de la expresión externa.

Metempsicosis: Hubo una época en el progreso de la humanidad en la que comenzó la división consciente del uso constructivo y destructivo del Poder Interno y Energía. Mediante el poder de la magia negra —o mala utilización de la Energía Una— se dio el caso de que un individuo forzara al alma de otro a abandonar su cuerpo; se conformó el cuerpo de un animal, y se obligó a dicha alma a utilizarlo. Fue de esta condición que emanó la leyenda de la transmigración de las almas. Sólo ha habido un período a lo largo de las centurias en el que esto ocurrió. La Hueste Ascendida consumió y desbandó esta actividad para siempre. Pero la memoria, que nunca ha sido borrada en el archivo etérico, todavía permanece; y de vez en cuando surgen personas que, al haber establecido contacto con este archivo, mantienen viva esta idea que hace rato debía haberse olvidado.

DOMINIO SOBRE EL CUERPO

La gente, si tan sólo se diera cuenta de ello, podría hablarle a los órganos o partes del cuerpo físico de la misma manera que le hablaría a un niño cuya obediencia desea. Se puede decir, *«¡Mira, asume inmediatamente una actividad perfecta y normal, y haz que se mantenga!»* Durante el tiempo que la vida permanece dentro del cuerpo, hay innumerables pequeños trabajadores cuyo deber consiste en reconstruir la estructura atómica de la forma y mantenerla en orden perfecto. Una vez más, a dicha parte de la actividad vital se le puede decir: *«Procura que mi cuerpo sea flexible y perfecto de forma, así como también bello; que mi cabello, ojos y toda parte de mí brille con la Luz de la Actividad Interna.»*

El hecho y Verdad Eterna es que la conciencia es la dueña y señora absoluta de todas las actividades del cuerpo, y las puede moldear en forma y acción perfectas. La única razón de que aquellos que saben esto no logren sus manifestaciones es que no perseveran en el trabajo. Si un niño desobediente se estuviera dando a la tarea de destruir algo bello y valioso en el hogar de ustedes, de seguro que le pondrían coto a eso. Ha llegado el momento de que ustedes realicen un trabajo permanente en sus cuerpos.

TRABAJADORES ELECTRÓNICOS

El trabajo de reparar y perfeccionar el cuerpo se hace a través del electrón. Díganle a los trabajadores inteligentes en todo su cuerpo: *«Pónganse a trabajar y estén pendientes de que toda partícula de esta estructura sea reemplazada con la Perfección de Dios.»* Hagan esto especialmente por la noche antes de acostarse. Dense cuenta de que están poniendo a trabajar a seres inteligentes que les obedecerán. Hay que impresionar sobre los trabajadores la conciencia de que la Perfección es permanente. El electrón es un foco de energía perfecta del cual los trabajadores extraen su Perfección. En vez de saber que todo lo que colocamos dentro del cuerpo es la Sustancia Pura de Dios, la mayoría de nosotros tiene la idea de que alguna Sustancia de Dios puede ser dañina. Esta idea de que alguna Sustancia de Dios sea naturalmente dañina e inarmoniosa para el hombre es un total disparate.

A LOS QUE COMEN CARNE

La razón de que la comida cárnica no tenga lugar en el cuerpo humano es que hay cierta cualidad animal en la estructura natural de la carne, y ésta, automáticamente, actúa desde su propio ambiente entrenado de actividad.

Pregunta: "¿Qué causa este cambio en el deseo por la comida?"

Saint Germain: Dicho cambio se produce mediante la elevación de la conciencia, y esto acelera la actividad de los trabajadores atómicos.

Muy importante: El campo de fuerza que rodea al electrón es, naturalmente, la Perfección. El campo de fuerza entre los átomos positivos y negativos puede ser cargado de tal manera con la fuerza del electrón, que puede mantener una constante actividad constructiva. Esto se hace mediante la actividad consciente del pensamiento a través de la Visión. La incumbencia de la actividad consciente y el uso correcto de su poder es el de calificar este campo de fuerza entre los átomos con la perfección del electrón. La naturaleza de los pequeños trabajadores es la de mantener la Perfección. Una buena afirmación es: *«Velen porque esto sea renovado y mantenido en su actividad perfecta.»*

Recuerden siempre: La mente humana se revertirá a la imperfección a menos que se mantenga un agarre de acero sobre ella hasta que se realice la unión completa con la Llama Dorada. ¡Asuman su postura correcta! Sepan que ustedes tienen dentro de sí la Magna "Presencia" Maestra, y díganle que esté pendiente de que ustedes permanezcan sostenidos en la actividad constante de Perfección. Ustedes conscientemente tienen que darle calidad y permanencia a la calidad de la estructura atómica, si es que se habrá de mantener la Perfección sin interrupción. Ordenen a menudo: *«¡Les estoy hablando a ustedes, los trabajadores conscientes del proceso constructivo! ¡Estén pendientes de que la Perfección sea creada y mantenida en toda función de todos mis cuerpos!»*

EN CUANTO A LOS GÉRMENES

No existe germen de enfermedad alguna, salvo el que la mente consciente crea. A esta actividad la profesión médica la llama "gérmenes".

Fagocitos: Estos pequeños trabajadores son constructivos por naturaleza, y son colocados en el cuerpo para mantener la Perfección; pero la discordia en el pensamiento y sentimiento —de permitírseles que se expresen en la conciencia del individuo— los obliga a realizar otra actividad distinta a su trabajo natural.

Para sanar más rápidamente: Cuando visualicen la Luz Dorada en acción, califíquenla con Inteligencia Infinita, y ordénenle a estos pequeños trabajadores que creen y mantengan la Perfección en la mente y en el cuerpo. Esto añade un valioso elemento a la Actividad Sanadora, que es la acción natural de esta Luz Dorada. En la Luz está contenida una Actividad Inteligente. Cuando Ésta es dirigida mediante el Comando Consciente, pone en movimiento el tremendo Poder del Cristo. Logren la plena realización de este hecho en todo momento, de manera que puedan saber que esta conciencia siempre actúa de acuerdo a lo que ustedes reclamen. En vez de permitir que estos pequeños trabajadores en el cuerpo acepten sugestiones destructivas, utilicen el Comando Consciente que todos ustedes tienen para mantenerlos en su propia actividad natural perfecta. Cuando les toque sostener la visión de la Sanación, asegúrense de calificarla de esta manera mediante el Comando Consciente.

TRASCENDER LA LEY DE CRECIMIENTO

Al utilizar el Comando Consciente como Cristos, trascendemos la Ley del Crecimiento. La Ley del Crecimiento sólo tiene lugar en la actividad externa. Hubo una época en la que el nacimiento se daba a través del Poder de la Visión Externa que creaba las formas completas según los deseos de los Maestros internos. Este es el mismo Poder que utilizan en la actualidad los Maestros Ascendidos que proyectan formas para Su propio uso. A menos que ciertas actividades requieran realizarse al mismo tiempo, los Seres Ascendidos generalmente llevan sus propios cuerpos para el trabajo. Si se requiere realizar tres o cuatro actividades al mismo tiempo, Ellos proyectan el mismo número de formas a través de las cuales la Energía habrá de actuar.

La Ley de Crecimiento es sólo un concepto de la mente humana que acepta la limitación del concepto de tiempo. La Hueste Ascendida puede enviar o proyectar una forma con la misma facilidad

que se proyecta un pensamiento. La acción instantánea del deseo crea
la forma mediante el pensamiento —ya que Sus creaciones mentales
son instantáneas. Si ustedes desean proyectar sus pensamientos a la
distancia, sólo tendrán que revestirlos con la imagen suya. Para hacer
una forma tangible a los sentidos externos, ésta tiene que ser revestida
por la estructura atómica.

MEDIOS SUPERIORES DE TRANSPORTE

Transportar un cuerpo mediante la levitación es una actividad
mucho más baja que el disolverlo y reensamblarlo a la distancia. Éste
último es un proceso mucho más rápido. La manera que se utilizó para
transportar los objetos desde el Templo de Mitla al Royal Teton fue el
Proceso de Desensamblaje.* Éste fue el método que se usó para todo en
el Retiro, excepto en el caso de los cuadros. En cuanto a los cuadros,
no quisimos interferir con la estructura cohesiva según había sido
establecida previamente, por razones que no pueden explicarse ahora.
Al pasar a través de objetos sólidos, las cosas son desarmadas y vueltas
a ensamblar al otro lado. De esta manera mantenemos intactos los
planos internos, y volvemos a ensamblar el artículo de acuerdo con ese
Patrón de Perfección.

BENDICIÓN

*Oh Magna "Presencia" Infinita, damos ala-
banzas y gracias por la claridad de pensamiento y comprensión hoy en día, porque tu Magna
Inteligencia está ahora actuando en la mente y
cuerpo de estos Tus estudiantes, eternamente
sostenidos en Tu plenitud y actividad.*

---

* La narración de lo acontecido en el Templo de Mitla aparece en el libro
Misterios Develados de Godfre Ray King (Op.cit).

DISCURSO XXIV

22 DE SEPTIEMBRE DE 1932
SAINT GERMAIN

INVOCACIÓN

Mediante la Señal del Corazón y la Cabeza, que es Tu Símbolo de Amor y Luz, te saludamos, oh Guardián Silencioso. En las profundidades de Tu gran Paz y Silencio nos proyectamos y recibimos Tu Magno Esplendor, el cual llena nuestras vidas, hogares y mundos con la Actividad Conquistadora de Tu Magna Presencia. De la plenitud de Tu Presencia Activa emana la acción cooperativa aceleradora de la vida externa e Interna a la Plena Expresión de la Vida en cada uno.

Ofrecemos eternas alabanzas y gracias por ese contacto eterno Contigo, y porque sabemos que Tu Presencia Maestra está eternamente dando de Sí misma toda asistencia que se requiera para mantener el contacto perfecto con el Poderoso Ser Divino en cada uno, de manera que podamos vivir, movernos y cosechar la Gran Recompensa de la Paz Eterna, Vigilancia Eterna —eternamente recibiendo esa Gran Luz cada vez más fuerte todos los días de nuestras vidas.

EL DISCURSO

CHISME, CRÍTICA Y JUICIO

En la conciencia de todos y cada uno está la Eterna Vigilancia en guardia que le advierte a lo externo de abstenerse de todo aquello que pueda crear alguna actividad destructiva, si el individuo tan sólo escuchara a sus exhortos. El que un estudiante ceda y se rebaje al nivel del chisme maligno representa un proceso violentamente retrasador para su propio desarrollo. Para nada importa cuál parezca ser la apariencia, nadie debe ponerse a juzgar a otro. Aquellos que ceden ante tal puerilidad le abren las puertas de par en par a fuerzas más destructivas que una boa constrictor en la selva, o un tigre que los despedazaría. Estos animales tan sólo destruirían la forma externa, mientras que el *CHISME, LA CRÍTICA Y LA CONDENACIÓN CONFORMAN EN EL CUERPO MENTAL UN ELEMENTO DESTRUCTIVO, CUYO DESALOJO LE TOMARÁ A TALES INDIVIDUOS MÚLTIPLES ENCARNACIONES.*

Si los estudiantes que reciben esta Instrucción no pueden resistir la maligna embestida de estos elementos acumulados, deberían retirarse de las clases hasta el tiempo en que puedan auto-conquistarse y ser capaces de enviarse Amor, Paz, Armonía y Buena Voluntad unos a otros. Los estudiantes deben entender, al entrar a la acción consciente o corriente de vida, que están o han entrado al proceso de tamizado, en el cual, ya sea que se elevan sobre las Alas del Amor Eterno, o caen al borde del camino y son tragados por el dragón de las fuerzas externas.

AUTO-CONTROL

Todo estudiante que haya entrado al Sendero Consciente y desea proceder y ser bendecido por esa Maravillosa y Poderosa Luz anclada en el corazón de cada uno, debe apartarse de toda crítica y juicio de la misma manera en que se apartaría de una víbora que, de picarle, le inyectaría un veneno mortal en el cuerpo. El estudiante debería entender que al permitirse caer en este indeseable hábito, no hace más que herirse a sí mismo. Nadie puede hacerle daño a otro que está lleno de amor hacia todos y todas las cosas, porque la Conciencia de la Actividad del Amor Divino en la vida del individuo erige una Magna Armadura de Protección que nada de lo externo puede penetrar —ya que Dios es Amor y siempre protege a los suyos.

Los estudiantes que hayan tenido dificultades para controlar sus pensamientos y sentimientos armónicamente deberían entender que al entrar bajo esta Radiación se aceleran tremendamente todas las facultades de su ser. Por ello, son más sensibles tanto a lo indeseable como a lo bueno y deseable. Pero no puedo hacer el suficiente énfasis sobre el particular de que *TODOS, AL CONTAR CON LIBRE ALBEDRÍO, TIENEN EL PODER PARA GOBERNAR Y CONTROLAR CÓMO HABRÁN DE PENSAR Y SENTIR.* Todos deberían mantener esta verdad frente a sí en cada momento.

Todo aquel que difunde un chisme —sea verdad o mentira— no sólo se hace daño a sí mismo, sino que a menudo le cierra la puerta a aquellos que desafortunadamente aceptan el chisme y se espacían en él. De manera que quienes cedan al chisme deben entender cuán trascendental es el daño que se hacen a sí mismos y a sus amistades. La vertida consciente del Amor Divino en todas las situaciones permitirá a aquellos que estén adictos a tal hábito a encontrar una rápida y total liberación de estas condiciones.

Me regocijo sobremanera cuando alguien que tiene una gran fortaleza interna es capaz de resistir y rehusar cualquier sugestión sutilmente destructiva, y de pararse firme con (y en) la Magna Presencia de su Glorioso Ser Divino. Mantengan el paso, mis amados, y llegarán a escuchar las Campanas de la Liberación, de la Libertad, sonando para ustedes en el Gran Ritmo de la Luz Eterna.

LAS CLASES

Nosotros vemos y conocemos la belleza del alma de todos los que asisten a sus clases. Ellos han sido traídos a ustedes por conducto de la Magna Presencia de sus propios Seres Divinos. Duele el corazón al sólo pensar que alguien pueda cerrarle la puerta a las Grandes Bendiciones y Luz que tienen en sus respectivos umbrales. Sin embargo:

> *Sólo Dios es Grande*
> *Y tiene en Sus Manos la Gracia Eterna.*
> *Y al pararnos fuertes y firmes*
> *Veremos a Dios cara a cara.*

En estas cuatro líneas está contenido todo un volumen. Cuando se dice que "veremos a Dios cara a cara", es un hecho real que han experimentado cientos de individuos firmes, ya que el Dios que gobierna el universo es Uno y el mismo que tu propio Magno Ser Divino Maestro.

VER LA CARA DE DIOS

Ya es hora de que los estudiantes sinceros entiendan que su propio Magno Ser Divino —que siempre les vierte Su Energía para que la usen— es ese "Él" que ha creado todos los mundos y traído a la forma toda sustancia. Admito que si bien éste es un pensamiento estupendo, es igualmente verdad; y aquellos que mediten sobre esta sencilla y Magna Verdad encontrarán abierta la Puerta Más Alta a su Conciencia, y estarán en capacidad de aceptar y utilizar esta *Verdad Eterna*. Es la enseñanza desafortunada, a lo largo de las centurias, lo que ha hecho que la humanidad sienta que tiene que ir a algún lugar distante para encontrar esta Magna Presencia de Dios.

Es una falacia eso de que nadie puede ver la cara de Dios y seguir viviendo, ya que Yo conozco a cientos de estudiantes de la Luz que han visto a su propio Ser Divino *[God Self]* con la misma claridad y certeza con que ustedes se ven entre sí en sus propias experiencias externas. *El Ser Divino en ti es el mismo Dios que está en el Corazón, en el Puente de Mando del Universo.* Es una lástima que los estudiantes sientan o piensen que ésta es una Verdad demasiado estupenda para ser realizada en sus vidas individuales; pero quiero asegurarles que, en proporción a la intensidad con que se reconozca esta Verdad, cualquiera que tenga una firme determinación puede ver la Faz Esplendorosa de esa Magna "Presencia Divina". Lejos de ser mitos o inventos de la imaginación, estas afirmaciones son Verdades tremendas que los estudiantes pueden entender y utilizar con Bendiciones Sempiternas en sus experiencias externas.

AUTO-CORRECCIÓN EXTERNA

Resulta muy extraño que muchos estudiantes que han estudiado —y en gran medida diligente y sinceramente en ello— no despierten al hecho de que la Auto-Corrección de lo externo es la sencilla, si bien Magna Actividad que hay que utilizar. *El ser externo de cada uno tiene que ser conquistado, y no hay forma de escapar de este hecho. Esto es lo que "Maestría" significa, y no hay Maestría para nadie sin ello.* Quienes sean diligentes y determinados naturalmente recibirán una gran Asistencia, pero aquellos que no hagan el esfuerzo sincero encontrarán cerrada la Puerta a su progreso adicional. Que Dios los bendiga y les muestre el Camino.

La Ayuda que ha sido enfocada sobre la Tierra últimamente, mediante el esfuerzo de Ciclópea —el Guardián Silencioso— el Querubín y los Devas, así como la Más Alta Influencia desde cada uno de los Siete Planetas de este Sistema, ha permitido que dicho Poder se enfoque sobre la Tierra, haciendo de este Planeta el eje de una rueda —simbólicamente hablando. En las clases suyas están aquellos que verán esta Actividad, y les llamo su atención al respecto porque les ayudará a quienes puedan verla.

INCUMBENCIA DE LOS ESTUDIANTES DE LA LUZ

La verdadera incumbencia de los sinceros estudiantes de la Luz es ser capaces de estar al tanto de las fuerzas destructivas externas generadas por la humanidad, de ver dentro de ellas y ver allí, *activa,* la Magna Presencia de Dios consumiendo todo aquello que no sea de la misma naturaleza de esa Gloriosa "Presencia". Dicho estudiante tiene que estar totalmente desaprensivo en cuanto a las fuerzas destructivas o lo que aparentan ser informes desastrosos.

Tu visualización: Así como el amanecer de una mañana brillante absorbe el rocío matinal o la neblina, así la Presencia de Dios visualizada y sostenida firmemente dentro de lo que parecen ser condiciones destructivas, tendrá un efecto similar. De esta manera, se las tremendas Bendiciones para la humanidad pueden extraerse del aparente caos, ya que debería recordarse en todo momento que lo externo no es más que la cambiante y evasiva arena movediza de la creación externa del hombre. Por tanto, no tiene permanencia alguna, y es el privilegio de todo estudiante convertirse en un maravilloso Mensajero de la Luz. Algunos dirán, "bueno, pero, ¿cómo encuentro tiempo para hacer esto con toda la actividad externa que me rodea?" A ustedes les digo que todo aquel que trate de hacerlo, encontrará día por día más tiempo libre en el cual llevar a cabo este gran Servicio.

Periódicos: Si todos los periódicos en el país comenzaran a imprimir en grandes titulares, *"¡Regocíjense! ¡La Paz Amorosa y Prosperidad de Dios ya están aquí!"*, en un lapso de siete a diez días la Transformación sería completa. No obstante, creo que al *Tribune* de Chicago y el *Post* de Denver todavía les falta inspirarse para llevar a cabo tan intrépida acción, y se sorprenderían y animarían por la velocidad con que la humanidad se alinearía al aceptar esta idea.

EL OJO TODO-AVIZOR

El Ojo Todo-Avizor es la Presencia, el Esplendor y la Actividad del Magno Ser Divino *[God Self]*, y es en realidad el Guardián Silencioso

Aprendan siempre a revertir inmediatamente todo lo que sea contrario a la Actividad Perfecta. Arránquenlo de raíz y díganle: «*¡Esto no es verdad; yo sí tengo lo que es Perfecto!*»

La Vida, el Amor, la Luz y Dios son Uno, lo mismo. Son sencillamente expresiones distintas de igual Acción.

En realidad, nunca se da ninguna actividad de caída al plano físico. La única Actividad verdadera es siempre la elevación de lo físico por la "Presencia" Interna hacia Sí. Toda actividad externa emana de la Energía que da la "Presencia" Interna y, por ende, ante ustedes está la prueba de que todo lo que existe no es más que un Proceso Elevador; y lo que parece ser la actividad de lo externo es, en realidad, el reverso exacto del Verdadero Proceso: al proyectar hacia abajo la "Presencia" Interna Su energía, lo externo se pone en movimiento como una actividad en espiral que lo lleva hacia arriba.

Así como los átomos conforman el cuerpo o forma externa del individuo, así los individuos conforman los átomos en el Gran Cuerpo de América o del Cristo. Los individuos son átomos en el cuerpo de un gobierno o imperio.

Gandhi: Gandhi está por completo en el Rayo del Amor.

Ánimo: Estos son tiempos en que el ánimo es absolutamente necesario e imperativo, ya que eleva y trasciende en ciertas actividades. Algunas veces todo se retira, y el alma queda sola para probar su propia fortaleza y revelar los impulsos que todavía le quedan dentro. Piensen siempre en todas las pruebas: *"En mí sólo hay Dios en Acción, y "YO SOY" sostenido por esto a través de todas las pruebas."* Sepan igualmente que, *«¡En todos mis asuntos no hay más que Dios en Acción, y "YO SOY", por eso, abundantemente suministrado y sostenido !»*

BENDICIÓN

¡Magno Esplendor de la Luz Cristal! Así como te has manifestado a través de Tus maravillosos Mensajeros, te damos alabanzas y gracias por Tu Poder eternamente sostenedor, siempre vertiendo su Esplendor y Presencia en nuestras vidas, mundos, hogares y experiencia. Que su Poder Sostenedor fluya al corazón de todo estudiante sincero.

DISCURSO XXV

26 DE SEPTIEMBRE DE 1932
SAINT GERMAIN

INVOCACIÓN

Oh Gran Estrella de Luz y Amor! Estamos llenos con un gran regocijo porque una vez más, después de tanto tiempo, has vuelto a proyectar Tus Rayos penetrantes sobre la Tierra. A través de Tu Magna Cualidad y Poder entrará a los corazones de los hombres la Poderosa Luz del Cristo, la Magna "Presencia YO SOY", sosteniendo allí Tu Anclaje, de manera que puedas atraer y sostener la atención hasta que la Plenitud del Cristo logre su dominio en los corazones de los Hijos de la tierra. Damos alabanzas con gran regocijo porque el Magno Creador de todas las cosas y Tú han considerado apropiado volver a cubrir a los Hijos de la Tierra con Tu Esplendor.

Les traigo saludos de parte de nuevos Amigos. Les traigo saludos y esperanza de parte del nuevo Esplendor. Siempre les traigo Amor y Saludos de parte de la Gran Hueste de Luz.

EL DISCURSO
CREATIVIDAD INHERENTE

Una de las primeras cosas que todos los estudiantes deberían fijar firmemente en sus conciencias es la Verdad de que ellos no pueden despojar a su pensamiento, sentimiento y palabra hablada de su cualidad y poder creativo. Esto, de sostenerse firmemente ante la conciencia de los individuos, hará mucho bien y explicará por qué es tan importante controlar los propios pensamientos, sentimientos y palabras que se pronuncian.

A lo largo de las centurias la humanidad ha cometido el gran error de enfocar la atención sobre la acumulación humana en vez de ponerla sobre el Principio de Vida dentro del individuo —la "Magna Presencia YO SOY," que cada uno realmente es. Hasta desde el punto de vista de la observación externa, todos aquellos que se detienen a pensar seriamente tienen que saber que este Principio de Vida —el cual vemos manifiesto por doquier— es Eterno y es la Actividad de Dios, el Creador de todas las cosas visibles e invisibles. Por lo tanto, ese Principio de vida dentro de nosotros es *Uno* en Calidad y Poder con el Creador del Universo. Una vez más, quisiera recordarles que ustedes cuentan para uso consciente suyo con *la totalidad* de las Cualidades, Poder y Actividad de la "Magna Presencia YO SOY" —la Deidad *[Godhead]*.

Luego, *nunca más* olviden sus posibilidades ilimitadas. Dios, la "Magna Presencia YO SOY", con el pensamiento llevó a la forma todo eso que ustedes ven. La misma magna Cualidad inherente está en el pensamiento de ustedes hoy. Es privilegio de ustedes utilizar esta Cualidad inherente para crear la Magna Perfección en sus mundos individuales. En esta Magna Presencia Creativa y Principio se encuentra la Eterna Opulencia Omnipresente. A lo que me refiero al hablar de "opulencia" es a dinero, Amor, Luz —el Poder Eterno de la Actividad, la Paz y la Armonía de la misma Calidad y Plenitud que se encuentran en la "Magna Presencia YO SOY" o Corazón del Grande y Poderoso Silencio, el Gran Sol Central.

Con el Magno Poder del libre albedrío que ustedes tienen, no hay en el universo una autoridad que pueda indicarles qué pensar, sentir o decir —ni tampoco para evitar que ustedes piensen, sientan o digan— salvo *ustedes mismos.* Entonces, ¡DESPIERTEN, oh estudiantes de la Luz, al uso consciente de este Magno Poder naturalmente inherente dentro de ustedes!

DESARROLLO VS. EXPANSIÓN

Existe un gran error que la humanidad cometió hace tiempo; y al traerlo a la atención de ustedes, quisiera imprimirlo de manera indeleble en sus conciencias. Se trata de lo siguiente: mediante la observación, la conciencia externa de la humanidad ha advertido cosas —creaciones— desde el punto de vista del desarrollo o crecimiento, si bien para el estudiante de la Luz la cuestión debería ser considerada desde el punto de vista de Expansión. El correcto entendimiento borrará de la conciencia esta inhibición o idea de desarrollo. Según el sentido externo, el desarrollo requiere de un lapso corto o largo, de acuerdo con la propia comprensión o actitud hacia ello.

La idea de Expansión le permitirá a la conciencia individual sentir su libertad y liberación más rápidamente —¡ahora! Es Nuestro privilegio expresar y usar la forma completa y perfeccionada del objeto, artículo o sustancia que podamos desear utilizar. Esta conciencia de Expansión se produce a través del reconocimiento de la Expansión de la "Magna Presencia YO SOY" —*el Todopoderoso Principio de la Vida*— que anima, gobierna y dirige a la forma externa.

Ya es hora de que la gente borre de su conciencia la idea de desarrollo —lo cual entraña un mayor o menor tiempo— y entre a su Liberación Dada-por-Dios *[God-given]* a través de la Expansión. Y entonces, vivir, moverse y *ser* esa Plenitud y Liberación en y de todas las cosas, ¡lo cual es el derecho natal de todo el mundo!

Voy a hacer un esfuerzo personal con quienquiera contacte esta Instrucción, a fin de asistir a todos a que borren de sus conciencias la idea de tiempo y desarrollo, y a entrar a la Expansión de ese Gran Ser Divino *[God Self]*, la "Magna Presencia YO SOY" —en la que todo lo que se pueda requerir o desear traer a la expresión y uso ya está dentro de sus mundos a la espera de que sus habilidades abran la Puerta y se efectúe el llamado. Todos aquellos a quienes llegue esta Instrucción tendrán la habilidad de hacer esto, con la asistencia que se les dará. Tenemos que llegar al punto en que lo externo y lo Interno sean Uno; y el reconocimiento de esta Expansión del Ser Divino *[God Self]*, la "Magna Presencia YO SOY", es esa *Unicidad* —o, más bien, la verdadera *Unicidad* se dará mediante este reconocimiento.

GRAN ERROR

Hay ciertos individuos que han reconocido en alguna medida que ahora viven y se mueven en sus propios mundos perfeccionados. La idea o conciencia de que parece haber un pasado, de que hay un presente y posiblemente un futuro, ha llevado a la actividad externa de la mente, bien hondo dentro de la conciencia de desarrollo. La realización de la Expansión de la "Magna Presencia YO SOY" en el individuo le permitirá a quienes entiendan esto entrar a (y utilizar) este Reino de Perfección con una certeza y velocidad mucho mayor. Los estudiantes podrán entrar más plenamente en Su gran Uso.

Amados estudiantes, traten de darse cuenta con gran intensidad de que esta Energía que ustedes utilizan todos los días hasta para levantar la mano, tiene inherente en Sí la Magna Inteligencia, Poder y Actividad de Dios —¡la "Magna Presencia YO SOY"! Al no haber estado conscientes *[aware]* de esta tremenda Verdad, ustedes, sin saberlo, la han recalificado y cargado con toda índole de limitaciones.

OTRO GRAN ERROR

Otro de los grandes errores que la gente comete consiste en tomar demasiado en serio las apariencias externas y, mediante dicha seriedad, darles cierto poder. Por ejemplo, ocurre una apariencia de accidente, y la gran multitud de mentes dice, "Oh, ¡qué cosa tan horrible!", cuando quizás sería lo mejor que pudiera pasarle al individuo y a todos los relacionados con él. Lo ideal sería asumir la actitud de siempre vivir en el control equilibrado de las emociones. Todos aquellos que lleven a cabo esto recibirán una bendición tremenda.

LA ESTRELLA DE AMOR

Hoy por primera vez en dos mil años, la Estrella de Amor, creada y enviada a este sistema de mundos por la Inteligencia del Gran Sol Central, ha comenzado a derramar los Rayos de su Esplendor sobre la Tierra; y hoy, los primeros Rayos han tocado la Tierra.

Este Esplendor estuvo presente al nacer Jesús y durante Su Ministerio, y se retiró al ascender Él. Ha vuelto a aparecer una vez más, y permanecerá durante más de mil años. Les aseguro que esta es una actividad que los astrónomos no detectarán con sus instrumentos físicos, ni habrá de ello el más mínimo registro astrológico; pero, no obstante, es tangible a pesar de todo eso.

Antes, cuando esta Estrella apareció, sostenía como característica dominante o principal de su Vertida el Elemento del Amor. Esta vez Su Esplendor sostiene en perfecto equilibrio el Amor, la Sabiduría y el Poder; y esto es parte de la explicación de que Nosotros hayamos dicho repetidamente que el Poder Crístico casi parecerá entrometerse, pero sólo a causa de la actividad aceleradora que ha entrado y entrará a la conciencia de todo individuo.

De allí que todos aquellos que utilicen mal la Gran Energía y Privilegio que tienen experimentarán rápidamente una tremenda reacción. Esto podrá percibirse de tal manera que hasta los periódicos se pronunciarán al respecto, y ni hablar del reconocimiento individual.

Lo que ahora les estoy predicando es una transmisión por todo el país mediante Nuestra estación de radio secreta del Camino del Medio. ¿Por qué digo "el Camino del Medio"? Pues, porque el él está firmemente establecido el equilibro de las actividades externas y las Internas.

Todos aquellos que comprendan y hagan un esfuerzo sincero por utilizar esto, se encontrarán con experiencias sorprendentes —no por la gratificación de alguna curiosidad sino por el gran regocijo de que al fin han reconocido el Uso de su Herencia Suprema. Quienes puedan reconocer lo que se ha afirmado en relación a la Estrella de Amor, y que mediten sobre la Magna Presencia de Ella, se encontrarán por momentos como si estuvieran abrazados por un Gran Ser Individualizado. Esto producirá tal Conciencia y elevación sostenedora que muchas veces los individuos sentirán que sus pies casi ni tocan el piso.

No vayan a malinterpretar este enunciado. Esto no los hará menos iguales para hacerle frente a los problemas de la experiencia diaria, sino más bien lo opuesto, ya que este Poder Sostenedor adicional a menudo les resultará de gran sorpresa. Esto es apenas una pequeña ilustración de la manera tan tremenda con que se puede utilizar el Poder de la Estrella de Amor para solucionar todos los asuntos, y hacer de la solución algo permanente. Más aún, cuando se utiliza el Poder consciente del Amor Divino para contrarrestar y consumir aquello que es inferior a Sí, es la Magna Presencia y Poder de Dios actuando.

Pregunta la Sra. Ballard: "Yo vi los Rayos de una Estrella enfocados sobre mí mientras me encontraba reposando. ¿Qué era esa Vertida?"

Saint Germain: Fue una Magna Realidad y no un error, producto de la venida de esta Estrella de Amor, ya que tú has estado adherida a la Actividad del Amor Divino.

Sra. Ballard: "¿Por qué recibí tal corriente y vertida de Luz cuando estaba invocando el Amor Divino como una Acción Sanadora, y también cuando utilicé la frase, 'Venus, el Planeta del Amor'?"

Saint Germain: Porque habías estado sosteniendo tu atención sobre el Alto Poder de Venus, o sobre el Gran Ser que está a cargo de Venus. Él ya sabía de esto, y estaba al tanto de la Estrella de Amor.

Durante más de cincuenta años los planetas encima de la Tierra han estado conscientes de la Estrella de Amor, porque Venus es la Asistencia Consciente del Poder del Amor Divino para la Tierra. Esta actividad directriz afectará muchas, muchas cosas. Causará la disolución del elemento discordante en esta Tierra, y de ninguna manera intensificará las reacciones perturbadoras.

Allí están los que oran, suplican y le imploran a Dios, si bien a su alrededor tienen toda Su Opulencia que se vierte en medio de ellos. No la reciben porque, en su ignorancia, no saben que la cuestión requiere de una preparación consciente. Aquellos que no se preparan conscientemente tan sólo recibirán un fragmento de lo que reciben los que sí se han preparado.

Sra. Ballard: "¿Cuál es el color de la Vertida de la Estrella de Amor?"

Saint Germain: La Actividad de su Luz es muy parecida a la acción de un faro sobre cuyo lente se colocan diversos colores. Su propio color individual es de oro líquido o derretido, pero la Inteligencia controladora la califica constantemente de acuerdo con los requerimientos en los diversos lugares.

Esta es la primera vez que Su Actividad se ha efectuado sobre toda la Tierra. Hace dos mil años, Su Vertida únicamente incluyó a Judea, de la cual Belén era el foco central.

Sra. Ballard: "¿Verterá esta Estrella un Poder aún mayor para Navidad?"

Saint Germain: Sí, porque la conciencia de la humanidad se eleva durante Navidad, y esto, al haberse hecho durante tanto tiempo, ha causado que la humanidad sienta Paz y un Esplendor que se vierte a través de todos en esta época del año. De manera que constituye una oportunidad tremenda para utilizar toda fuerza adicional que se tenga a mano.

Sra. Ballard: "¿Fue ésta la Estrella que guió a los Tres Reyes Magos?"

Saint Germain: No, la Estrella que los Magos vieron era el Esplendor del Ser Divino de Jesús, el cual al momento de la Ascensión, envolvió a la forma externa en Su Abrazo Eterno.

Sra. Ballard: "¿Fue la manifestación de Jesús para con esta Tierra sólo una pequeña parte de Su Obra?"

Saint Germain: Tu pregunta suscita una muy necesaria explicación, la cual me parece oportuno dar ahora. Según sea la intensidad de la individualización de cada Gran Presencia Maestra, asimismo dicho Ser atraerá desde el Gran Manantial todo el Poder, Autoridad, Sabiduría, Amor y Actividad que se requieran en un punto dado de acción.

Podría hacerse la pregunta, "¿Por qué se le apareció la estrella a los llamados Magos?" Pues, porque en una Dispensación anterior, ellos habían sido Mensajeros Asociados de la Luz, y Su reconocimiento era indispensable para la Obra que había que hacer.

Ustedes notarán que eran tres los Reyes Magos, y con Jesús sumaban cuatro, lo cual constituía la "Cuadratura Cósmica del Círculo" para esa Dispensación a la Tierra. Esto hizo posible que dicha Actividad tuviera lugar sin interrupción.

Existen las mentes cuestionadoras que dirán, "Si Dios es *Todo* y Omnipresente, ¿por qué se habla de estas Manifestaciones de asistencia adicional?" Pues, por todos los miedos, dudas e incredulidades de la concha externa, construida por la humanidad. Estas cuestiones, mediante el uso del propio libre albedrío, hubieran retrasado en gran medida el Progreso Cósmico programado. Tal Progreso Cósmico tiene que darse según un Horario Cósmico, y siempre se da de esa manera.

Un individuo en su progreso, sin la asistencia de un Maestro Ascendido, andará a tientas indefinidamente sin saber que puede tender la mano hacia arriba y, a través de su "Magna Presencia YO SOY", hacer contacto con esos Grandes Maestros Ascendidos que han alcanzado la Victoria Eterna sobre la Tierra y sus actividades.

DESCUBRIR LA JERARQUÍA

Uno de los grandes Privilegios e incumbencias de la Hueste Ascendida es la de ayudar a todos aquellos que descubren Su Presencia, así como también a las grandes masas de la humanidad que no lo hacen. Pero todos aquellos que carezcan de un conocimiento certero acerca de la Presencia de los Maestros sólo pueden recibir apenas una fracción de lo que se les imparte a quienes sí tienen un conocimiento consciente de Su Existencia y Asistencia a la Tierra.

Una vez más, permítanme llevar la atención de los estudiantes a la Verdad de que acudir a un Maestro Ascendido por ayuda, es exactamente lo mismo que acudir a la propia "Magna Presencia YO SOY" —excepto que Aquellos que han hollado la tierra y alcanzado la plena Victoria y Maestría tienen el Conocimiento Cósmico de dicha Victoria con el cual asistir a aquellos que todavía no han ascendido.

Lo detallado a continuación es una cuestión muy poco entendida, la cual a menudo crea temor de parte de los estudiantes en cuanto a los Maestros de Luz: Los Maestros en ningún momento se entrometen en lo más mínimo en la vida del individuo, pero sí responden de una manera maravillosa cuando la atención del estudiante se enfoca en Ellos. La totalidad de Su Obra con cada individuo —trátese de un estudiante consciente o no— consiste en ayudarle a *sentir* un contacto más rápido y personal con su propia "Magna Presencia YO SOY", su Maestro Divino.

Cuando un estudiante es lo suficientemente afortunado como para tener un conocimiento consciente de los Maestros Ascendidos de Luz y Sabiduría, y trabajar con Ellos en cooperación consciente, se le permite lograr fácilmente en una, dos o tres encarnaciones lo que de otra manera le hubiera requerido doce o más para lograrlo. Luego, ¿no vale la pena todo el esfuerzo consciente y determinación que se requiere para adherirse a estos Grandes Seres y Sus Enseñanzas, a fin de no tener que andar a tientas por el sendero ni tener que esperar que la Gran Actividad Cósmica venga a impulsarte hacia adelante, hacia el lugar en el que deberías estar?

Se ha dado una gran calma en la actividad de los estudiantes ocultistas en los últimos cuarenta años, porque muchos en los grupos externos (y algunos en los Internos) no recibieron las manifestaciones visibles y expresiones que deseaban. La razón principal es que, según se indicara en *Misterios Develados*, se están trascendiendo muchas actividades del viejo orden del mundo oculto, y todo aquello que se trasciende se torna obsoleto.

Esto podrá producir un estremecimiento y ocasionar un estrépito de parte de algunos estudiantes de ocultismo, de manera que de Mí dependerá alcanzar dicho estruendo y consumirlo; pero eso no cambia la Verdad. La Dispensación o ciclo que requería del secreto del ocultismo está llegando a su fin, y ya no necesitamos más de esa actividad. Había tanto miedo en la vieja enseñanza, y tal el progreso de la era, que se requería del más hermético secreto en cuanto a ciertas frases de la Ley; y aún así, habían quienes se volteaban y las utilizaban mal.

En el uso de los Rayos de Luz, ustedes tiene el Poder para revelar sin correr el peligro del uso incorrecto, porque todo lo que la Luz y la figura del Cristo le muestre a cualquiera es para Bendición y Servicio de Luz y Amor. La Luz revela únicamente aquello para lo cual el individuo está listo; y cualquier otra idea concerniente a Ella no es más que la imaginación de la actividad externa de la mente, y no es la Verdad que emana de la "Magna Presencia YO SOY". La Luz reconoce únicamente la Perfección y no se ocupa en lo más mínimo de la insensata actividad externa. En la medida en que los estudiantes se adhieran cada vez más a la Actividad de la "Magna Presencia YO SOY", *tienen* que expresar cada vez más Su Perfección.

Me gustaría añadir que conscientemente deben ustedes colocar dentro del Esplendor de esta Gran Estrella de Amor toda cosa discordante que tengan en su conciencia y mundo. Estén conscientes de que toda actividad discordante —individual y grupal— será capturada en el abrazo de este Magno Esplendor, hasta ser borrada y consumida. Cada vez que les venga el pensamiento de tales actividades, sepan que se consume y que ustedes no tienen que repetirlo. Denle su atención y adoración a la Estrella Secreta de Amor y a los Maestros Ascendidos, sin temor a no recibir una respuesta —siempre.

A menudo eso que sienten como una banda o algo apretado alrededor de la frente es un Gorro de Luz Dorada-Cristal. Se coloca sobre la cabeza de un individuo para sostener firme cierta actividad del Esplendor que emana de la propia "Magna Presencia YO SOY". Esto siempre se hace en cierto punto de la Expansión de la Luz en todo el mundo.

BENDICIÓN

"Magna Presencia YO SOY," Creadora y Precipitadora de toda manifestación, te damos alabanza y gracias porque Tu Magna Ley Invencible está ahora en operación total en la conciencia de estos Tus Mensajeros, y porque todos sienten su plena significación. Sostén a cada uno en Tu Poderoso Abrazo hasta que experimente el completo uso consciente de tu Amor, Sabiduría y Poder.

[*Reimpreso de "LA VOZ DEL YO SOY" de Junio, 1936*]

DISCURSO XXVI

29 DE SEPTIEMBRE DE 1932
SAINT GERMAIN

INVOCACIÓN

Oh Magna y Majestuosa "Presencia"! ¡Magno Principio Activo de Dios, por siempre esforzándote por presionar hacia adelante a la acción, a la manifestación! A Ti, Maravillosa "Presencia", Luz Eterna y Sabiduría Ilimitada, te damos gracias y alabanzas porque ahora y por siempre reconocemos firmemente Tu Presencia Omnipenetrante en nuestras mentes, mundos, hogares y asuntos. No importa qué pueda parecer, que permanezcamos firmes en el reconocimiento de Tu Maravillosa Presencia.

Les traigo a todos saludos de parte de la Gran Hueste Ascendida.

EL DISCURSO

DEPENDENCIA ÚNICA

En la Puerta de la Conciencia de todo individuo debería tallarse por siempre las palabras: *«Sé tú mismo»*. Por esto quiero decir, depende únicamente de esa Magna "Presencia" Divina en ti. No importa cuán maravillosa pueda ser la experiencia que te venga por otro canal, entrena al ser externo a acudir a ese Ser más Profundo y más Verdadero, del cual saldrá esa Grande y Profunda Expresión que satisface todo pedido. En al menos el setenticinco porcient de los casos, la perturbación en el ser y mundo externo se debe a recibir y actuar —ya sea consciente o inconscientemente— en base a las sugestiones ajenas.

Si observamos y sentimos adentro la "Presencia Divina" que

nos impulsa a la acción, muchas veces podremos tomar ventaja de las sugestiones en vez de ser manipulados por ellas. Esta referencia concierne a las condiciones externas, a medida que uno se desempeña en el mundo en la propia vocación diaria. Claro está que esto no se aplica a la Verdadera Instrucción, ya que la Verdad no es una sugestión, y estamos supuestos a aplicar la Verdad de manera consciente y sincera.

NINGUNA CONDICIÓN ADVERSA

Sea ahora y por siempre entendido que para todo aquel estudiante o individuo que se ha hecho consciente *[aware]* de su Magna "Presencia de Dios" dentro de sí y a su alrededor, no hay una condición adversa, no importa cuál parezca ser la apariencia. No importa cuál parezca ser la apariencia de lo que sea, con la atención fija en este reconocimiento es imposible que nada que no sea el bien resulte de toda condición. A la vez pueden ustedes ver cuán imposible sería que Dios hiciera una condición que le afectara adversamente a Él. Ningún estudiante puede alcanzar y mantener su libertad de la limitación sin reconocer y aplicar esta sencilla, si bien Poderosa Verdad.

De allí que sea tan pueril e insensato que un individuo, en el reconocimiento de esta Magna "Presencia", siga dándole poder y autoridad a cosas externas. Una vez que los estudiantes han entrado al Sendero Consciente, deberían entender que tienen que mantenerse en vigilancia consciente para su propia protección, defensa y liberación — y saber categóricamente que Dios en ellos es la única Inteligencia Directriz.

PENSAMIENTOS MAL ACOGIDOS

De nada sirve que el estudiante sincero diga, piense o sienta que no puede gobernar su pensamiento o sentimiento. Les aseguro que al principio sí requiere de un estado de vigilancia determinado; pero tiene que hacerse, y no hay forma de eximirse de ello. Si a gente extraña le diera por abrir la puerta de tu casa y entrar sin aviso previo y sin ser bienvenidos, estoy seguro de que en breve le echarías llave a la puerta y, de ser necesario, colocarías un letrero en el exterior diciendo que únicamente los invitados pueden entrar, y que nadie será recibido sin aviso previo. El mismo principio se puede aplicar a la hora de gobernar el mundo mental o de los pensamientos, colocando un letrero afuera del Círculo Mágico de nuestra vida activa, exactamente de la misma manera en que lo haríamos afuera de la puerta de nuestro hogar.

El estudiante puede decir con plena autoridad: *«¡Dios mío! Magna "Presencia" mía, rodéame con Tu Poderoso Círculo Mágico, de manera que nada distinto a ti pueda encontrar la entrada en ningún momento. Vela porque esto sea sostenido sin interrupción en todas partes; y con Tu Invencible Poder y Sabiduría, capacítame para gobernar y calificar eternamente todo pensamiento y acción externa con Tu Pleno Dominio.*

CUIDADO CON ESTO

Mi Corazón anhela vivamente la Iluminación del estudiante que día tras día, semana tras semana, sigue diciendo: "¿Cómo voy yo a gobernar mis pensamientos? ¿Por qué estas cuestiones no se manifiestan como yo lo deseo? ¿Por qué todo no cambia como debería?" Mi querido estudiante, déjame decirte lo siguiente: Porque, en primer lugar, tú lo has erigido, lo has creado en tu mundo. En segundo lugar, cada vez que dices "por qué", "cuándo", "dónde", "cómo" o "qué" le estás dando poder al viejo momentum externo

¡Detente! ¡Mira! ¡Escucha!: Utiliza el lema que ha salido en la expresión externa de ustedes en los letreros de carretera — *"¡Detente! ¡Mira! ¡Escucha!"* — cada vez que estés tentado a hacer una declaración negativa, o admitir cosas inferiores a la Perfección.

PROMESA DE AYUDA DE SAINT GERMAIN

Les digo que todos aquellos que reciban esta Instrucción y asuman su postura determinada de gobernar sus pensamientos, sentimientos y acciones, recibirán una ilimitada Asistencia y Ayuda. Claro está, ustedes entenderán que el pensamiento, el sentimiento y la acción no son más que tres expresiones de la Fuerza Una. En vez de dejarte caer en lamentos acerca de tu aparente inhabilidad para imponerte a lo externo, utiliza esa energía para conquistar la condición dándole la cualidad que necesitas para la solución de tu problema. Di: *«Por el Poder de Dios en mí, puedo lograr la plena maestría y hacerlo ahora; y categóricamente rehuso darle poder a condiciones, personas, lugares, cosas o actividades externas. He aprendido a saber que en mi Vida, mente, cuerpo, hogar, mundo y asuntos sólo está Dios.»*

En tu trabajo de escuela cuando niño —y la mayoría de las personas han tenido sus dificultades con las matemáticas—, cuando sumabas una columna de guarismos, si no le dabas a ello tu atención total, tu respuesta indudablemente sería la incorrecta. Si el resultado te salía mal tres veces seguidas, se te llamaba la atención sobre el particular de manera inequívoca.

Asimismo es necesario que asumas la misma postura determinada, sin importar cuáles puedan parecer las apariencias. De ser necesario, grítate en silencio lo siguiente: *«¡Me paro firme! Sólo hay Dios en Acción en todo lo que me incumbe!»* Estoy sumamente contento por el hecho de que algunos están entendiendo la gran necesidad de la

Auto-Corrección, y están decididos a lograrlo. Quienes lo hagan se encontrarán avanzando lenta pero seguramente, y una y otra vez recibirán pruebas de esta Magna "Presencia" Activa. Esto, en breve, les dará toda la fe y el valor en el mundo para ponerle el pie en el cuello al ser externo, y mantenerlo siempre sujeto y obediente a este Magno Ser Divino interior.

Oh amados estudiantes, ¿por qué siguen titubeando y vacilando? ¡Anímense! ¡Amárrense los cinturones! Encaren y conquisten a este ser externo *ahora*, y avancen en esa flameante Luz que se generará alrededor de ustedes hasta el punto en que ya no se ocuparán más de las actividades externas, sino de la Ley de su propio Ser Interno. Éste atraerá a ustedes toda la Actividad Armoniosa, Amor, Luz y Sabiduría, todo lo cual ustedes proyectarán hacia adelante como un Poderoso Río de Luz, vertiendo Su Presencia y Esplendor sobre esos seres benditos que todavía no han alcanzado la plenitud de la Victoria.

Todo estudiante que desee alcanzar una victoria rápida sobre lo externo tiene que dejar inmediatamente de lamentarse por las condiciones externas, porque al hacer esto, sin saberlo le está dando poder a la apariencia externa que lo está reteniendo en la mismísima condición de la que desea salir. Una vez más, permítanme recordarles que no le den poder a nada salvo a Dios en sus mentes, en sus negocios, en sus hogares, ¡en sus mundos!

Confío en que después de esta explicación ningún estudiante le será tan infiel a su propia "Divina Presencia" como para no reconocer Su Acción en todo lo que él o ella desea. Que el Esplendor de Dios sea con todos ustedes y les ayude a hacer esto.

EL PROPIO CUERPO

Fagocitos: Dentro de muy poco tiempo los estudiantes de esta obra se pondrán a comandar los pequeños trabajadores en todas las partes del cuerpo, para permitirles hacer allí cosas maravillosas. Una expresión muy poderosa que utilizar podría ser: *«¡Magno Ser Maestro en mí! Comanda y dirige a los pequeños trabajadores internos de mi mente y cuerpo, y vela porque produzcan únicamente la Perfección en todo órgano y en cada parte; y vela porque este constante proceso constructivo sea sostenido y mantenido continuamente.»*

Renovación del cuerpo: Con este Entendimiento debería ser muy fácil que todos y cada uno experimentaran una *renovación completa* del cuerpo en el lapso de un año. El hecho es que no hay imperfección en ninguna parte u órgano de tu cuerpo que tú no hayas puesto allí mediante tu pensamiento. Por tanto, podrás ver lo fácil que es detener esa actividad mental equivocada y cambiarla a construir la Perfección en vez de la imperfección.

Llegamos ahora a un punto vital: la tendencia natural inherente en el Principio Vital del individuo es la Perfección —por ende constructivo. De manera que cuando vuelves tu atención al Principio Constructivo, regresas una vez más a erigir dicha Perfección que habías abandonado —y, por tanto, tienes probabilidades cien-a-uno a tu favor para lograrlo.

Resentimiento: Doquiera que abrigues un resentimiento hacia una persona, lugar, condición o cosa en lo externo, no estás haciendo más que echarle gasolina al fuego y acercándolo a ti. En el momento en que resientes, criticas, condenas, odias o culpas, estás creando con una velocidad tremenda, más de lo mismo, para encadenarte durante tanto más tiempo a las inmundas vestiduras de la limitación

CHISME—ESTA ES UNA ADVERTENCIA URGENTE

Voy a decirles algo, amados estudiantes, que estremecerá a algunos pero hay que decirlo: Si los individuos vieran cómo se visten a sí mismos cuando se revuelcan en pensamientos malvados o chismes desprovistos de bondad, gritarían pidiendo su liberación; ya que —les aseguro— Yo no mancharía la Conciencia de la Gran "Presencia de Dios" suya tratando de esbozar tal descripción. Si realmente sabemos que sólo hay Dios en Acción en todas nuestras experiencias externas, fácilmente podemos ver lo ridículo que es dejar que lo externo se lamente acerca de algo.

Para el verdadero estudiante: El bendito estudiante que sinceramente desea conocer la Verdad, le hará frente —sin importar qué pueda ser—, se pondrá su Armadura de esa Magna "Presencia de Dios" interna, y la conquistará, sin importar cuán fiera pueda resultar la batalla. Pero si en todos los puntos él se auto-recuerda que sólo hay Dios en Acción aquí en todo momento, encontrará que la intensidad de su pugna (por lo demás grande y fiera) disminuirá mil veces más.

PARA USTEDES Y PARA LOS ESTUDIANTES QUE RECIBAN ESTA INSTRUCCIÓN

Todo parece tender a atraer el Poder hacia el Centro más alto, y una afirmación sabia es: «*¡Dios mío! ¡ "Magna Presencia YO SOY"! Vela porque la energía de mi cuerpo sea equilibrada perfectamente por toda la mente y el cuerpo.*»

«*¡Dios mío! Procura que esta persona, lugar o condición sea armoniosa en acción aquí, ¡ahora mismo!*»

«Levántate y ve al Padre» es una afirmación maravillosa especialmente para condiciones de negocios.

Para toda sensación de cansancio: *«¡Absorbo la Magna Presencia y Energía de mi Ser Divino, y ésta se expresa como alerta, júbilo y actividad abundante en mi vida externa y asuntos!» «¡Dios es mi Energía, expresándose ahora mismo en mi actividad externa!»*

Para todo suministro: Si parece que algo hace falta, Dios en ti es el Creador y Suministrador de eso. Inmediatamente emite el Comando de que Dios lo suministra abundantemente ahora mismo.

Habla la Sra. Ballard: "Acaba de ocurrírseme algo, decir: «¡Este es el Palacio Diamantino de Dios! ¡Regresa a tu lugar verdadero en el universo y hazlo rápido!»

Dirigiéndose a Donald: Es muy importante que vigiles tus sentimientos. Una vez tuve un estudiante que tenía condiciones similares a las tuyas, y le aconsejé que a todo le dijera, "Que Dios te bendiga." Él obtuvo resultados notables, pues el uso continuo de esta afirmación es una fuerza poderosa que actúa y construye una condición en la que todo te bendice de regreso.

Advertencia: Les digo, ustedes no pueden ni imaginarse si-quiera —en tanto que no alcancen la Liberación de la Visión Interna— lo que algunos momentos de pensamiento inarmonioso les traerá, en un momento inesperado.

Otra advertencia: Díganle a su respectivo ser externo: *«Tú conoces la Ley. Hacer esto sería un error. Tienes que obedecer si quieres que yo te ayude.»* A menudo ésto requiere sólo un poco de entusiasmo y de Radiación Interna, a fin de producir la Fuerza Interna necesaria para salir de algo. Como regla general, la dificultad con los estudiantes radica en que ellos no agarran una cosa con la rapidez suficiente, ya que lo primero y más importante de todo es negarse a dejarlo entrar.

La gente está muy propensa a considerar que las cosas externas son importantes y tangibles, cuando las Cosas Internas son, con creces, más tangibles.

PRESENCIA TANGIBLE
DE LOS MAESTROS ASCENDIDOS

Se ha expresado un deseo muy sincero de parte de ciertos estudiantes por experimentar Nuestra Presencia Tangible; pero sólo porque no Nos ven no es razón para que no sientan Nuestra Presencia Tangible. Somos tan tangibles como ustedes lo son entre sí, salvo que los estudiantes no califican la idea de Nosotros con la misma tangibilidad. Nosotros estamos aquí, pero es la conciencia suya la que no ha abierto la Puerta todavía. Cuando ustedes entran al Sendero Consciente, tienen que sentir más Fe. Deben tener un Conocimiento Consciente, una Calificación Consciente —ya que son ustedes quienes mandan.

Maestría—oigan esto: Cuando sientes la "Presencia", si calificaras instantáneamente tal sentimiento con la idea de la "Presencia" tangible y visible, eso haría maravillas. No hay maestría que se logre sin esto. Hay una necesidad constante de reconocer que cada uno es la persona que está calificando esta Energía. *MAESTRÍA QUIERE DECIR "COMANDO CONSCIENTE DE LA PERFECCIÓN".* Tienes que tomar las riendas ahora. No hay razón en el mundo para que todos ustedes no tengan la Perfección manifiesta en sus cuerpos físicos —¡ahora mismo!

FUERZAS DESTRUCTIVAS

El que algún ser humano encarnado en la Tierra pueda pensar que Dios introducirá Su Perfección al tiempo que el individuo está constantemente generando y utilizando fuerzas negativas y destructivas, es algo completamente descabellado.

La fuerza destructiva es una forma de fuerza positiva, mientras que la fuerza negativa no hace más que abrirle la puerta a otra fuerza destructiva distinta a la que uno ha generado para sí. La fuerza destructiva es intensamente dinámica. La fuerza constructiva es siempre dinámica y mil veces más poderosa, ya que ése es su elemento natural y su actividad *[Esto concierne a una imagen proyectada a la conciencia del Sr. Ballard, en la que se le mostró una actividad que había comenzado en aquel entonces].*

LA ACTIVIDAD DESTRUCTIVA DEL PENSAMIENTO

Los Maestros Ascendidos nunca han considerado sensato hablar mucho de lo que ocurre a causa de la actividad destructiva del pensamiento; pero me parece que tú y tus estudiantes son lo suficientemente fuertes como para soportarlo, por lo que les diré lo siguiente: todos ustedes han visto las chispas doradas en el aire. En un arranque de ira, resentimiento o condenación interna, el pensamiento reviste esa estructura atómica que rodea al individuo, y la naturaleza la impulsa hacia adelante con gran fuerza —afectando a personas que, sin saberlo, han dejado su puerta abierta, cargando las condiciones y cosas hasta un punto tal que ni se lo imaginan.

Esta fuerza generada sale, y si bien algunos fragmentos de ella podrán encontrar cabida en otra parte, su acumulación —mediante el momentum— regresa y revolotea dentro de la atmósfera etérica de su creador. Cuando la condición antes descrita se aplica a un individuo en particular, ¿acaso sorprende que las cosas le salgan mal? Es de esta manera cómo algún gran mal o crimen cometido en un lugar se registra allí con gran vivacidad, y por eso individuos sensibles que llegan a dicho lugar a menudo sienten o ven —o ambos— la condición que allí quedó.

CUERPO ETÉRICO

Habla la Sra. Ballard: "Yo vi al Sr. Ballard sobre la arena a una distancia; y después de estar quieto por algún tiempo, se alejó algunos pasos y se agachó. El lugar sobre el que había estado parado estaba lleno de una Luz Blanca-Azulosa, la cual no se movió a donde su cuerpo físico estaba hasta haber transcurrido algunos segundos."

Saint Germain: El Cuerpo Etérico no siempre se mueve tan rápidamente como el físico, especialmente cuando hay una condición relajada y armoniosa de la mente, así como también un sentimiento de paz. En tales casos, a veces se puede diferenciar bastante del físico.

Sra. Ballard: "Vi un movimiento continuo en la atmósfera mientras contemplábamos el lago."

Saint Germain: Esa era la Actividad Etérica Cósmica.

La Estrella de Amor: No se le puede prestar atención a la Estrella del Amor o a la Hueste Ascendida sin recibir una respuesta. La devoción es una manera maravillosa de establecer contacto, porque la devoción es una forma de amor intensificado.

El Maestro Jesús y otros de la Hueste Ascendida: Si bien el amado Jesús y otros de la Hueste Ascendida se incorporarán al Servicio Activo, me parece que tiene más poder que los estudiantes entiendan que la venida de la Magna Presencia del Cristo consistirá, esta vez, en la Iluminación de dicha "Presencia" en el individuo —porque Ésta ya se encuentra allí.

Serenidad: La serenidad, en realidad, es descanso. El sentimiento siempre debe mantenerse bajo un control sereno. Uno debe mantenerse vigilante de la serenidad al hablar, en los sentimientos, y en las acciones. Todos debemos aprender a movernos con rapidez, sin apuro o irritación; esto es serenidad en acción. Todo estudiante en algún momento tiene que lograr esto, ya que le toca convertirse en la encarnación de la fuerza controlada.

En la vida de todo estudiante llega un momento en que la ocasión exige una acción rápida; y si se actúa con serenidad, la mente no se confunde. Luego, la Dirección Interna puede salir con su habilidad acompañante de hacer lo que se requiera. De esta manera, los sentimientos se mantienen en calma y clara la mente para recibir su Dirección correcta y llevarla a cabo.

Por esta razón, es natural que individuos sensibles, al trabajar en lo externo allí donde no hay ruido o confusión a su alrededor, logren mucho, a pesar de que es poco lo que saben acerca de lo que están haciendo. La acción vibratoria del ruido golpea la atmósfera mental, creando perturbación; y a menos que la conciencia asuma el control, eso causa un escape en la maravillosa Corriente de Energía que fluye.

BENDICIÓN

¡Magna Presencia de Dios! Te damos alabanzas y gracias por Tu Dulce Vertida hoy día, por la Esplendorosa Hueste que está dando de Su vida, Sanación, Serenidad, Sabiduría y Poder en grandes e interminables Torrentes, a los estudiantes sinceros que acuden a la Luz. Te damos gracias.

DISCURSO XXVII

Visita Semianual de Arcturus

4 DE JULIO DE 1933

INVOCACIÓN

Oh Infinita Presencia de todo Amor, Poder y Liberación! Nos inclinamos ante Tu Gran Trono Majestuoso. Éste simboliza la Liberación de América —la Liberación de todos los Hijos de la Tierra en la Radiación Cósmica de la "Magna Presencia YO SOY," cuya semilla se está plantando en la mente de los hombres.

Así seremos todos elevados a esa Conciencia Superior de la Verdadera Liberación, Inegoísmo, Amor y Adoración a Dios por el Gran Privilegio de la Vida. Así como el verdadero entendimiento de la Vida quiere decir y es Dios en Acción, así podrá toda la humanidad sentir el Sagrado Privilegio del Uso de la Vida, y ajustarse a esa Conciencia Armoniosa, Amorosa y Adoradora de su Fuente y de unos a otros— permitiendo así que el Verdadero y Magno Poder de Dios impere en toda Actividad, tal cual era la intención en el principio.

¡Oh Magno Arcturus! Te damos la bienvenida, para que Tu Sabiduría a través de tu Poderosa Radiación bendiga a toda la humanidad, la ilumine y la eleve.

EL DISCURSO

ARCTURUS

En esta Actividad que se ha estado dando durante algunos años para Bendición de América, aquellos de Nosotros que contamos con la Visión Superior vemos los poderosos cambios que están ocurriendo. Si bien todavía apenas si se ha manifestado parcialmente en la actividad externa de la humanidad, no obstante desde el Punto de Vista Interno hay un avance sostenido que entraña que individuos sinceros sean liberados ciertamente del poder capturador de la limitación.

Hoy día ha tenido lugar la Actividad del Tres Veces Tres, y del Siete Veces Siete. Durante siete semanas, Siete Rayos Cósmicos imperarán, dirigidos conscientemente por Siete Seres desde el Gran Sol Central. Estos serán sostenidos en diversos Puntos de Enfoque en los Estados Unidos para fortalecer, bendecir y ajustar esa actividad de la humanidad que se requiere para su aceleramiento y progreso adicional. No es sólo necesario, sino que se ha ordenado que se haga.

Otros siete Rayos están enfocados —uno, respectivamente, en Inglaterra, Francia, Alemania, Italia, Sudamérica, México y Alaska. Con esto se espera producir el ajuste necesario y armonización en la actividad internacional. Es sólo ahora que las personas en cargos de autoridad en los Estados Unidos están comenzando a despertarse al hecho de que, hasta el presente, habían sido convertidos en peones de (y movidos por) una fuerza que no entendían, que los obligaba a hacer cosas que luego habrían de lamentar. Esto ha permitido ciertos logros que apenas considerábamos como una posibilidad.

Nos ha sido muy gratificante poder utilizar el "Siglo de Progreso" como un punto focal al cual todas las naciones de la Tierra enviaron sus representantes. Así, ustedes entenderán que la Actividad del "Siglo de Progreso" no sólo fue una idea en la mente externa de algunos hombres, sino que tiene un profundo propósito subyacente que está siendo utilizado al máximo. Grandes Seres de Venus, a través de su Equilibro de Amor y Poder, están prestando una Gran Asistencia.

Privado: El jueves 3 de Julio de 1933, a las doce de la medianoche se dio inicio a una gran Reunión en el Retiro del Royal Teton. Traten de poner sus cuerpos a dormir antes de las once de la noche, de manera que puedan ustedes participar y atestiguar el Uso y Poder del Ojo Todo-Avizor, que ha sido puesto en operación tan sólo una vez cada cien años. *[Nota: En el ciclo actual, la Vertida del Ojo Todo-Avizor se da cada seis meses, en Enero y en Julio.]* Este Retiro es el único lugar en el que se da esta singular Actividad por razones que ustedes algún día conocerán y entenderán. Ojalá que la humanidad pudiera comprender la importancia de mantenerse en la actividad armoniosa de pensamiento y sentimiento, sabiendo que sólo de esta manera la Plenitud del Poder de Dios puede actuar. Esto apresuraría en gran medida el paso de las cosas que habrán de lograrse.

Dirigiéndose a Donald: Hijo mío, si bien apreciaste la navegación aérea y actividad ayer, no obstante te tocará ver tal actividad trascendental de ese tipo en los años venideros, que ahora casi te parecerá imposible. A medida que se resquebraje el poder del egoísmo político, se descargarán para su uso mejoras, inventos y descubrimientos en todas las disciplinas que establecerán el progreso de tales industrias durante los próximos trescientos años.

La actividad de la fuerza siniestra que esparció sus sutiles sugestiones entre el género humano, se está disipando rápidamente; y confiamos que la otra guerra que se estaba contemplando se disolverá antes de que pueda encontrar acción en el mundo externo.

RITMO UNIVERSAL

Nunca antes en la historia de la humanidad se le ha puesto en la mano al hombre tanto poder para lo bueno, como lo es el Poder que emana de la "Magna Presencia YO SOY". Si bien este núcleo de la intensa Actividad e Idea de esta "Presencia" parece pequeño, no obstante su Esplendor se está difundiendo más allá de lo que ustedes se puedan imaginar. Los estudiantes que continúan con determinación aferrándose a la "Presencia" y a Su Uso, sacando del sentido humano toda limitación auto-creada, llegarán a conocer una Liberación —un Poder para irradiar y proyectar esa Liberación con el propósito de bendecir a todos, en tal magnitud que lo externo no está en capacidad de comprender.

Es sólo debido a que las Ruedas del Progreso Cósmico han llegado a un punto de Ritmo Universal, que pueden darse estupendas Actividades para beneficio de la humanidad.

Advertencia: Los individuos que se han convertido en canales de expresiones destructivas son indudablemente desafortunados, pues no sólo se destruyen a sí mismos, sino que engañan a sus seguidores, conduciéndolos a las arenas movedizas del concepto erróneo. Quiero que ustedes sepan que Yo felicito a Saint Germain por la Obra que ha realizado entre estos pocos estudiantes, y por la manera notable con que los ha capacitado para hacerse conscientes *[aware]* de (y utilizar) la Energía de la "Magna Presencia YO SOY". Él dijo que se lograría, y lo está comprobando. ¡Cómo son bendecidos los estudiantes que reciben este Conocimiento! Confío en que ellos lo apreciarán plenamente y lo entenderán. Cuán desafortunados son aquellos que ponen en duda Su realidad o autenticidad. Se hace cada vez más necesario que ustedes atraigan el Sello de la Armonía a su alrededor y de sus hogares, de manera que la Armonía Amorosa mantenga despejado el canal.

Grandes cambios se están dando dentro de las corrientes de agua de la Tierra; y por primera vez en la historia de su creación es posible armonizar la Actividad de las aguas y la tierra. Cada uno de estos cuerpos emite una acción vibratoria que todavía no ha sido comprendida, pero que dentro de poco llegará a conocerse y utilizarse; y en verdad se puede decir ahora más que nunca antes, que todas las cosas están realmente trabajando en conjunto para bien.

¡Oh Magnos Siete Rayos Cósmicos que estáis haciendo Vuestro Trabajo dentro de la Esfera de la Tierra! Con Vuestra Radiación de Puro Amor, llenad todo nuestro Planeta, sus aguas, su aire, sus éteres, consumiendo las creaciones mentales de la humanidad que se han generado durante tantas centurias —sí, ciclos de tiempo— , de manera que la humanidad de la Tierra pueda encontrar su mente externa liberada del impacto de su propia creación, y así los humanos logren y avanzar en Adoración a su Gran Luz, la "Magna Presencia YO SOY", y allí recibir dentro de sí mismos Paz en la Tierra y Buena Voluntad para el hombre. Con todo el Amor de Mi Ser envío esto hacia adelante, no sólo en este *record* sino en el Registro Musical de los Éteres, para que llegue al corazón de la humanidad y lo eleve en Armonía a Su Fuente, desde la cual sea digna de bendecir y ser una Bendición.

Estoy muy complacido de haber estado con ustedes otra vez y de ver cómo es posible para ustedes generar el suficiente amor y determinación a fin de soportar el impacto del mundo externo, y proclamar la Verdad que los libera a todos. Bien saben que ustedes tienen que reconocer algo antes de poder recibirlo. Pongan de lado todas las dudas de la mente externa, y disciplinen al lado humano hasta que obedezca, y experimentarán un extraordinario progreso.

El ser externo de los hombres es la más terca de las criaturas. La creación humana, al demandar la atención de la mente externa y de su cuerpo, mantiene su control; y esta terquedad tiene que ser disuelta. Cada uno tiene dentro de su propia "Presencia YO SOY" el Poder para sofocar toda creación humana y obligarla a obedecer a la "Presencia YO SOY".

ACTIVIDAD EQUILIBRANTE

Le devuelvo ahora el Rayo a vuestro amado Maestro, y volveré a estar con ustedes otra vez a principios de año. Mi Radiación consiste en equilibrar el Corazón y la Cabeza, o Amor y Poder. Se parece bastante al de Chananda. En cuanto a la Clase, Mi Obra es Cósmica mientras que la de Él es Individual. Ha llegado el momento en que la humanidad de la Tierra tiene que alcanzar un mayor sentido de equilibrio entre esas dos Actividades. El intelecto de la humanidad en cargos oficiales se ha escapado cada vez más, dejando por fuera el Sentimiento del Corazón que les permitiría considerarlo y que se hiciera una mayor justicia. El trabajo de Chananda con los estudiantes, al contribuir a equilibrar esta Actividad, les permitirá hacerse invencibles frente al impacto del mundo externo. No hay palabras que puedan estimar el valor de un logro así.

Saint Germain

Pregunta: "¿Qué relación tienen las constelaciones con los Elohim?"

Saint Germain: Una constelación, por supuesto, es muy inferior al Poder de los Elohim. En otras palabras, es una gran reducción de Su Actividad. Pero un Ser o Individuo Avanzado que opera conscientemente desde cualquiera de las Esferas de Actividad está en contacto consciente con los Elohim.

Todo individuo o estudiante que se aferre lo suficiente a la "Presencia YO SOY" se encontrará en capacidad de avanzar, observar estas grandes Actividades Internas, y traerlas de vuelta conscientemente a su propio uso. Cuando ves a través de la Actividad de algo, es entonces, cuando tienes una plena comprensión de ello.

La "Presencia YO SOY" tiene la Plenitud de todas las Actividades dentro de Su Conciencia; pero a fin de traerla adelante, el individuo —en la mayoría de los casos— debe tener algún uso de la Visión Interna para descargar la Plenitud de Su Actividad.

Utilicen a menudo las Afirmaciones "YO SOY" de Jesús: «¡"YO SOY" la Resurrección y la Vida!» De manera que si "YO SOY" la Resurrección y la Vida, ¿qué más puede tener lugar en tu Vida? Si puedes entrar a esto con una certeza firme y serena, experimentarás cambios definitivos.

«¡"YO SOY" la Presencia Omni-Reveladora del Gran "YO SOY"!»

«¡"YO SOY" la Luz que ilumina toda habitación o recinto al que entro!»

«¡"YO SOY" la Actividad Discernidora de la Gran "Presencia YO SOY"!»

Hace tiempo que aprendimos a no prestarle atención a las apariencias, sino a entrar al Corazón de las cosas y reposar allí.

Utilicen a menudo: *«¡"YO SOY" el siempre-presente Poder Sanador que consume todas las cosas que tienden hacia la discordia!»*

«¡"YO SOY" la Presencia Invencible y de Protección alrededor de él o ella, doquiera que el cuerpo esté!»

Dejaré ahora Mi Amor y Bendición "ardiendo" alrededor de ustedes.

La Actividad del Ojo Todo-Avizor en el Retiro: Es una tremenda actividad combinada en el Retiro. Ustedes podrán saber que es de gran importancia a causa del tiempo cada vez más corto entre Vertidas.

BENDICIÓN

Los amados Nada, Cha Ara, Chananda, Leto y la Madre de Cha Ara (Meta) les envían Su Amor y Bendiciones a ustedes y también a la Clase.

DISCURSO XXVIII

Plática del amado Arcturus en el Festival de Música en Soldier Field (Chicago, Illinois, USA)

19 DE AGOSTO DE 1934
ARCTURUS

Respondo de esta manera a la solicitud de Saint Germain de hablarles a ustedes sobre el Magno Logro en el Festival de Música anoche.

Quisiera referirme primero a Mis propios humildes esfuerzos en mancomunidad con los de Aquellos en el Royal Teton el Día de Año Nuevo hace dos años. En aquella ocasión se decretó que la Exposición "Siglo de Progreso" habría de ser un Foco para la actividad constructiva que debía expandirse y aumentar en intensidad durante los próximos cien años. La apertura e iluminación de la misma fue el Paso Iniciador que habrá de introducir la bella y magnífica Edad Dorada que se está señalando en dicha actividad.

Esto ha hecho que Soldier Field se convierta en un lugar sagrado, un Altar Sagrado de Actividad Divina en el mundo occidental; y en lo que concierne a la humanidad en su totalidad, el núcleo de toda América.

Se podría escribir un libro sobre lo que allí aconteció y lo que llevó a los sucesos de anoche, pero debido al sentido humano del tiempo, es menester condensarlo y dar únicamente un esbozo.

Antes de proseguir con la descripción, me gustaría llamar la atención sobre la cantidad, sin precedente, de procesiones pomposas *[pageants]* de toda índole y de múltiples nacionalidades que se están dando en Soldier Field este verano, la cuales cubren el período desde la

POSTER DE LA FERIA MUNDIAL DE CHICAGO 1933-34
"UN SIGLO DE PROGRESO"
(EN EL CASCO ALADO SE LEE 'LO HARÉ' [I WILL])

Ascensión de Jesús hasta el presente. Le dan reconocimiento a la Ascensión —que es lo más vital y la culminación de toda experiencia humana.

Desde el punto de vista humano, estas procesiones pomposas evocan la memoria latente de la humanidad en general, y constituyen una elevación de la Esencia de dicha actividad.

A la humanidad le resulta muy fácil pasar por alto las actividades trascendentales a causa de su incredulidad, falta de reconocimiento o aceptación de la Verdadera Perfección de la Vida, ya que toda Vida en manifestación es *Dios en Acción*. Desafortunadamente, a menudo la Vida se encuentra teñida de conceptos humanos de limitación y cualidades destructivas, algo que —a través del poder de libre albedrío del individuo— todo el mundo está en libertad de hacer.

Sin embargo, antes que transcurra mucho tiempo esto será remediado en gran medida, al descartarse la mayor parte del libre albedrío humano como lo conocemos hoy. Esto hará posible que gran parte de la humanidad se despierte y se salve de su propia destrucción.

JUGAR CON LA LEY

Quiero decir aquí que los estudiantes que piensan que pueden jugar con la Gran Ley —a causa de su renuencia a someterse a la necesaria Auto-Disciplina— se encontrarán en una situación desafortunada, sin duda, si tratan de hacer esto habiendo ya entrado al Sendero Consciente.

La Gran Ley, que no discrimina, toma a las personas según su palabra y sentimientos. Aquellos que piensan que pueden escapar de esto se están engañando a sí mismos.

DESCRIPCIÓN DE LA ACTIVIDAD

La próxima procesión de los Celtas es de una real importancia, ya que entra en la actividad vibratoria desde el tiempo de Jesús hasta el presente.

La Actividad Interna dentro y encima de Soldier Field anoche fue una de las Actividades más Divinas desde el advenimiento de los Kumaras a la Tierra.

Círculo tras círculo se elevaron encima de la superficie de la Tierra y sobre los que estaban sentados en el campo. El primer círculo fue formado por los Miembros de la Gran Hermandad Blanca en sus Túnicas Doradas, siendo aquellos cuyas formas externas todavía no han ascendido.

El próximo círculo fue formado por la Hueste Ascendida de Maestros que han logrado la Ascensión. El siguiente lo conformaron los Ángeles Devas y siete de los Querubines. El círculo encima de Ellos contenía cuatro de los Dioses de las Montañas, tres a quienes ustedes conocen y el otro, a quien pronto conocerán. Alrededor de estos estaban los Arcángeles, bajo la dirección del Arcángel Miguel.

Rodeando el "Núcleo de Luz" en el centro del [Soldier Field], extendiéndose con un radio de noventa metros sobre el suelo y dos mil quinientos metros hacia arriba, estaban Saint Germain, Jesús, el Maestro Alto de Venus y el Gran Director Divino. Ellos eran los Dispensadores de las Magnas Corrientes de Energía que se enviaban a todos los puntos de la Tierra a realizar su trabajo sin vacilación.

CIUDAD SANTA

Durante el canto de "The Holy City" *[tr. La Ciudad Santa]*, el Patrón Divino de lo que habrá de ser la "Ciudad Santa sobre la Tierra", fue bajado a Su Posición, donde permanecerá hasta que se convierta en una visible y vibrante Ciudad de Luz para occidente. No puedo revelar en este momento la posición exacta de ésta, pero les aseguro que fue una Magna Actividad que se convertirá en una Magna Realidad para la humanidad de la Tierra.

Durante los solos del señor John Charles Thomas, esa gran actividad vibratoria fue asumida y reverberada por un Grande y Majestuoso Coro Celestial, cuyo Esplendor se derramaba sobre América como una Lluvia Centelleante de Luz para consumir y bendecir.

Cuando se entonó el Coro del "Hallelujah", la actividad en su totalidad fue traspasada a la dispensación directa del Maestro Jesús.

Quiero asegurarles que las construcciones de color no fueron solamente ideas humanas, sino que los responsables por su presencia fueron inspirados por los Maestros Ascendidos —especialmente Saint Germain— a fin de establecer su poderosa actividad renovada, la cual fue intensificada en una proporción de mil o más para volver a actuar dentro de la Vida, el Alma, la Luz, desde el Corazón hacia la periferia de América y el mundo.

La representación de la firma de la Declaración de Independencia pretendía traer a la atención consciente del Planeta —y especialmente de América— su actividad sin par sobre la Tierra; y *para llamar la atención del pueblo estadounidense acerca de la importancia de apegarse a la letra y espíritu de la Constitución Original de Estados Unidos, que fue y es una Creación Divina,* hasta que llegue el momento en que se manifieste en su plenitud la Constitución Maestra Ascendida de Estados Unidos de América, a medida que proceda el desenvolvimiento de la Edad Dorada.

El Águila Dorada y el Escudo representan la Altura de la Protección Divina para Estados Unidos, restablecida de nuevo.

La Campana de la Libertad en el poderoso color azul representa la Gloriosa Libertad y la Liberación por siempre para América y la Tierra de todo egoísmo humano, el instigador de lo cual en todo caso es la ganancia privada, y la causa ha sido la misma a través de las edades.

Los cuatro poderosos Rayos Azules que conformaron la cúpula sobre el campo —que la masa de la humanidad consideró como algo ordinario— representaban esa Actividad Cuatri-Dimensional hecha visible sobre la Tierra; y *de ser necesario para la protección de América, la Joya en el Corazón de Dios, entonces esa "Luz Flamígera como Mil Soles" descenderá sobre la Tierra y consumirá toda la inarmonía humana y egoísmo del Planeta.*

El abanico de Luz Rosada en el principio fue calificado para servir durante toda la actividad, y la Gran Estrella de Amor se mantuvo suspendida encima de todo, derramando Sus Rayos a través de capa tras capa de Grandes Seres.

Los felicito a ustedes y a este buen Hermano,[*] y a todos esos estudiantes de nuestro amado Saint Germain; y quiero dar las gracias a todos por su sincero y diligente trabajo por la Liberación de América. Que la actividad de estos amados estudiantes de la Luz continúe por siempre en expansión, hasta que, partiendo de este Núcleo, la Luz de Su Esplendor cubra toda América.

También felicito a nuestro amado Saint Germain por Su Gran Logro al establecer este Núcleo y Foco en América; y *por su Maravilloso Amor, Su Luz, Su Trabajo por América durante casi doscientos años que, dentro de poco, comenzará a dar fruto de índole tan perfecta como nunca antes se haya visto en civilización alguna.*

Me inclino en reconocimiento a Su Gran Amor, Sabiduría y Fortaleza. Los felicito, Mis amados Hermano y Hermana, por su Amor, perseverancia, paciencia y actividad para los estudiantes que han sido y los que vendrán. Sepan siempre que *«YO SOY la Única Presencia que Actúa»*, y ustedes encontrarán que todas las actividades tendrán lugar según la "Perfección de esa Presencia". No les digo "adiós" sino "hasta luego".

SAINT GERMAIN

Anoche se les llamó la atención hacia una Actividad de la Gran Hermandad Blanca, en la que se utilizó el Congreso Eucarístico como

---

[1] Entiéndase "Guy Ballard".

un ejemplo de lo que podrá darse muchas veces en el futuro. El representante del Papa, el Cardenal Bonzano de Roma, realizó su Ascensión desde Soldier Field en 1926, de una manera nunca antes descrita. No obstante, se espera poder dar esta descripción durante el próximo año o posiblemente dos. El Cardenal Bonzano era (y lo había sido por muchos años) el Representante de la Gran Hermandad Blanca.

La Luz Dorada nunca afecta el cerebro de nadie salvo de una manera armoniosa, para iluminarlo y perfeccionarlo. Ya es hora de sacar el disparate del ser humano. No puede haber dos señores. Siempre utiliza la Luz Dorada en el cerebro; el cerebro de todo el mundo necesita un "baño de Luz" todos los días. El individuo promedio utiliza aproximadamente cinco por ciento de su cerebro. Cuando comiences a invocar la propia Memoria Divina Eterna, entonces la inmensidad del Infinito estará a tu alcance. Si deseas una asociación consciente con los Maestros Ascendidos, la personalidad tiene que obedecer. Tienes que limpiar la casa y no dejarle salirse con la suya bajo ninguna circunstancia. Tienes que deshollarla viva hasta que sólo haga la Voluntad de la "Magna Presencia YO SOY".

Al cerebro habrás de hacerle un tratamiento por la Memoria Divina Eterna. Si se te olvida algo, es porque no hay la Luz suficiente en el cerebro. Hazle un tratamiento a la mente por la clara y serena Comprensión Maestra Ascendida. Eres tú quien tiene que tomar tu mente de la mano y decirle cómo habrá de comportarse. Si la dejas por su cuenta, desperdiciará toneladas de energía. Toma a tu cerebro de la mano y ordénale que se llene con Mi Conciencia Maestra Ascendida, la Memoria Divina Eterna de Dios.

La Ley es Una con Dios. Avanza y camina con Ella. Tendrás un tremendo sentimiento de Liberación en tu interior si haces lo siguiente: Aparta como diez minutos cada día, siéntate y dile a tu "Magna Presencia YO SOY" algo como esto: «*Magna Presencia YO SOY", escucha, saca de mí toda crítica, culpa condenatoria, resistencia, juicio, rebelión, celos, auto-lástima, orgullo, egoísmo, duda y miedo. Sácalos de mí y aniquílalos, y en su lugar coloca el Auto-Control y Dominio de Saint Germain.*» Sé tan leal como puedas a la sanación de la angustia del cuerpo físico, pero recuerda pasarte la mayor parte del tiempo sanando las heridas de odio.

Siete de los miembros de la Hueste Ascendida, actuando desde el Templo Violeta de Luz, enviaron sus Poderosos Rayos, comandándole Obediencia a la Actividad Interna de las fuerzas en todas partes donde actúan en el plano físico. Aquellos que pueden gozosamente aceptar la Verdad de esta Gran Actividad recibirán un beneficio inmenso.

Toda aceptación de la Magna Verdad por los estudiantes tiene que ser siempre voluntaria. Cuanto más intensamente se tienda la mano hacia la Luz y el Entendimiento, tanto más se apresurará a entrar en acción en la vida y mundo del individuo. Cuanto más un individuo acepte la Verdad Interna como una Realidad, tanto más podrá dicho individuo ser utilizado como un Poderoso Mensajero de la Luz.

Mucho de lo que todavía queda por dar de esta Verdad Interna pondrá a prueba la credibilidad de hasta los estudiantes más sinceros, de manera que únicamente la insinuación Interna del propio Dios dentro del individuo hará posible que el individuo pueda aceptarla. Únicamente se dará la Verdad verificable; y, no obstante, habrá muchos que considerarán descabelladas algunas cosas, lo cual será muy lamentable para ellos. En la Magna Radiación de esta "Presencia" Interna ya no se considerará más el desarrollo del individuo, sino que la Radiación se verterá hacia adelante, revistiendo con ella a la humanidad y apretando en Su Abrazo hasta a quienes no cuentan con una comprensión consciente.

Cuando comandas como el Cristo, causas que se de una Actividad Interna que deja por fuera la actividad externa. A medida que continuas llenando tu mente y cuerpo, hasta rebosar, con Dios, estarás construyendo una Armadura Invencible.

La Radiación de los vestidos azules en el Festival de Música era muy poderosa porque se utilizó intensamente el Rayo Azul. Siempre se utiliza el Rayo Azul para desintegrar el elemento burdo o humano inferior.

Lanto está a cargo en todo momento del Retiro del Royal Teton. Durante los próximos siete años, ustedes notarán que entre los Maestros Ascendidos se dará una Actividad específica. Aquellos que tengan cualidades especiales serán convocados para realizar actividades en base a sus calificaciones naturales.

Notas de la Sra. Ballard para los estudiantes: "Digan: ¡'Magna Presencia YO SOY,' llévame a uno de los Grandes Templos de la Música! ¡Permíteme escuchar la Música de las Esferas y vela porque yo la grabe y la traiga de vuelta a la mañana siguiente.'"

El Sr. Ballard: "Sólo hay una cosa de la cual ocuparse —saber que el "YO SOY" es tan maravilloso que sólo Su Perfección se puede expresar. Con todo el Amor de la Gran 'Presencia', yo digo: "Bendice a estos seres amados, de manera que estén en capacidad de conformar en sus propios mundos mental y emocional esa condición requerida, la cual les dará —aunque sólo sea una vez— una manifestación que les satisfará plenamente por siempre.'

"Quiero decir algo aquí. Ojalá estuvieran ustedes conscientes de las noches que la Sra. Ballard se pasó en vela, vertiendo el amor de su ser a ustedes. Cuando ella habla de Disciplina, es para que nos pongamos de pie y sigamos trabajando. Saint Germain la ha hecho pasar por una Disciplina que muchos de ustedes no soportarían."

Sra. Ballard: "Nunca más vuelvan a permitir que su mente les hable de nada, excepto de la Liberación y Perfección de la 'Magna Presencia YO SOY'. En sus corazones, ustedes desean ser libres. Este ser externo se interpone en el camino hasta que lo pongamos en cintura. Cualquier persona que esté bajo la Radiación de Saint Germain puede tener éxito en todo aquello que desee realizar."

BENDICIÓN

De la Gloria de Tu Maravillosa Presencia, oh "Magno YO SOY", sentimos y conocemos la Gloria de Tu Esplendor, Perfección, Salud, Júbilo, Valor y Confianza que llena la mente y cuerpo de todos y cada uno de estos amados estudiantes, llenándolos de tal manera de Tu Magna Perfección que no queda espacio para más nada excepto para Ti, y que Tu Maravillosa Actividad sea eternamente sostenida. Mediante la Acción de la "Magna Presencia YO SOY", fija en la conciencia el Valor, la Confianza y el Poder de la Ascensión, que eleva la conciencia por encima del efecto apresador de las cosas humanas, y libera a todos y todo en la Plena Actividad de la "Magna Presencia YO SOY" en lo que puedan estar haciendo.

Oh "Magna Presencia, muy profunda es nuestra gratitud porque Tú eres la única "Presencia" e Inteligencia que actúa. Enséñale a cada uno de los estudiantes a mantener ese Amor, Paz y Armonía en su propia conciencia, porque sólo allí puede darse Tu Perfección. Enséñale a lo externo a calmarse, a estar en paz y sereno en su actividad, ya que ante nosotros tenemos toda la Eternidad. Estemos agradecidos y satisfechos, y seamos pacientes hasta que la Plenitud de ese "Magno YO SOY" se manifieste.

¡Glorifica a estos seres amados, oh Grandes Maestros Ascendidos de Luz, Amor y Sabiduría! ¡Glorifícalos! Envuélvelos en Tu Maravilloso Manto de Paz, Amor y Luz. Revístelos con Tu Manto. Protégelos y manténlos tan cerca en Tu Abrazo, que ningún pensamiento humano pueda entrar a estropear la Belleza y Perfección del Maravilloso Esplendor que Tú eres. Glorifica a cada uno en esa Luz, expandiendo y llenando el cuerpo con Su Energía Pura y Poderosa, Valor, Confianza y Perfección. Glorifica a cada uno con esa Perfección que trasciende todos los conceptos humanos, y que libera a todos en Belleza, Perfección y Servicio a la Luz.

[La parte de este Discurso dada por Arcturus fue publicada en las PLÁTICAS DEL YO SOY (LIBRO DE ORO)]

ÍNDICE TEMÁTICO

— A —

Otras publicaciones de

SERAPIS BEY EDITORES, S.A.
Serie EL PUENTE A LA LIBERTAD

LOS MAESTROS ASCENDIDOS ESCRIBEN «EL LIBRO DE LA VIDA»
Prácticamente toda la enseñanza para la Nueva Era que los Maestros Ascendidos canalizaron a través de «El Puente a la Libertad» en un solo volumen.Traducido por Jorge A. Carrizo. Fotos e ilustraciones. Índice Temático.[Rústica,14x21 cm, 375 pp.]

PALLAS ATENEA Y EL MAESTRO HILARIÓN HABLAN!
¿Qué tan comprometidos estamos con la búsqueda de la Verdad? Instrucción de estos dos maravillosos seres sobre este tema que es tanto impopular como imprescindible para avanzar en el Sendero. Traducido y presentado por Jorge A. Carrizo. Índice temático.[Rústica, 14x21 cm,100 pp.]

ELECTRONES DEL MaháChohán
Enseñanza del MaháChohán sobre la partícula más pequeña del Cuerpo de Dios, sobre la conciencia y sobre el manejo de la energía.Traducido y presentado por Jorge A. Carrizo. Índice Temático. [Rústica, 14x21 cm,175 pp.]

EL CONTROL DE LOS ELEMENTOS
El MaháChohán, los Elohim y los Directores de los Elementos hablan sobre la línea evolutiva de los Elementales. Incluye el "Servicio de Amor por los Elementales" y una sección de decretos. Traducido y presentado por Jorge A. Carrizo. Índice Temático.Ilustrado.[Rústica,14x21 cm, 168 pp.]

LA DIVINA VIRTUD DE LA FELICIDAD del Señor Ling
Quién mejor que el Dios de la Felicidad para hablarnos de esta virtud que aparenta escasear al presente. Incluye información sobre Fun Wey y Lady Dawn. Traducido por Jorge A. Carrizo. Presentado por Rodolfo Simons. Índice temático.Fotos. [Rústica, 14x21 cm, 55 pp.]

LIBRO DE CEREMONIAL DE «EL PUENTE A LA LIBERTAD»
Ceremonial del Séptimo Rayo descargado por los Maestros Ascendidos, ahora en su 6a. edición en dos volúmenes. El Volumen 1 Incluye los Servicios de **Protección, Iluminación, Amor y Gratitud, Ascensión y Victoria, Sanación y Verdad, Opulencia y Paz,** y **Perdón y Liberación.** El Volumen 2 incluye el **Servicio de la Orden de Zadkiel,** el **Ritual del Arcángel Miguel,** el **Servicio de Cáliz Dorado,** El **Servicio de Amor por los Elementales,** y **El Servicio de Protecciónpor los niños que entran y la Juventud.** Cada volumen incluye más de 100 páginas de Decretos adicionales .[Rústica, 14x21 cm, 275pp. cada volumen]

EL PRIMER RAYO del Maestro El Morya
Explicación exhaustiva de lo que motiva al Fundador de «El Puente a la Libertad» . Indispensable para los que toman el Sendero Espiritual en serio. Índice temático. [Rústica, 14x21 cm, 105 pp.]

LOS SIETE ARCÁNGELES HABLAN
Primera publicación en Castellano del único libro escrito no "sobre" sino POR los Ángeles, en el que se da a conocer de primera fuente el Trabajo y Misión de los Directores de la Evolución Angélica. Traducido y presentado por Jorge A. Carrizo. Fotos de los Siete Arcángeles. [Rústica, 14x21 cm, 110 pp.]

LOS SIETE PODEROSOS ELOHIM HABLAN
Primera publicación en castellano de este libro, en el cual los Creadores del Universo hablan sobre los Siete Pasos de la Precipitación. Contiene fotos y seis apéndices. Traducido por Jorge A. Carrizo. Índice Temático [Rústica, 14x21 cm, 220 pp.]

MEDITACIONES DIARIAS compiladas por el Maestro El Morya
Breviario diario para el estudiante de metafísica compilado por el fundador de «El Puente a la Libertad», según el Maestro, Elohim y Arcángel de cada día de la semana. Traducción enteramente nueva de Jorge A. Carrizo. [Rústica, 10x14 cm,60 pp.]

LUZ DESDE LUXOR del Maestro Serapis Bey
Edición corregida y aumentada sobre la mecánica de la Ascensión, el misterio de las Pirámides, la razón de los Retiros de los Maestros y otros temas. Traducido y presentado por Jorge A. Carrizo. Fotos. Índice temático. [Rústica, 14x21 cm, 65 pp.]

MEMORIAS DE LA AMADA MARÍA, MADRE DE JESÚS
La Madre abre su Libro de Recuerdos para permitir acceso a revelaciones nunca antes publicadas sobre la vida privada de Jesús, el destino del Santo Grial y la primera comunidad cristiana. Traducido por Jorge A. Carrizo. Índice temático. [Rústica, 14x21 cm,145 pp.]

MANUAL DEL ESTUDIANTE DE «EL PUENTE A LA LIBERTAD»
Compendio de cinco libros en uno, en el cual figuran "Manual del Estudiante", "¿Qué es un Maestro Ascendido?", "Cómo dar y asistir a una clase", "Extractos de los Registros Esotéricos sobre el Auto-Entrenamiento", y el trascendental instructivo "Campos de Fuerza Magnética." Traducido por Jorge A. Carrizo. Índice temático. [Rústica, 14x21 cm, 150 pp.]

TRANSMISIÓN DE LA LLAMA
A raíz de la emergencia planetaria, el MaháChohán descargó la Actividad de la Transmisión de la Llama como parte del Plan de Salvación. Esta 2a.Edición corregida y aumentada incluye "Cómo usar el Santo Aliento y más! Traducido por Jorge A. Carrizo. Índice temático. Ilustrado [Rústica, 14x21 cm, 115 pp.]

OPORTUNIDAD DE LIBERACIÓN compilado por Rodolfo Simons
Compilación de toda la Instrucción dada por los Maestros Ascendidos sobre la Ley del Perdón y la Llama Violeta Consumidora a través de «El Puente a la Libertad». [Rústica, 14x21 cm, 90pp.]

EL AMOR SIGUE SIENDO EL CAMINO del Señor Maitreya
Instrucción trascendental para el cambio de milenio sobre el Amor, el Estudiante y el Sendero. Traducido por V. Mosquera. [Rústica, 14x21 cm, 90pp.]

EL SÉPTIMO RAYO del Maestro Saint Germain
Primer libro del Maestro Saint Germain publicado por "El Puente a la Libertad" en 1957, en el cual el Maestro esboza la estructura del Sacerdocio del Fuego Sagrado para la Nueva Era. [Rústica, 14x21cm, 90 pp.]

EL LIBRO DEL ARCÁNGEL MIGUEL
Compilación de la Instrucción dada por (y sobre) el Arcángel Miguel a través de El Puente a la Libertad. Incluye "EL RITUAL DEL ARCÁNGEL MIGUEL". Compilado por R. Simons Fotos. [Rústica, 14x21 cm, 160pp.]

201

DIARIO DE "EL PUENTE A LA LIBERTAD" — Arcángel Miguel y Señora Fe

Compilación de la Instrucción dada por el Arcángel Miguel y la Señora Fe a Geraldine Innocente y publicada en el «Diario de El Puente» desde 1952 hasta 1961. Se incluye el panfleto "EL ARCÁNGEL MIGUEL, SU OBRA Y SUS AYUDANTES". Traducción de Jorge A. Carrizo [Rústica, 14x21cm, 165pp. c/ volumen]

DIARIO DE "EL PUENTE A LA LIBERTAD" — El Morya

Compilación de toda la Instrucción dada por el Maestro El Morya a Geraldine Innocente desde 1952 hasta 1961. Publicado en dos volúmenes para facilitar su adquisición y manejo. [Rústica, 14x21cm, 220 pp. c/ volumen

DIARIO DE "EL PUENTE A LA LIBERTAD" — Kuthumi, Lanto y Confucio

Compilación de toda la Instrucción dada por los Maestros Kuthumi, Lanto y Confucio a Geraldine Innocente desde 1952 hasta 1961. Fotos Índice temático. Traducción de Jorge A. Carrizo. [Rústica, 14x21cm, 145 pp.]

DIARIO DE "EL PUENTE A LA LIBERTAD" — Gautama y Maitreya

Compilación de toda la Instrucción dada por los Señores Gautama y Maitreya a Geraldine Innocente desde 1952 hasta 1961. Incluye además discursos dados por los poderosos Manús Himalaya, Merú y Saithrhu. Fotos. Índice temático. Traducción de Jorge A. Carrizo [Rústica 14x21cm,145 pp.]

DIARIO DE "EL PUENTE A LA LIBERTAD" — El MaháChohán

Compilación de toda la Instrucción dada por el MaháChohán, Director del Tercer Departamento de la Jerarquía Planetaria, a Geraldine Innocente desde 1952 hasta 1961. Índice temático. Traducción de Jorge A. Carrizo [Rústica, 14x21cm, 320 pp.]

DIARIO DE "EL PUENTE A LA LIBERTAD" — Pablo El Veneciano

Compilación de toda la Instrucción dada por el Chohán del Tercer Rayo a Geraldine Innocente desde 1952 hasta 1961. Incluye discurso de la Diosa de la Libertad. Índice temático. Traducción de Jorge A. Carrizo [Rústica, 14x21cm, 200 pp.]

DIARIO DE "EL PUENTE A LA LIBERTAD" — Serapis Bey

Compilación de toda la Instrucción dada por el Chohán del Cuarto Rayo a Geraldine Innocente desde 1952 hasta 1961.Incluye discursos d la Señora Astrea y del Arcángel Gabriel. Índice temático. Traducción de Jorge A. Carrizo [Rústica, 14x21cm, 280 pp.]

DIARIO DE "EL PUENTE A LA LIBERTAD" — Madre María

Compilación de toda la Instrucción dada por María, Madre de Jesús a Geraldine Innocente. Incluye discursos del Arcángel Rafael. Índic temático. Traducción de Jorge A. Carrizo [Rústica, 14x21cm, 210 pp.]

DIARIO DE "EL PUENTE A LA LIBERTAD" — Jesús

Compilación de toda la Instrucción dada por el Maestro Jesús, Avatar de la Era de Piscis, a Geraldine Innocente desde 1952 hasta 1961. Índi temático. Traducción de Jorge A. Carrizo [Rústica, 14x21cm, 250 pp.]

DIARIO DE "EL PUENTE A LA LIBERTAD" — Hilarión

Compilación de toda la Instrucción dada por quien fuera San Pablo en la Era Cristiana, a Geraldine Innocente desde 1952 hasta 1961. Índi temático. Traducción de Jorge A. Carrizo [Rústica, 14x21cm, 150pp.]

DIARIO DE "EL PUENTE A LA LIBERTAD" — Pallas Atenea

Enseñanza descargada por la Diosa de la Verdad a través de Geraldine Innocente desde 1952 hasta 1961. Incluye los Cálices de Sanació Índice temático. Traducción de Jorge A. Carrizo [Rústica, 14x21cm, 110pp.]

DIARIO DE "EL PUENTE A LA LIBERTAD" — Lady Nada

Enseñanza descargada por la Diosa de Amor Divino a través de Geraldine Innocente desde 1952 hasta 1961. Incluye discursos del Arcáng Uriel, Señor Mercurio y Señor Surya. Índice temático. Traducción de Jorge A. Carrizo [Rústica, 14x21cm, 130pp.]

DIARIO DE "EL PUENTE A LA LIBERTAD" — Saint Germain

Compilación de toda la Instrucción dada por el Maestro Saint Germain a Geraldine Innocente desde 1952 hasta 1961. Se incluyen, discurs de los demás señores del Fuego Violeta, entre los cuales figuran "Templos Portátiles de Fuego Violeta" y "La Actividad del Cetro de Arcturu Publicado en dos volúmenes para facilitar su adquisición y manejo. [Rústica, 14x21cm, 165pp. c/ volumen]

DIARIO DE "EL PUENTE A LA LIBERTAD" — Kwan Yin

Enseñanza descargada por la Diosa de la Misericordia a través de Geraldine Innocente desde 1952 hasta 1961. Incluye discursos nur antes publicados del Maestro Saint Germain. Índice temático. Traducción de Jorge A. Carrizo [Rústica, 14x21cm, 140pp.]

DIARIO DE "EL PUENTE A LA LIBERTAD" — Sanat Kumara

Enseñanza que el anterior Señor del Mundo y actual Regente planetario nos legara a través de Geraldine Innocente desde 1952 hasta 19 Incluye discursos de Lady Venus, Lady Meta y temas relacionados con Shamballa. Índice temático. Traducción de Jorge A. Carrizo [Rústi 14x21cm, 175pp.]

BOLETINES PRIVADOS DE THOMAS PRINTZ (Cartas de Shamballa)

Primera publicación en castelano de la enseñanza esotérica de «El Puente a la Libertad» descargado por el MaháChohán a través Gerald Innocente desde 1952 hasta 1961, enviada originalmente cada semana a los instructores de "El Puente", ahora disponible en cinco volúmer Índice temático. Traducción de Rodolfo Simons y Jorge A. Carrizo [Rústica, 14x21cm, 320pp. cada volumen]

Serie SAINT GERMAIN - Actividad "YO SOY"

MISTERIOS DEVELADOS de Godfré Ray King

Libro que narra el principio de la Nueva Era, partiendo de la reunión del Maestro Saint Germain con Guy Ballard en Mt. Shasta Traducido Jorge A. Carrizo. Índice temático [Rústica, 14x21 cm, 200pp.]

LA MÁGICA PRESENCIA de Godfré Ray King

Continuación de los sucesos narrados en "Misterios Develados." Contiene detalles de los Retiros de los Maestros, del Acelerador Atón y de las Ascensiones en América. Traducido por Jorge A. Carrizo. Índice temático [Rústica, 14x21 cm, 290 pp.]

PLÁTICAS DEL "YO SOY" (Libro de Oro) del Maestro Saint Germain

Primer "Libro de Oro" de la Serie Saint Germain, con enseñanza fudamental, entre otras, sobre el Auto-Control y la Auto-Corrección. Ver completa y fidedigna del original, en la cual se incluyen las Invocaciones y Bendiciones de Saint Germain. Traducido por Jorge A. Car Índice temático [Rústica, 14x21 cm, 260pp.]

INSTRUCCIÓN DE UN MAESTRO ASCENDIDO del M. Saint Germain

Después de 30 años de silencio, aparece el Segundo "Libro de Oro" de la Serie Saint Germain. Disponible por primera vez en castel Traducido por Jorge A. Carrizo. Índice temático [Rústica, 14x21 cm, 210 pp.]

EL AMADO SAINT GERMAIN HABLA

Tercer "Libro de Oro" de la Serie SaintGermain. Disponible por primera vez en castellano. Traducido por Jorge A. Carrizo. Índice temático [Rústica, 14x21 cm, 180 pp.]

DISCURSOS DEL "YO SOY" PARA LOS HOMBRES DEL MINUTO/SAINT GERMAIN

Cuarto "Libro de Oro" de la Serie Saint Germain, con instrucción precisa para todos aquellos hombres y mujeres que libre, voluntaria y alegremente estén dispuestos a responder "en un minuto" al llamado de Liberación Planetaria del Maestro. Traducido por Jorge A. Carrizo. Índice temático [Rústica, 14x21 cm, 260 pp.]

DISCURSOS DEL "YO SOY" DEL PODEROSO VÍCTORY

El Maestro Alto de Venus, quien encarna la Cualidad Divina del Logro Victorioso para el Cosmos, y quien dio por terminada la Ley Oculta en 1931, ofrece ahora su ayuda para que los estudiantes puedan manifestar esta Cualidad Divina en sus diarios quehaceres. Traducido por Jorge A. Carrizo. Índice temático [Rústica, 14x21 cm, 200 pp.]

DISCURSOS DEL "YO SOY" DE LOS MAESTROS ASCENDIDOS

Allí donde terminó "La Mágica Presencia" comienza este libro. Todos los protagonistas cuya Ascensión quedó registrada en "Misterios Develados" y "La Mágica Presencia" hablan ahora desde la perspectiva de Maestros Ascendidos. También contiene discursos de Saint Germain, Víctory, el Gran Director Divino, el Elohim Orión, David Lloyd, Cha Ara y Lady Nada concernientes a la Ascensión. Traducido por Jorge A. Carrizo. Índice temático [Rústica, 14x21 cm, 230 pp.]

DISCURSOS DEL "YO SOY" DE DAVID LLOYD

El Dios del Agradecimiento, a quien como David Lloyd ayudara Guy Ballard a ascender sobre la ladera de Mount Shasta, nos ofrece ahora un tratado sobre el Agradecimiento, el Plan Divino y la Ascensión. Traducido por Jorge A. Carrizo. Índice temático [Rústica, 14x21 cm, 210 pp.]

DISCURSOS DEL "YO SOY" DEL GRAN DIRECTOR DIVINO

Discursos descargados por el Manú de la Séptima Raza-Raíz y Maestro de Maestros durante el ministerio del señor Ballard (1937-1939). Traducido por Jorge A. Carrizo. Índice temático [Rústica, 14x21 cm, 300 pp.]

LUZ DE LOS MAESTROS ASCENDIDOS

Culminación de la Enseñanza que los Maestros Ascendidos dictaron a través de Godfre Ray King durante su ministerio al final de la década de los 1930's. Contiene el primer discurso del Maestro Serapis Bey después de miles de años de silencio y el famoso Discurso #5 de Sanat Kumara. Incluye también Discursos de Saint Germain, Astrea, Jesus, Chananda, Lanto, Kuthumi, El Morya, Lady Nada, Gran Director Divino y otros Maestros. Libro de suma importancia publicado en dos volúmenes. Traducido por Jorge A. Carrizo. Ilustrado. Índice temático [Rústica, 14x21 cm, dos volúmenes de 190pp. cada uno]

DISCURSOS DEL "YO SOY" DEL MAESTRO BOB

Enseñanza de un Maestro Ascendido "joven", cuya Ascensión quedó registrada en "La Mágica Presencia", y los cuales fueron descargados durante el ministerio del señor Ballard (1937-1939). Traducido por Jorge A. Carrizo. Índice temático [Rústica, 14x21 cm, 150 pp.]

LA VOZ DEL "YO SOY"

Compilación en ocho volúmenes (1935 a 1943), de la Revista de la Actividad YO SOY publicada por Charles Sindelar en California. Contentiva de la mitad de la Enseñanza de los Maestros Ascendidos descargada a través de Godfré Ray King. Ilustrado. Traducido por Jorge A. Carrizo. Índice temático [Rústica, 14x21 cm, 8 volúmenes @ 350 pp. CADA UNO]

DECRETOS DEL "YO SOY" PARA LA SANACIÓN Y LA ASCENSIÓN

Prontuario de decretos para la actividad ascensional y sanadora de los Rayos Cuarto y Quinto, e instrucción sobre la Ascensión por David Lloyd. Traducido por Jorge A. Carrizo. Ilustrado. Índice temático [Rústica, 14x21 cm, 180 pp.]

DECRETOS DEL "YO SOY" PARA LA VICTORIA

El Poderoso Víctory, quien encarna el Espíritu de la Victoria, nos ofece este prontuario de decretos para la actividad victoriosa del Primer Rayo Azul, la cual todo ser humano tiene ya asegurada por Derecho Divino en tanto haga el Llamado. Traducido por Jorge A. Carrizo. [Rústica, 14x21 cm, 80pp.]

DECRETOS DEL "YO SOY" PARA LA OPULENCIA

Prontuario de decretos para la actividad de la Precipitación del Suministro al cual todo ser humano tiene Derecho Divino. Traducido por Jorge A. Carrizo. [Rústica, 14x21 cm, 160pp.]

SERIE EMMET FOX

ALFA Y OMEGA

"El Libro del Génesis" y "El Libro de las Revelaciones (Apocalipsis)" explicados por este insigne metafísico del siglo XX. Incluye "Los Siete Días de la Creación", "Adán y Eva", "La Torre de Babel", "Noé y el Arca", "Los Cuatro Jinetes del Apocalipsis", y más. Traducido por Jorge A. Carrizo. [Rústica, 14x21 cm, 140 pp.]

EL NIÑO DE LAS MARAVILLAS Y LOS SALMOS

La develación del Cristo Interno en cada persona explicada magistralmente y en palabras de a centavo por este gran místico del siglo XX. Contiene además "La Llave de Oro", así como la explicación metafisica de "El Padre Nuestro", de la historia de Job y de los Salmos 18, 23, 24, 27, 46 y 91. Traducido por Jorge A. Carrizo y Juan Rodríguez. Índice temático [Rústica, 14x21 cm, 130 pp.]

LA PLUMA MÁGICA DE EMMET FOX

El Viejo Testamento se abre ante el lector como por arte de magia. Incluye temas controversiales como "El Zodiaco y la Biblia", "Cambia tu vida", "¿Pueden las estrellas ayudarte?" y otros, además, se incluye aquí las disertaciones "El Espíritu Americano" y "El Destino Histórico de Estados Unidos". Traducido por Jorge A. Carrizo. Índice temático [Rústica, 14x21 cm, 160 pp.]

EL NUEVO TESTAMENTO

Volumen 2 de "La Pluma Mágica," en el cual se consideran temas de la enseñanza de Jesús y de San Pablo. Incluye "Agua, mujeres y Luna"; "Relato de dos Mujeres"; "El Vestido, el Anillo y los Zapatos"; "Lo que Jesús enseñó acerca de la Navidad", "Matrimonio y Divorcio", "La Segunda Venida" y más. Traducido por Jorge A. Carrizo. Índice temático [Rústica, 14x21 cm, 165 pp.]

LOS DIEZ MANDAMIENTOS

La Ley del Ser según la presentara Moisés a la humanidad, ahora reconsiderada por este eminente místico del siglo XX. Libro especialmente dedicado a los que le tienen alergia a todo lo que suene a "ley" u "obligación". Traducido por Jorge A. Carrizo. Índice temático [Rústica, 14x21 cm, 155 pp.]

PUNTOS Y ASPECTOS DE DIOS

Volumen 3 de "La Pluma Mágica", de donde Conny Médez extrajo su "4en1". Incluye "Vida después de la Muerte"; "La Reencarnación"; "El Equivalente Mental"; "La Dieta de los Siete Días"; "El diezmo" y más. Traducido por Jorge A. Carrizo. Índice temático [Rústica, 14x21 cm, 215 pp.]

EMMET FOX: El Hombre y su Obra DE HARRY GAZE

Este libro nos da la oportunidad de conocer al hombre detrás de la obra desde la perspectiva de un colega y amigo íntimo.Compaginación de la vida del autor con extractos de su obra. Traducido por Jorge A. Carrizo. Índice temático [Rústica, 14x21 cm, 150 pp.]

EL SERMÓN DEL MONTE

Nueva traducción de la obra maestra por excelencia de este gran maestro de la espiritualidad occidental, en la cual se explaya sobre lo que, a todas luces, bien puede constituir el núcleo de la enseñanza de Jesucristo. Traducido por Jorge A. Carrizo. Índice temático [Rústica, 14x21 cm, 145 pp.]

TODO EL AÑO CON EMMET FOX

Nueva forma de abordar el calendario, en la que a todos y cada uno de los días del año se le asigna una porción de la enseñanza de este gran maestro metafísico, junto con una o más citas apropiadas de la Biblia. Traducido por Jorge A. Carrizo. [Rústica, 14x21 cm, 379 pp.]

ENCUENTRA Y UTILIZA TU PODER INTERNO

Frente a la "enseñanza larga" de este gran maestro de Espiritualidad, aparece ahora la primera de tres compilaciones de «Chispitas de Sabiduría», en las que Emmet Fox nos comprueba que la seriedad y el sentido de humor van necesariamente de la mano. Contiene Los "No puede hacerse", "Páginas del Manual del Tonto", "Es más divertido ser inteligente", y mucho más! Traducido por Jorge A. Carrizo [Rústica, 14x21 cm, 200 pp.].

RECLAMA LO TUYO

Segundo volumen de las «Chispitas de Sabiduría» de Emmet Fox, en el que el autor considera la actitud de reclamar lo propio como elemento sine qua non en el Sendero Espiritual. Contiene "Casucha o palacio", "Usa esa escoba", "La mina de oro interna", y los estimulantes "Reflectores". Traducido por Jorge A. Carrizo [rústica, 14x21cm, 150 pgs]

DALE VALOR A TU VIDA

Tercer volumen de las «Chispitas de Sabiduría» de Emmet Fox.Contiene "¿Qué NO ES la Metafísica?", "El rabo no menea al perro", "Las Grandes Leyes Mentales", "..¡y mucho más! Traducido por Jorge A. Carrizo [rústica, 14x21cm, 150 pgs]

MI AMIGO EMMET FOX DE HERMAN WOLHORN

Finalmente hace su aparición esta biografía de Emmet Fox realizada por su mejor amigo, quien, junto con su esposa Blanche, lo acompañara durante 20 años hasta su fallecimiento. La enseñanza de EF vista desde la perspectiva de un amigo, además de la sección o "Reminiscencias" contentiva de anécdotas y detalles de su vida nunca antes revelados. Traducido por Jorge A. Carrizo. Índice temático [Rústica, 14x21 cm, 270 pp.]

Serie VARIEDADES METAFÍSICAS

PLÁTICAS SOBRE EL SENDERO DEL OCULTISMO, Vol. 1

Compendio de las charlas que, sobre A LOS PIES DEL MAESTRO, impartieran Annie Besant y C.W. Leadbeater. Fotografías inéditas. Índice Temático.[Rústica, 14x21 cm, 300 pp.]

EL APEGO Y EL SENDERO DE LA ILUMINACIÓN DE Tony DeMello

Libro práctico para el despertar espiritual. Perspectiva de la religión universal por un jesuita hindú. Presentado por Jorge A. Carrizo. Índice temático. Ilustraciones [Rústica, 14x21 cm, 100 pp.]

MILAGROS DE HOY DE William J. Cassiere (Brother Bill)

Relatos de diferentes milagros realizados en la vida diaria al aplicar la Práctica de la "Presencia YO SOY". Traducido por Rodolfo Simons [rústica, 14X21cm., 85 pp.]

EL LIBRO DE EMMANUEL COMPILADO POR Pat Rodegast y Judith Stanton

Bálsamo Espiritual desde la perspectiva del otro lado del velo. Un solo volumen en castellano de los dos volúmenes en inglés. Fundamental para eliminación del miedo de la vida del lector. Traducido y presentado por Jorge A. Carrizo [Rústica, 14x21 cm, 200 pp.]

EL HOMBRE: SU ORIGEN, SU HISTORIA Y SU DESTINO DE Werner Schroeder

Utilizando una variedad de fuentes, este libro presenta la historia no registrada de la humanidad. Escrito en orden cronológico, el lector entera de las condiciones que prevalecían durante el advenimiento del hombre a la Tierra, incluyendo su origen y su edad. Consideraciones importantes sobre Lemuria y Atlántida. Igualmente se incluyen relatos de la historia oculta de Jesús y de los oráculos de Delfos. Se ofrecen soluciones prácticas para hacerle frente a la crisis planetaria actual. Traducido por Jorge A. Carrizo [Rústica, 14x21 cm, 300 pp.]

METAFÍSICA: 21 LECCIONES ESENCIALES DE Werner Schroeder

Aquí se explica la Ley Cósmica, las Siete Iniciaciones, los Siete Rayos y el proceso de Ascensión, en instrucciones graduales y escritas manera sencilla para su fácil asimilación. Lectura obligada para los líderes grupales y para todos aquelllos estudiantes que se vean en necesidad de estudiar por cuenta propia.[Rústica, 14x21 cm, tres volúmenes de 120, 140 y 220 pp. respectivamente]

LA LEY DE PRECIPITACIÓN DE Werner Schroeder

El fundador de la AMTF dedica este libro a la explicación detallada de la Ley de Precipitación, además de incluir detalles exquisitos sobre la vida obra de precipitadores reconocidos (Guy Ballard, Brother Bill y Geraldine Innocente). Ilustrado [Rústica, 14x21 cm, 190pp.)

ASISTENCIA ACTUAL DE LA MADRE MARÍA PARA TENER NIÑOS NACIDOS PERFECTOS DE Werner Schroeder

Compilación de los esfuerzos de la Madre María para reclutar a la humanidad a fin de conseguir que sólo nazcan niños perfectos, según fig en los anales de "El Puente a la Libertad". Capítulo exclusivo sobre el registro y actividades del "Grupo de Filadelfia" originario de "El Puente a la Libertad. Ilustrado [Rústica, 14x21 cm, 200pp.)

CANTORAL DEL GRUPO SERAPIS BEY EDITADO POR Jorge A. Carrizo

3a edición de la compilación de letras adaptadas por miembros del Grupo Serapis Bey a llaves tonales y piezas famosas, con el propó de complementar la Actividad Ceremonial del Séptimo Rayo. Ilustrado [Rústica, 14x21 cm, 145pp.)

PRÓXIMAS PUBLICACIONES

1. *El Gurú y el Chela / La Sabiduría de las Edades* — Maestro Kuthumi [traducción de Rodolfo Simons]
2. *La Ley de la Vida vols 1-III - A.D.K. Luk* [traducción de Rodolfo Simons]
3. *Retiros de los Maestros Ascendidos — Werner Schroeder* [traducción de Jorge A. Carrizo]

EL SONIDO DE LA LUZ EN CD

Las Llaves Tonales disponibles ahora en Discos Compactos de altísima fidelidad, para facilitar la realización de los Servicios y la Instrucción, así como para la Musicoterapia.

LLAVES TONALES DEL PRIMER RAYO-AZUL Vol. 1 Incluye *Pompa y Circunstancia Nº1, Jerusalem, Believe Me if all those Endearing Young Charms, Fairy's Ring, Land of Hope and Glory, Panis Angelicus, Intermezzo de "Karelia", Coro de los Soldados de "Fausto", San Michele Arcangelo, Die Moldau y Variación Nº9 "Nimrod"* **#CD-01**

LLAVES TONALES DEL PRIMER RAYO-AZUL Vol. 2 Incluye *Sinfonía #5 (Beethoven), The Heavens resound, Piano Concerto #1 (Beethoven), Cosmos, Concierto de Varsovia, Rose of England, Coro Nupcial (Lohengrin), Pie Jesu, Intermezzo (Notre Dame)* y *Joy to the World* **#CD-02**

LLAVES TONALES DEL SEGUNDO RAYO-DORADO Vol. 1 Incluye *Canción de la India, Adagio para Cuerdas Op. 11, Kashmir Song, Guige del "Canon en Re", La Source, Fantasía sobre un tema de Thomas Tallis, Moonbeams Shining, Aire sobre la cuerda de sol, O du mein holder Abendstern y Au Fond du Temple de "Pescadores de Perlas"* **#CD-03**

LLAVES TONALES DEL SEGUNDO RAYO-DORADO Vol. 2 Incluye *El Ascenso de la Alondra, Ascenso a la Ciudad Invisible de Kitezh, Escena y Danza con los Dedos Dorados, Intermezzo (Carmen), Cuadros en una Exhibición, Greensleves, Alfa y Obertura (La Forza del Destino)* **#CD-04**

LLAVES TONALES DEL TERCER RAYO-ROSA Vol. 1 Incluye *At Dawning, Piano Concerto Nº 2 (Rachmaninoff), Piano Concerto Nº 1 (Chopin), Regina Coeli, Sonata 'Patética", Sinfonía Nº 2 (Sibeluis) y Adagietto* **#CD-05**

LLAVES TONALES DEL TERCER RAYO-ROSA Vol. 2 Incluye *Homing, Largo (Nuevo Mundo), Concersück para Arpa y Orquesta, Beautiful Dreamer, Caprice Vennois, 18a. variación sobre un tema de Paganini, Abide with me, Adagio (Sinf. #2), Intrutina (Carmina Burana) La Fille aux cheveux de lin y Polovtsian Dances 1 y 2.* **#CD-06**

LLAVES TONALES DEL CUARTO RAYO-BLANCO Vol. 1 Incluye *Liebestraum, Ópera Akhnaten, Bendición de Dios en la soledad, Piano Concerto Nº 5 (Saint-Säens) y Piano Concerto Nº 2 (Rachmaninoff)* **#CD-07**

LLAVES TONALES DEL CUARTO RAYO-BLANCO Vol. 2 Incluye *Marcha Triunfal (Tannhäuser), Coro de los Peregrinos (Tannhäuser), Romance, Intermezzo (Cavalleria Rusticana), Notturno Op. 70, Preludio (Parsifal), Nessum Dorma, Clair de Lune, Liebestod y Marcha Triunfal (Aida)* **#CD-08**

LLAVES TONALES DEL QUINTO RAYO-VERDE Vol. 1 Incluye *Tocatta y Fuga en re menor, Onward Christian Soldiers!, Scheherezade Op. 35, Canon en Re Mayor, Whispering Hope, Soñadores Despierten, Ave María, O Little town of Bethlehem, Arabesque Nº 1 y Canto de Sanación Hopi Nº1* **#CD-9**

LLAVES TONALES DEL QUINTO RAYO-VERDE Vol. 2 Incluye *M'Appari, Venusberg (Tannhäuser), Una furtiva lágrima, Opera Sauvage, Ave Verum Corpus, Preludio #9, Saturno, Campanella, Sinfonía Concertante y Kyrie (Misa en Sí menor)* **#CD-10**

LLAVES TONALES DEL SEXTO RAYO-ORO RUBÍ Vol. 1 Incluye *Deep River, The Holy City, My Hero, Oración de los Niños, La Cathedrale Englourié, Canción de Cuna, Finlandia, Spen in Allium, Pavana para una infanta difunta, Laudi alla Vergine María* y *Che faro senza Eurydice* **#CD-11**

LLAVES TONALES DEL SEXTO RAYO-ORO RUBÍ Vol. 2 Incluye *Deep River, Lara's Theme, Adagio(Violin Concerto#2), Adagio (Piano Concerto #2), Impromptu #3, Tema de Abraham, Escuchando el primer cucú en la primavera, Luz Primigenia (Sinfonía #2), Gymnopedies #3, Suite Romeo y Julieta* **#CD-12**

LLAVES TONALES DEL SÉPTIMO RAYO-VIOLETA Vol. 1 Incluye *Concierto de Aranjuez, 1492—La Conquista del Paraíso, Va pensiero, Polonaise en La bemol Mayor, Música de Fuego Mágico, Obertura 1812* y *Cabalgata de las Walkirias* **#CD-13**

LLAVES TONALES DEL SÉPTIMO RAYO-VIOLETA Vol. 2 Incluye *Spiral, Adagio (Concierto para clarinete), Waltz en do menor, Op. 64, Deliverance, Fanfare for the Common Man, En el jardín de un monasterio, Sakura sakura, Andante («Misterious Mountain»), Morning Song, 2o. movimiento (Sinfonía #3)* **#CD-14**

MÚSICA DE LOS ÁNGELES Vol. 1 Incluye *Battle Hymn of the Republic; Nuns Chorus ("Casanova"); Va Porgi, amor, qualche ristoro; Duo Seraphim clamabant; Marcha Triunfal ("Aida"); Kyrie ("Misa de Gloria); Laudate Dominus; Domine Deus ("Gloria"); Nearer, my God, to Thee; Oración de los Niños (Hansel & Gretel); You'll never walk alone; Pizzicato Polka; Poco Adagio (Sinfonía #3; Finale (Suor Angélica); y Hallelujah ("Messiah)* **#CD-15**

MÚSICA PARA EL SERVICIO DE LA ORDEN DEL ARCANGEL ZADKIEL Incluye *Also Sprach Zarathustra, Polonaise en La bemol Mayor, Cabalgata de las Walkirias, Obertura 1812, Música de Fuego Mágico, 1492–La Conquista del Paraíso* y *Concierto de Aranjuez* **#CD-17**

MÚSICA PARA EL RITUAL DEL ARCÁNGEL MIGUEL Incluye *Intermezzo de "Karelia", Coro de los Soldados ("Fausto") San Michele Arcangelo, Marcha Festiva ("Tannhauser") Preludio al 3er acto ("Parsifal") y Die Moldau* **#CD-18**

MÚSICA PARA EL CEREMONIAL DE PROTECCIÓN Y ORDEN DIVINO Incluye *Also Sprach Zarathustra, Miserere mei, Die Moldau, San Michele Arcangelo, Pompa y Circunstancia, Intermezzo (Karelia), 5a. Sinfonía (Beethoven), Adagio en Sol Menor* y *The Fairy Ring* **#CD-19**

MÚSICA EL PARA CEREMONIAL DE ILUMINACIÓN Incluye *Overtura Helios, Allegro (Piano Concerto #2), Fantasía sobre un tema de Thomas Tallis, Kashmir Song #4 (vocal e instrumental), Canción de la India, The Lost Chord* **#CD-20**

MÚSICA PARA EL CEREMONIAL DE AMOR DIVINO Y GRATITUD Incluye *Allegro (Piano Concerto #2), Spartacus, Himno al Sol (Iris), Largo (Sinfonía #2), Sinfonía #8 (Mahler), Concerstück para Arpa y Orquesta, Adagio (Piano Concerto #2)* **#CD-21**

MÚSICA PARA EL CEREMONIAL DE ASCENSIÓN Y VICTORIA Incluye *Preludio (Parsifal), Romance Op. 16, Andante (Piano Concerto #5), Prólogo (Mefistófeles), Akhnaten, Notturno* y *Bendición de Dios en la Soledad* **#CD-22**

MÚSICA PARA EL CEREMONIAL DE SANACIÓN Y VERDAD Incluye *Also Sprach Zarathustra, Metamorphosen, Gloria, Sanctus, Onward Christian Soldiers!, Opera Sauvage, Kyrie (Misa en sí menor), Una Furtiva Lagrima, Scherezade Op. 35, Adagio (Piano Concerto #2)* **#CD-23**

MÚSICA PARA EL CEREMONIAL DE OPULENCIA Y PAZ Incluye *Deep River (vocal e instrumental), The Holy City, Adagio (Vln.Conc.#2), Intermezzo ("Notre Dame"), Laudi alla Vergine Maria, Oración de los Niños ("Handsel und Gretel") Finlandia, La Cathedrale engloutie, Canción de cuna* **#CD-24**

MÚSICA PARA EL CEREMONIAL DE PERDÓN Y LIBERACIÓN Incluye *Fanfare for the Common Man, 2o. Movimiento (Sinfonía #3), Sakura sakura, en el Jardín del Monasterio, Espiral, Adagio (Conc. para clarinete), Deliverance, Va Pensiero* **#CD-25**

MÚSICA PARA EL SERVICIO DE TRANSMISIÓN DE LA LLAMA — Templo de la Resurrección Incluye *5o. movimiento (Sinfonía Resurrección), Whispering Hope, Onward Christian Soldieres!, Música de Fuego Mágico, Pie Jesu, Soñadores Despierten Misa en Si menor, Ave María, Intermezzo (Cavalleria Rusticana), Pie Jesu, Joy to the World* **#CD-26**

MÚSICA PARA EL SERVICIO DE TRANSMISIÓN DE LA LLAMA — Retiro del Royal Teton Incluye *Entrada de los Dioses al Valhalla, Odu menin holder Abendstern, Onward Christian Soldiers, Música de Fuego Mágico, The Lark Ascending, Aire sobre la cuerda de Sol, Escena de la Foresta/Ascenso a Kitezh, EScena y Danza con los Dedos Dorados, Au Fond du Temple Saint, Joy to the World.* **#CD-27**

MÚSICA PARA EL SERVICIO DE TRANSMISIÓN DE LA LLAMA — Retiro de Shamballa Incluye *Himno al Sol, Canción de la India , Onward Christian Soldiers, Música de Fuego Mágico, 4o. movimiento (Sinf. #6 Beethoven), 18a. Variación sobre un tema de Paganini, Abide by me, Caprice Vennois, Ah sweet mistery of life, Joy to the World* **#CD-28**

MÚSICA PARA EL SERVICIO DE AMOR POR LOS ELEMENTALES Incluye *O Sole Mio, 4o. Movimiento (Sinfonía #2 en re menor), Preludio #9 en Mi mayor, Moonbeams Shining, Spiral, Nieges, Sirénes, 1er. Movimiento (Piano Concerto #1), Rose of England, Adagietto, Obertura Helios* **#CD-29**

MÚSICA PARA EL CEREMONIAL DEL CÁLIZ DORADO Incluye *Allegro (Piano Concerto #2), Spartacus, Canción de la India, Gloria, Sanctus, Adagio por Strings, 2a. Sinfonía (Resurrección)* **#CD-31**

MÚSICA PARA EL CANTORAL DEL "SERAPIS BEY", Vol. 1 Incluye *Canto a la Obediencia, Al amado Arcángel Miguel, Canto al Poderoso Victory , A los amados Miguel y Astrea, Canto al amado El Morya , Gracias, Kuthumi, Al amado Señor Maitreya, Canto de Gratitud, Canto a Pablo El Veneciano, Canto al Confort, Oh, Mi Gran Señor MaháChohán, Al amado Serapis Bey, ¡Amada Astrea, ven!, A los amados Claridad y Astrea, Canto de la Verdad, Canto de la Felicidad, Al Amado Jesús, Nada es Amor, Canto a la Llama Violeta, Canto a la amada Kwan-Yin, ¡Te amo, Saint Germain!, Canto a la Querubina Lovelee, A la Hueste Angélica, A los Elementales, Al Gran Tribunal Kármico* **#CD-32A**

MÚSICA PARA EL CANTORAL DEL "SERAPIS BEY", Vol. 2 Incluye *A la amada Señora Fe, Al Poderoso Hércules y Amazona, A Himalaya Manú, A Vaivaswatta Manú, Al Dios y la Diosa Merú, Al Gran Director Divino, Canto al amado Gautama, Al amado Señor Lanto, Al MaháChohán y Pallas Atenea, Cántico al MaháChohán, Canto al Amor Divino, A la Llama Triple, Al amado Sanat Kumara, A los Señores de la Resurrección, A la Llama de la Resurrección, Al Arcángel Rafael, A la Madre María, A Lady Meta, Canto a los Señores de la Paz; Oh, Rey Saint Germain; A ti, amada Portia; A los amados Helios y Vesta, A la amada Inmaculata; A ti, gracias, Shamballa* **#CD-32B**

MÚSICA PARA EL CANTORAL DEL "SERAPIS BEY", Vol. 3 Incluye *A los amados Jofiel y Constanza, Canto al amado Confucio, A la Señora Venus, Canto a Chamuel y Caridad, A la Diosa de la Libertad, A la Llama de la Resurrección, Serapis Bey, Constructor de Puentes, Elohim Vista y Cristal, A Uriel y Doña Gracia, Ángeles de la Paz y la Provisión, A Zadkiel y Amatista, Ángeles Sanadores del Rayo Violeta, Canto a los Siete Arcángeles, Señores de los Elementos, Canto a los Siete Elohim, A Príncipa, Señor del Orden Divino, ¡Maestro Cosmos, ven! , Canto al Maestro Bob, Canto al Espíritu de Navidad, Al Gran Sol Central* **#CD-32C**

MÚSICA DE LOS SIETE RAYOS Incluye *Danza ritual del Fuego, Allegro (Sinfonía #7), Ah, Sweet Mistery of Life , Moonbeans Shinning, Alborada del Gracioso, Vocalise, Celeste Aida, On earth as it is in heaven (La Misión), Reminiscencias de Don Juan, Libera Me (Requiem), Laudate Dominum, Adagio (Piano Concerto in La mayor), Bachianas Brasileiras #5, Waltz Opus 64, #2* **#CD-33**

71269259R00120